地質屋が読み解く
不動岩・景行天皇伝説と
肥後熊本の神話

熊本出版文化会館

本書を八百万の神々と次の人物に捧ぐ

令和四年四月一〇日日曜日の午後のこと、熊本県上益城郡益城町馬水の路上で昏倒したランナーに車を停めて駆け寄り救急搬送車の到着までの間、心肺蘇生法を続けた名もなき英雄。

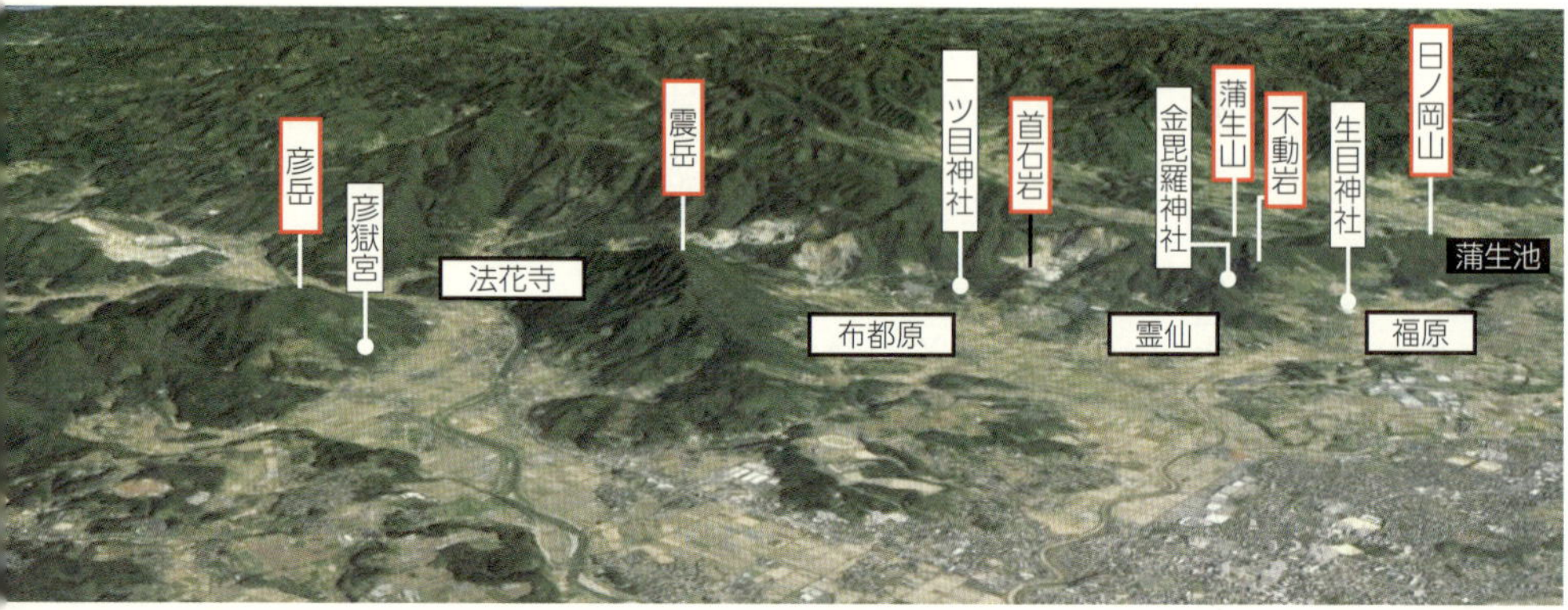

(Google Earth より)

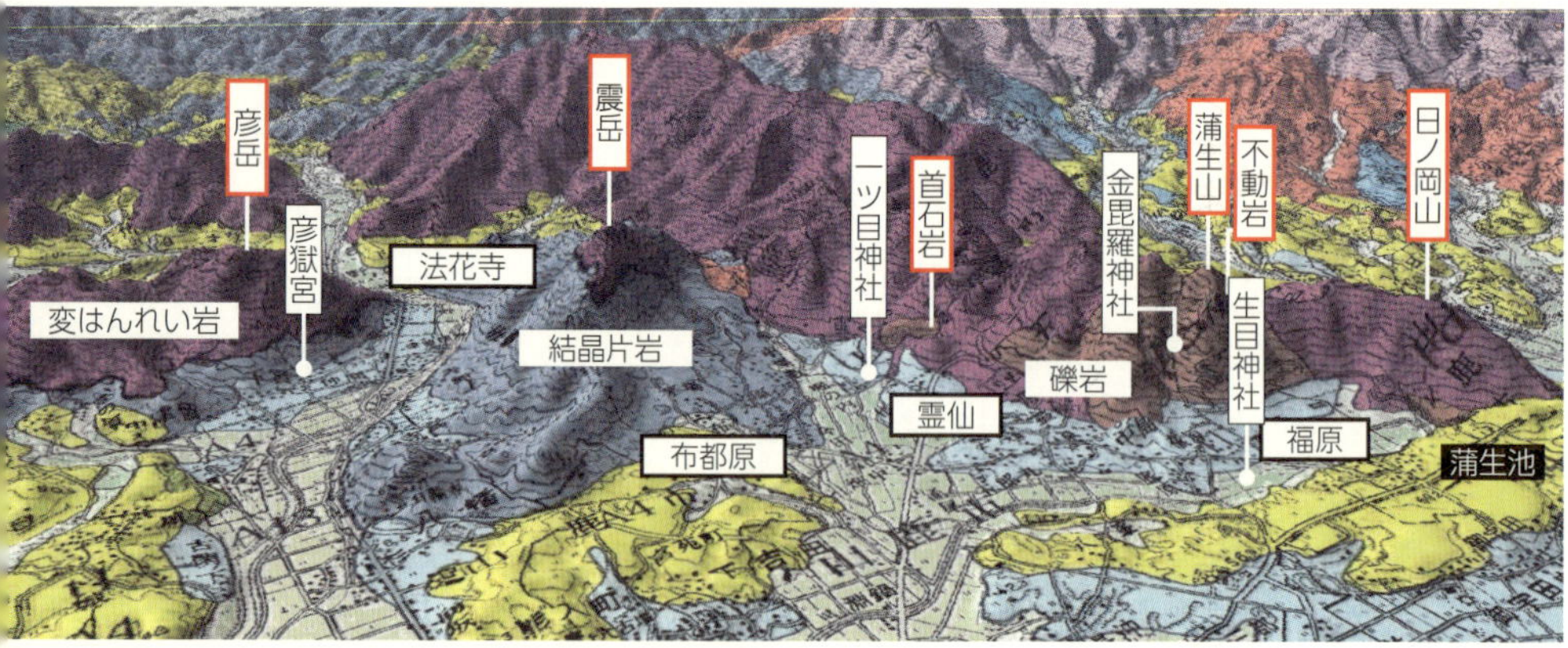

山鹿市三玉地域の地質と山々と神社の位置関係　　黄色の部分…Aso-4 火砕流堆積物主として溶結凝灰岩

はじめに

令和三年四月から九月の半年間、『熊本日日新聞』の紙面で、「ジオ・ドラマ―くまもとの大地を歩く―」と題した企画記事の掲載がありました。その記事の原案のほとんどは、地元の地質調査の会社に勤務している現役の技術職員の方々によって作られました。そして、それらを『熊本日日新聞』の川﨑浩平記者が、編集・構成を行なって、毎週金曜日の朝刊に掲載されました。

本書は、当初、その記事の作成にあたって、原案作成者の一人として声をかけられた私が、熊本県の山鹿地域に伝わる不動岩の「首引き伝説」を題材に県北の地質について紹介することを目的として作りはじめたものです。そして、山鹿・菊池について休日を利用して現地の取材を重ねながら地域の人々や資料に触れていく中で、菊池川流域の歴史と文化の奥深さにすっかり魅了され、果ては近畿地方にまで足をのばして見聞を広げてしまいました。また、「ジオ・ドラマ」の企画終了後も、深まる謎を追いかけ、懲りずに阿蘇や人吉・球磨地域に伝わる伝説や史話に接しながら現地を訪ね歩き、さらに種々の資料を手掛かりに、古代の熊本や日本について想像をめぐらせた結果が、本書となってしまいました。

地質技術者の目線で考えたこと、感じたことを気の向くままに書き綴った拙作ですが、ご笑覧頂ければ幸いです。きっと楽しんで頂けると思います。

地質屋が読み解く不動岩・景行天皇伝説と肥後熊本の神話／目次

第三章　阿蘇神話伝説をめぐる物語

第四章　相良家史話と天皇家をめぐる物語

第一章　不動岩伝説をめぐる物語

1　不動岩と彦岳権現の首引き

「あの赤色は、山姥に食われた子供の血の色ばい、いたらんこつばしたら山においていくけんね！」楽しいドライブが一転、恐怖の家族旅行になりました。そのとき、父親が指差したのは阿蘇山中腹（杵島岳）の道路沿いに露わになっていた赤褐色のゴツゴツとした岩肌の溶岩でした。

しかし、幼い自分はそれを本物の血の色と素直に信じ、しばらくの間、阿蘇山には本物の山姥が住んでいると思い込んでいました。これは、私にとって少し悲しい思い出となっていますが、熊本県の山鹿地方には有名な流血の言い伝えが残っています。

熊本市内から国道3号線を北上し、起伏を伴った北区の植木町を過ぎると景色が一変します。そこは、現在、完全に陸地化した菊池盆地が広がっていますが、かつては「茂賀の浦」と呼ばれていた湖だったのです。その平坦な直線の道を山鹿市街地へ走らせると盆地の北縁に連なっている山々が私達に近づいてきます。菊池川を渡る頃には、中華鍋をひっくり返したような丸みを帯びた山が真正面にどっしりと構えています。彦岳です。地元では彦岳権現として親しまれています。その右隣には、彦岳とは対照的に爪でひっかいた様な谷筋が特徴的で山頂付近に二つの凹みがある震岳《ゆるぎだけ》。さらにその右に視点を移すと、連なった山稜の真ん中あたりの山腹にそそり立った、まるで男性シンボルのような巨岩塔が目に飛び込んできます。不動岩です。この不動岩、奇岩名勝として熊本二十五景のひとつに数えられていて、その昔、山伏達がこの山中にこもり不動明王を本尊として祀り修行したことに由来します。遠目にはそれほど大きく見えませんが、その高さは二五階建てのタワーマンションに匹敵します。

最初に紹介するのは、この県北に位置する山鹿市三玉《みたま》地区〜三岳《みたけ》地区に伝わる不動岩と彦岳権現の首引きの話です。

不動岩

その昔、不動岩とその西北にある彦岳権現は義兄弟でした。母は、かねてから継子の彦岳権現には、まずい大豆やそら豆ばかりを食べさせていました。一方、実子の不動岩にはおいしい小豆ばかり与えて大事に育てていました。彼らが成長したあるとき、母は力比べをさせることにしました。勝った方に、昔から伝わる水・火・土の三つの玉を授けるためです。不動岩と彦岳権現の中間にある震岳の頂上に大綱を渡して、それぞれの首に綱を掛けて引き合いが始まりました。すると、小豆ばかり食べて育った不動岩はふんばりがきかずに彦岳権現に力負けし、首が吹き飛んで「一ツ目神社」の上の丘に落ちました。そこには「首石岩」が残り、吹き出した血によって三玉地区一帯の土が赤色に染まり、また、綱引きのとき、両者の力で土が盛り上がってできた山が現在の震岳で、この山の頂上のふたつの凹地は綱引きの縄跡と言われています。

なんとも俗世的で凄惨な物語です。ですが、地域の山や土の特徴を見事に捉えている点において、この物語は秀逸と言うほかありません。この物語は、いにしえの三玉地区の人々が、大地がどのようにして作られたのか理解したいという強い思いによってつむぎ出されたものですが、その卓抜した想像力には脱帽します。

しかし、その思いは現代の「地質屋」も負けてはいません。次節からは、私にとっては偉大な先達にあたる近代の地質学者、技術者達が明らかにしてきた三玉地区の山々を含めた山鹿・菊池の大地の成り立ちについて紹介していきたいと思います。しばらくお付き合いをお願いします。

2　彦岳、震岳《ゆるぎだけ》、不動岩、それぞれを形づくる岩石

前節は、山鹿市三玉地区の山や土の特徴を見事に捉えた不動岩の首引き伝説を紹介しました。物語に出てくる彦岳、震岳、不動岩は互いに隣接しながら全く異なる山容であることが、古くから地域の人々の心を惹きつけ、その結果として、この伝説が色褪せることなく現代まで語り継がれてきたのだと思います。

言うまでもなく、我々が暮らすこの大地のほとんどは、地表を覆っている表土を取り除けば、その下には堅牢な岩石の世界が広がっています。そして、その岩石の世界は、そのでき方によって大きく三つに分けられます。一つはマグマが固まってできた「火成岩《かせいがん》」。一つは礫・砂・泥、火山灰

や生物遺骸などが、海底・湖底などの水底または地表に堆積して固まった「堆積岩《たいせきがん》」。そして、最後の一つが火成岩や堆積岩が地下の深いところで強い圧力や高温の熱の影響を受けてできた「変成岩《へんせいがん》」です。

奇しくも、彦岳、震岳、不動岩の三者は、それぞれ異なる三つの岩石からできていて、それが特徴的な形となって我々の眼前にその姿を現しているのです。

彦岳

彦岳は広義では変成岩に分類されますが、元の岩は三～五億年前のマグマ活動のうち地下の深いところでゆっくり冷えて固まった「はんれい岩」と呼ばれるもので、海洋プレートの一部であったと考えることができます。そして、それが数億年という気の遠くなるような年月を経て大陸プレートに接近して潜り込み、地表から数十㎞という地下深部の高温、高圧のもとで「変はんれい岩」になったものです。このとき地下深部に潜り込んだのは海洋プレートだけではありません。大陸プレートと海洋プレートがぶつかり合う海溝やトラフと呼ばれる凹地では、陸側から運ばれてきた砂や泥が堆積して堆積岩が作られ、これらの一部は海洋プレートもろともに地下深部にまで引きずりこまれます。そして、引きずりこまれた堆積岩は高温、高圧のもとで「結晶片岩《けっしょうへんがん》」という変成岩に変わります。震岳の山体は、まさに、この「結晶片岩」から形成されていて、その変成年代は約二億年前とされています。

さらに悠久の時の流れの中、次は隆起という地殻変動によって、地下深部にあったものが地表へ顔を出すのが一億年前頃と考えられるのですが、その隆起の過程で、にわかには信じられないような大事変が起こっているのです。それは時代的に古く地層の順番としては下にあるはずの「変はんれい岩」が、「結晶片岩」を乗り越えて数十㎞も移動してきているというのだから驚きです。いや、「結晶片岩」が「変はんれい岩」の下に潜り込んだと言ったほうが理解しやすいかもしれません。いずれにしろ、このときの大規模な地層のズレは、ほぼ水平と言えるような極めてゆるく傾斜した断層（衝上断層）として現れていて、あたかも「結晶片岩」の上に「変はんれい岩」が乗っかっているように見えるのです。震岳の山頂付近の凹んだ僅かな範囲は、実は、「変はんれい岩」なのです。

そして、こうした地殻変動を伴って陸地化した八〇〇〇万年前頃の地表では、活発な火山活動が起こっていた可能性が高く、大地の上では恐竜たちが闊歩していたに違いありません。この頃、内陸には大河や湖沼も形成されていて、陸域に近い浅海で堆積して固まったものの一部が不動岩を形成している「礫岩《れきがん》」なのです。さらに時は流れ、隆起・沈降を繰り返し、また、気候変動による風雪や乾燥、豪雨を受けて現在のような地形が作られたのです。

ややこしい話になって申し訳ないのですが、前述したように、彦岳、震岳、不動岩を形作る岩石は、私達の想像を絶する時の流れの中で作られた産物なのです。次節は、実際にこの山々に登った感想を交えながら、彦岳と震岳にまつわる物語を紹介したいと思います。

3　彦岳

登山日の出発地は震岳の西麓の法花寺《ほっけじ》集落としました。その集落には、ＰＴＡ役員時代にお世話になった中原好康さんの実家宅があることを以前から知っていて、機会があれば遊びにいきたいと思っていました。中原さんは、令和二年の秋、集落の人達と頂上を目指したとのことでしたが、倒木やがけ崩れなどの急勾配で撤退していました。そういうことや出発時の小雨も相まって私を見送る中原さんの顔には心配の二文字が浮かんでいました。しかも、彦岳と震岳をいっぺんに登ってくるという計画には、半ば呆れている様子でした。

ザックにはレインウエアのほかテーピング、サバイバルシートなどの安全グッズや一リットルの水分、補給食。それとミラーレス一眼カメラとノコギリ。スマホに予備のコンパス、地図類、ヘッドランプ。フル装備です。走るには重いのですが、春先とは言え荒廃が予想される山を舐めてはいけません。雨も侮れませんでした。

彦岳には古い歴史を持つ彦嶽宮があります。上宮・中宮・下宮の三社を一つの神宮として創建され、語り継がれてきた由緒は以下のようになっています。

第一二代景行天皇の時代のこと、日向の国の熊津彦が謀反を起こしたので、天皇は御軍を率いて九州に上陸し、高天山（震岳）に行宮を営まれた。熊津彦は土蜘蛛《つちぐも》の津頬《つつら》とともに兵を進めて夜中に天皇を襲った。天皇が行宮にて諸神にお祈りを捧げると彦岳から霊光が発せられ、高天山は大いに振動して、木は倒れ大岩が転がり賊徒はたちまち敗走して天皇が大勝を収めになった。そして、天皇はこの神恩に感謝して彦岳三所に神宮を造立され、一方、高天山には「八神殿」をお祀りになったと伝えられている。

彦嶽宮の下宮は彦岳の麓にあり、市道から始まる石段の両脇には樹齢数百年は越えるであろう大木がそびえていて、その奥には約二〇〇年前に再建された楼門があります。そこをくぐり抜けると、開けた境内の奥に寛文一一（一六七一）年に再建された本殿があって、安全を祈願すると、さあ登山の始まりです。

麓の下宮から頂上の上宮へは、徒歩で登る参道としての登山道と車道の二つがあります。本殿の横から伸びた登山道は、頂上付近までほぼ一直線状の未舗装路です。登り口付近の地盤は比較的に柔らかく、その昔、多くの山伏や参詣者の踏圧によって次第に掘り込みが深くなっていったことがうかがえます。溝状に切り立った登山道の両面には、橙色の粘土とともに雑多な大きさの角礫が混ざった不均一な未固結の土砂が観察されます。地質屋は、それらが山腹の崖崩れや地すべりによってもたらされたものと推定し、緩い斜面でありながらも土砂災害のリスクのある山なのだろうと思索しながら足を進めることになります。実際、彦岳では令和二年七月豪雨で規模の大きい土砂災害が発生していて、頂上へ至る車道は一時期通行不能となっていました。

登山口から数分が経過し、心拍数が少し上昇したかなと感じた頃、脚はしっかりと硬い岩盤を踏み始めています。そして、その岩には無数の細かい縞模様があり、一部はその模様に沿って剥がれやすいことに気がつきます。「結晶片岩《けっしょうへんがん》」です。二億年前、地下深部の高温・高圧の条件下で砂岩や泥岩の堆積岩が変化したものです。彦岳の山体の根っこの部分はこの「結晶片岩」が広がっているのです。

さらに歩を進めると、登山道は勢い傾斜を増し、露出している岩の雰囲気の変化に気がつくことができます。「変はんれい岩」のゾーンに入ったのです。ゴツゴツとした硬い岩肌が登山道に連続して露わになって、場所によっては規則的な縦横の亀裂が走っています。まるで地層の積み重なりでできたような水平に近い縞模様となった細かい無数の亀裂もあります。断層の一部かもしれない。いずれにしろ、これらは「変はんれい岩」に違いなく、つまり、今、私は三～五億年前の海洋プレートであった可能性がある岩盤のまっただ中に立っているのです。

六合目付近の中宮付近では思った以上の険しさに驚きますが、そこを過ぎるとやがて傾斜は落ち着きを見せます。周りから岩が姿を消す反面、足元の土が赤みを増していきます。この原因は、「変はんれい岩」の鉄分を含んだ鉱物が、分解・酸化によって微細な水酸化鉄鉱物（サビ）に変化して土中に含まれるからです。硬い岩盤も数万年という長い年月を経ると、地表面から数ｍは風化によって土砂化して、崖崩れの厄介な原因物質になります。数万年後には、この山頂付近のなだらかな斜面も、そして植生も、今とは全く違うものになっているはずです。

頂上は展望台が開けています。眼下には山鹿市街地のほか、遠望すると熊本市西区の金峰山や有明海も見えます。左手には次に登る震岳《ゆるぎだけ》が間近にあります。踵を返し上宮の拝殿の前に立って手を合わせました。
「震岳に登って参ります、お守りください！」

4　震岳《ゆるぎだけ》

震岳にまつわる言い伝えや昔話はいくつかあります。そのうち二つは『まんが日本昔ばなし』にも取り上げられていて、どちらの物語にも「岩」が登場します。

その昔、村人が買い物に出た帰り道に食べ物を盗む狐がいて、これに怒った村人が毒団子で狐の親子を殺してしまいます。それに一人反対していた石切職人の竹七爺さんは、とむらいとして石切場に見事な観音様を刻んで村から姿を消しました。

これは「きつねの道送り」という話です。竹七爺さんが彫った観音様は、震岳北側、小坂地区の阿蘇火砕流によってできた「溶結凝灰岩《ようけつぎょうかいがん》」の石切場跡に磨崖仏として見ることができます。

震岳

「鬼の足かた」と呼ばれる結晶片岩の転石

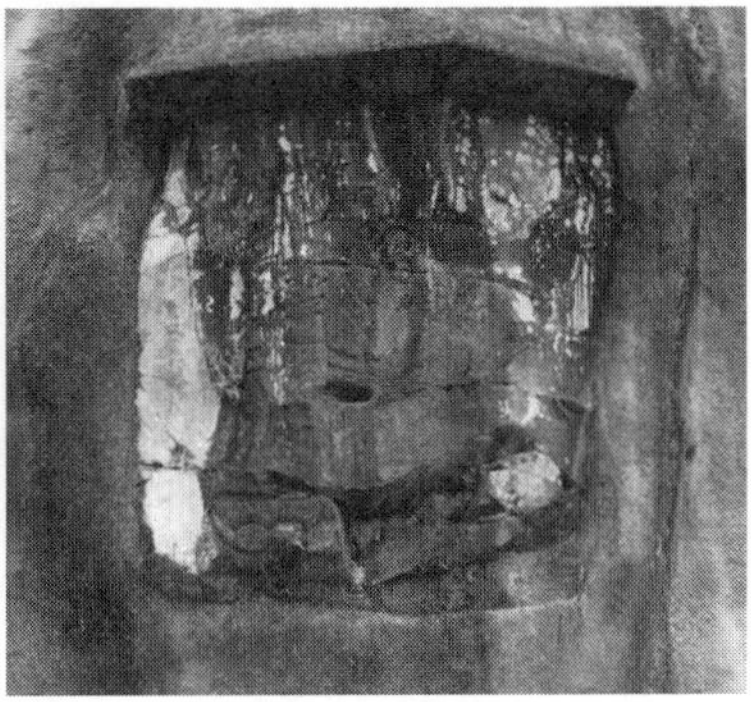

石切場跡の摩崖仏

もう一つは、震岳南側、上吉田地区の集落に伝わる「鬼の足かた」です。

その昔、洪水被害や鬼の狼藉に困っていた村に、太一という賢く勇敢な少年がいました。ある日のこと彼は山で鬼に捕まってしまいます。太一は、震岳がもろく崩れやすいことを知っていました。そこで鬼のプライドをくすぐって震岳の頂上から飛び降りさせることを思いつきます。鬼は飛び降りる際、がけ崩れもろともバランスを失って、着地したところに転がってきた大岩で大けがをして山奥に逃げ帰ったという話です。そして、その「結晶片岩《けっしょうへんがん》」の大岩には今でも足かたが残っていて、その大岩は氾濫しやすい川の流れを受けとめていたと言われています。

さらにもう一つ。震岳の頂上付近には、第一二代景行天皇が刀を研いだと言われる「砥石が鼻」があります。これは、「変はんれい岩」です。

震岳の登山に先立っては下見が必要でした。地形図には山頂へ

「砥石が鼻」と呼ばれる変はんれい岩の転石

の四ルートが「徒歩道」として記載されていますが、そのような道は人の手が入らなければ、高温多湿の九州の低山では、植生によってまたたく間に人を寄せ付けない廃道になってしまいます。

実のところ、私は景行天皇を気取って北側の熊野座神社から尾根沿いルートで登りたかったのですが、入山できそうな箇所は見当たらなかったため、別の日にようやく見つけ出した南側の寺島集落から登ることにしていました。

地形図には記載されていない建設まもない砂防ダムの横を通り抜けると、そこから登山道が始まります。沢沿いの登山道は、予想通り土石流や崖崩れでたまった角礫だらけです。ただ、角礫はどれも似たような色と形で、震岳がまぎれもなく「結晶片岩《けっしょうへんがん》」であることを教えてくれます。その黒灰色の角礫は直方体に近い形をしていて、まるで分厚い辞書のようにみえる四角いものまであります。周縁部の縞模様が特徴的です。

いよいよ本格的な登りにさしかかります、細い幹に巻かれてある古い赤テープの目印だけが登山道であることをどうにか教えてくれる程度です。見通しは極めて悪く、倒木も行く手を阻みます。倒木は山火事になれば優れた燃料になるだけでなく、倒木跡のえぐれがさらに拡大して大きな崖崩れに発展します。余計なことをいちいち想像してしまいます。職業病です。

震岳頂上の八神殿の石祠

しかし、右手にはノコギリ、日頃の鬱憤ばらしとばかりに藪を切り開きながら探検気分を存分に味わって登頂することができました。頂上付近には「変はんれい岩」の今にも転げ落ちそうな不安定な大岩がたくさんありました。そして尾根沿いには溝状となった古道が残っていて、頂上の近くには草庵跡と思われるような平場がありました。瓦片の散乱もありました。これらの様子から、その昔は、頻繁に人の往来があったことがうかがわれました。

そして、頂上には景行天皇が最初に祀ったとされ、明治の頃に再建された「八神殿」の石祠がありました。

《番外編「阿蘇火砕流」と「溶結凝灰岩」》

「きつねの道送り」で竹七爺さんが観音様を彫り込んだといわれる「阿蘇火砕流」の「溶結凝灰岩《ようけつぎょうかいがん》」って一体なんなんでしょうか。

「阿蘇火砕流」

阿蘇火砕流の噴火は約二七万年前に始まり、約九万年前までの間に四回の大規模な活動がありました。これらの大噴火と噴出物は古い方からAso–1、Aso–2、Aso–3、Aso–4と呼ばれていますが、このうち最後に起こった約九万年前のAso–4が最も規模が大きく、このときの火砕流は、阿蘇火山の周囲に広い台地を作り、さらに谷沿いを下り九州の東・北・西の海岸に到達すると、一部は海を流走して天草下島や山口県の秋吉台にまで達しました。噴出したマグマの総量は瀬戸内海を完全に埋め尽くすのに十分な量であったとされます。想像を絶する超巨大噴火です。

熊本県内では、これらの火砕流堆積物は「溶結凝灰岩」としていたるところで観察され、高千穂峡では一〇〇m近く堆積しています。

さて、日本では、九州のほぼ全域を壊滅させてしまうような、噴出量が一〇〇〇km^3に近いかそれ以上の超巨大噴火は、過去一二万年の間に九回起こったとされています。噴出量が三〇km^3以上の「破局噴火」を加えると一七回となり、七〇〇〇年に一回の割合となります。日本列島最後の巨大噴火は七三〇〇年前の鬼界カルデラの噴火ですので、日本列島では破局噴火が、いつ起こってもおかしくない状況にあると言えます。また、Aso–4クラスの超巨大噴火が現在の九州で起きた場合、直接の犠牲者は一〇〇〇万人を超えるとされ、国民のほとんどを占める一億人は困窮状態に陥ると想定されています。破局噴火クラスでさえ直接の犠牲者は数十万～数百万人に達すると考えられています。

なお、七三〇〇年前の鬼界カルデラの噴火は、鹿児島県の薩摩半島の南七五kmの洋上で起こったものですが、この噴火による火砕流や津波で、当時、南九州で成熟していた縄文文化は完全に途絶えてしまいました。

私たち日本人が、その後、巨大噴火に遭遇していないのは単なる幸運に過ぎないのです。

「溶結凝灰岩《ようけつぎょうかいがん》」

阿蘇火砕流を起こすような巨大噴火は、文明を簡単に消し去ることのできるエネルギーを持っています。一般に、火砕流は、軽石や火山灰などの高温のガラス質の破片の粉体流を指すのですが、堆積したときの内部の温度が十分に高い（七〇〇℃以上）とガラス質は互いに融合して自重によって圧密され、冷却すると緻密な岩石になります。こうした現象を「溶結《ようけつ》」とよび、できた岩石を溶結凝灰岩といいます。ただし、堆積した時の温度の違いによって溶結の程度には幅があり、ハンマーの強い打撃でも割れない高溶結のものから、スコップで簡単に掘れるようなものまで様々です。また、比較的に硬い溶結凝灰岩は、冷却時にできた縦亀裂（柱状節理）が発達する特徴があります。

阿蘇の巨大噴火でできた溶結凝灰岩は、石材の俗称として「灰石」と呼ばれます。特に中程度に溶結したものが、その細工のしやすさから古代から広く利用されています。県内各地には、古くから灰石を活用した例が数多くあり、古墳時代には石棺として、その後も石垣・石堀・石段・土台石・石橋・鳥居・石塔・石灯籠・石風呂など様々です。

ことに五世紀の古墳時代には阿蘇の灰石製石棺は、地元はもとより、遠く大阪府藤井寺市の唐櫃山古墳や長持山古墳でも見つかっており、推古天皇陵と考えられる古墳からも発見されています。

このように、阿蘇の「溶結凝灰岩」は文明を破壊するほどのエネルギーを持って生成された後は、文明を創造するための重要なマテリアルとなったのです。阿蘇火山は古代から篤い信仰の対象となっていました。ひょっとすると、古代人は「灰石」のできかたに想いを馳せながら、その巨大なエネルギーの神秘性に惹かれて石棺を作ったのではないでしょうか。

当時の大王やヤマト政権の中枢にあった高官にとって、その死後に彼らの始祖である神武天皇の故事にちなんだ阿蘇の石棺に入ることは一種のステータスで、先祖の元へ帰るといった懐郷の意味もあったのかもしれません。

5　震岳での戦いとピザ窯

残念ながら、震岳の山頂から眺望を得ることはできませんでした。しかし、震岳は霊山であり、地元の人達は昭和の頃までは初詣をしていたとのこと。初日の出や素晴らしい眺望を前にして新年の始まりを祝っていたのです。震岳は、菊池盆地を囲む北縁の山として最も標高が高く、地元の誇りでもあったはずです。

景行天皇が九州討伐に際して、ここに行宮を営んだのは当然と思います。何故なら、眼下の山鹿市の市街となっている方保田地区をはじめとする台地上には、その昔から集落が形成されていて、震岳はこれらを一望できる要衝になったからです。邪馬台国の所在については諸説ありますが、この菊池平野は、近年、景行天皇の先代が築いた邪馬台国と対峙した狗奴国であったのではないかと指摘されています。もし、そうであったとすれば、そのことを先代からの伝えとして知っていた景行天皇は、この景色を感慨深く眺めたのかもしれません。

景行天皇は数年に及ぶ九州討伐の終盤に、現在の玉名方面から菊池川を遡ってこの地にやって来たことが伝えられています。このとき、「茂賀の浦」の濃い霧にはばまれた天皇の軍勢を村人が松明を掲げて好意的に出迎えたことが「山鹿灯籠祭り」の起源の一つとされています。

景行天皇は、震岳の頂上から「茂賀の浦」の水面の輝きと、遠望される九州山地を見つめて、これまでの討伐の日々を振り返ると同時に、最後の聖地奪還の行軍に向けて決意を固めたに違いありません。ただ、終盤の戦いも順風満帆とは言えず、宇土の木原山（雁回山）からは津頬の逆襲によって退却を余儀なくされ、高天山（震岳）に籠城しなければなりませんでした。伝えによれば、天皇の祈りによって彦岳から届いた霊光が勝利の謂れとなっています。しかし、震岳の地形に着目すると、南北に伸びる稜線を挟んだ斜面は、標高が増すほど傾斜がきつくなり、自然が作り出した「武者返し」になっています。また、山頂付近には、硬質であるものの適度に亀裂があってハンドリングの良い「変はんれい岩」が豊富にあり、それらは現在の弾薬・ミサイルに替わる「投石」や「石落とし」に転用できる軍事物資になったはずです。景行天皇は行宮を造営した当初から、戦局を決するための作戦は「籠城」と考えていて、あえて敵を震岳におびきだして大勝を収めたのではないでしょうか。

景行天皇の九州討伐は、一般には九州巡幸と呼ばれていて、各地に様々な戦いの伝説や地名の説話が残っています。近年、この行軍は、大陸からの侵略に備えたヤマト政権の九州支配強化の一環と考えられていますが、この地域に残る戦いの伝説は軍事記録的な意味合いのほか、霊光による勝利は、当時のヤマト政権の威光を高めるための創作と考えるのは穿ちすぎでしょうか。

一方で、九州の各地に残る戦いの伝説からは、景行天皇には類い稀な戦闘センスが備わっていたことが窺われます。しかし、さすがの景行天皇も、震岳で勝利を呼んだ「変はんれい岩」が、なぜ山頂にだけ存在するのか理解に苦しんだのではないでしょうか。そして、山頂にある岩石と同じ「変はんれい岩」でできている隣に鎮座した彦岳に対して霊的な力を感じ、厚い神恩を抱いて彦岳に神宮を造立したのではないでしょうか。いささか想像が膨らみ過ぎましたが、地質技術者の視点で震岳の伝説を紐解くと、このような物語が見えてくるのです。

さて、出発地の中原さん宅に戻ったのは、予定よりだいぶ遅れた正午を過ぎた時間でした。中原さんは既に昼食を済ませ、午後の作業に取りかかっていました。畑に行って自分の戻りを告げると一つ歳上の中原さんは、私の帰りを待ってくれていたようで、革手袋を外しながら労いの言葉をかけてくれました。そして、私は山で拾ってきた岩石を示しながら、見てきたことや感じてきたことを興奮気味に話しました。

一息ついたところで、中原さんがピザを焼いてくれると言いました。庭先にはピザ窯がありました。それは週末に実家へ通いながら三ヵ月を要した自慢の傑作で、窯の黒い鉄扉は温度計まで設えた特注品でした。しかし、窯そのものは自然石のようなランダムな形の岩石で組まれていたのが不思議でした。

一般には、ＤＩＹで作る窯には既製品の耐火レンガなどが使われます。しかし中原さんから話を

中原さんがろう石で作ったピザ窯

聞くと、この岩石は、代々引き継いできた先祖の土地からでてきたものとのこと。先代はこの「ろう石」を生活の糧の一つとして商売にしていたというのです。私は驚いて、ピザ窯の材料として余っていた「ろう石」を手に取り観察しました。岩石の破断面の新鮮なところは、青灰色を基調としながら全体には油脂状の光沢が特徴的で、手触りは極めて滑らかでした。手元にあった車の鍵で岩石の表面を引っ掻くと表面には簡単に傷ができました。私はこの「ろう石」に含まれる鉱物を「滑石《かっせき》」と同定したのでした。

6　法花寺集落と法花寺鉱床

「ろう石」が採れる法花寺集落は震岳の西側山麓に位置していますが、東側の正面は岩野川、南北は震岳の稜線から伸びる尾根によって囲まれています。まるで小さな砦のようです。人を寄せつけまいとするかのような地形が、修行者に良好な環境を提供していたのでしょう。集落の一番奥には法華寺があり、本堂には金箔の千手観音立像が祀られています。また、境内には年代が判明している石塔塔身としては山鹿市内最古級の建保三（一二一五）年のものがあるほか、多くの石造物が往時の繁栄を偲ばせてくれます。本堂を背にして振り向けば、真正面には馴染みの形とは違った彦岳を見ることができます。やや丸みを帯びた山頂から続く斜面は左右対照の末広がりとなっていて、その流麗な姿に「シン・山鹿小富士」と別名を与えたくなるほどです。

中原さんは、若い頃、このうら寂しい集落が好きではなかったそうですが、次第に愛着が湧いてきて、近年になって週末は必ず実家に戻り、受け継いだ土地を守ることを目的としながら山の手入れや農作業を満喫しています。そうした活動のなかで、先代が採掘していたという「ろう石」を鬱蒼とした竹山の中から拾い集めてピザ窯を作ったのでした。

一般に、「ろう石」とは印材、彫刻材、耐火物、窯業原料や農薬などに利用される蝋のような光沢と触感のある鉱物や岩石の総称として使われる言葉で、中原さんが見せてくれた岩石は、まさしく「ろう石」そのものでした。ただ、「ろう石」には、その岩石を構成する主要な鉱物に違いがあり、岩石の雰囲気や地域の地質学的な特性から、その岩石に含まれる主要な鉱物は「滑石《かっせき》」ではないのかと私は判断したのでした。

ジェノベーゼソースのピザは、大変、美味でした。しかし、私の心は「ろう石」が採れる所に早く行きたいという気持ちが高まっていくばかり。中原さんは、自分の仕事をとめて、予定より遅れて帰ってきた私のために、わざわざ窯の火入れから始めてピザを焼いてくれていました。午後からは自身の予定もあったはず。しかし、私は無理を承知で案内をお願いしたのでした。

案内された先は、そこから徒歩で一〇分弱の林道から脇にそれた急斜面の上でした。斜面を登りきったそこは二〇〇坪くらいの平地になっていて、中原さんがタケノコ栽培の用地として数年を費やして整頓した場所でした。そこはもともと緩い斜面に手を加えて造成された土地であるとはいえ、その平坦面はあまりにも不自然でした。小規模な採掘場跡、もしくは採掘した岩石の選鉱場跡ではないかと思われました。地面には大小の「ろう石」が転がっていました。私はタケノコ探しもそっちのけで雑木や竹林が茂った方へ踏みいりました。残念ながら「ろう石」の鉱脈を見つけることはできませんでした。また、この「ろう石」に含まれる鉱物が「滑石」であることのひとつの証左となる「蛇紋岩《じゃもんがん》」の露岩も見つけることはできませんでした。かわりに、中原さんの助言もあり、タケノコはいくつか見つけることができました。

帰宅して早速、ネットで「山鹿　滑石」で検索してみました。なんと「熊本県山鹿市北方一帯の滑石鉱床調査報告」というタイトルの論文が一発でヒット。アドレナリンが体内を駆け巡りました。その論文は、現在の産業技術総合研究所地質調査総合センターが昭和三〇（一九五五）年に調査を実施し、翌々年の昭和三二（一九五七）年に地質調査月報に掲載されたもので、そこには法花寺鉱床として紹介されていました。そして、滑石鉱床については「蛇紋岩」と「石英石墨片岩（結晶片岩類）」の境界に幅数一〇㎝の鉱脈として四ヵ所で確認されたと報告されていました。また、法花寺鉱床の鉱量は二〇〇〇ｔが見積もられており、採掘の背景には農薬原料として需要の高まりを上げていたのでした。

夕食後、中原さんに連絡を入れると大変な喜びの様子でした。私は中原さんから頂いた新鮮な芋と筍は大変美味だったことと、近々、不動岩に登る旨を伝えました。そして、最後に、震岳の頂上で採取してきた「変はんれい岩」の岩石サンプルを庭先にわすれてきたことを伝えたのでした。

《番外編　歴史にみる「滑石《かっせき》」》

法花寺地区で採取される「滑石」が、歴史的な側面から見た場合、どのような意味を持つのか考えてみました。

「滑石《かっせき》」と「ワクド石遺跡」

菊池郡大津町杉水に「ワクド石遺跡」と呼ばれる縄文後期～晩期（約三〇〇〇年前）の大規模な住居址遺跡があります。この遺跡からは土器のほか勾玉《まがたま》、土偶、石包丁、石鍋などが出土していますが、そのなかに籾《もみ》の圧痕がついた土器片が発見されています。この発見は当時の考古学会に稲作の渡来の時期に疑問を投げかけ、そのことで耳目を集めた遺跡として知られています。

この遺跡の調査報告書を読んで思わず小踊りしてしまった部分があります。それは出土した勾玉《まがたま》の玉材（材料）について分析した結果、ヒスイの他に蛇紋岩の岩脈に随伴して産出したと推定される「滑石」が見いだされていたという記載があったからです。

「滑石」はその加工のしやすさから現在も彫刻の材料として広く使われていますが、三〇〇〇年も前の昔から装飾の材料として使われていたのです。報告書では、その「滑石」の産地については特定できずに課題を残したままとなっています。しかし、その「滑石」の産地は、先に紹介した山鹿市北方に位置する法花寺鉱床や平山鉱床ではないかと考えられます。

これらの鉱床は、ワクド石遺跡から北東に僅か二十数㎞で歩いて日帰りできる距離にあり、当時あった「茂賀の浦」を舟で渡れば目と鼻の先の関係です。狩猟採取を生業にしていた縄文人の探索能力をもってすれば、「滑石」のありかなど造作なく見つけることができたのではないでしょうか。

このように山鹿地域の滑石鉱床には、数千年におよぶ古い歴史があると考えられます。

「滑石《かっせき》」と「凡導寺《ぼんどうじ》の経筒《きょうづつ》」

平安時代の末期の一〇五〇年代は釈迦入滅後の二〇〇〇年を経た末法《まっぽう》の世になり、破壊や天変地異が相次ぐ時代になるといった末法思想が国中に広がりました。こうした末法思想を背景に、現世の不安から逃れるとともに来世での極楽往生を求めて浄土教が流行しました。

久安元年在銘の経筒

そして、人々が救いを求めて託したのは、阿弥陀仏の造立供養のほかに、書写した経典を、その願いが五六億七〇〇〇万年後の弥勒出生のときに受け入れられるように地に埋める「埋経《まいきょう》」でした。「埋経」には、瓦に経を刻み込む瓦経や、写経を入れる経筒《きょうづつ》がありました。経筒には弥勒信仰を勧める法華経（妙法蓮華経）の写経が入れられたとされています。

明治四〇（一九〇七）年二月のことです。「凡導寺の経筒」

が不動岩の西麓にある金比羅神社境内の土の中から偶然に発見されました。表面に刻まれた文字からは、久安元（一一四五）年に僧慶有が弥勒下生にあうことを念願して埋経したことがうかがわれます。現在、この経筒は県の考古資料として指定され、山鹿市立博物館で保管されています。そして、その経筒は「滑石」製であるとされています。

この経筒のもととなった滑石も先に紹介した法花寺《ほっけじ》鉱床から産出したものではないでしょうか。鉱床の名前と同様にその滑石が採れる集落の名は法花寺です。集落の奥には古寺の法華寺がひっそりと残っています。近年、集落の人達によって修復されたお堂には、金色に塗られた千手観音立像がご本尊として手厚く祀られています。

信仰の対象となった法華経にちなんだ地名が一〇〇〇年を経た現在にまで引き継がれ、さらに、この地から採れた岩石で「埋経」が行なわれていたかもしれない。このことを知ると、歴史の深さとともに、地続きとなっている永い時間の流れにロマンを感じずにはいられません。

7　一ツ目神社

不動岩の首が吹き飛んできた「首石岩」の近くには、通称「一ツ目神社」と呼ばれる神社があります。社記に書かれた伝承によれば、不動岩と彦岳権現の首引きの大綱の端が、この地で勝負の行方を案じていた母神の目に当たり一眼を失ったので、その母神を祀り「一ツ目神社」と呼ばれるようになったと言います。また、この神社の裏には、湧水量が毎分二tといわれる「一ツ目水源公園」があって、ここは「熊本水百選」にも選ばれています。いにしえの人々は、この清らかな湧水を見て実子を不意に失った母神の悲しみの涙を想起していたのかもしれません。

さて、この「一ツ目神社」、正式には「薄野神社」という名です。今から一五〇〇年程前の継体天皇四（五一〇）年一一月四日に、高天山（震岳）で八神殿を祀ったとされる若山連《わかやまむらじ》の後裔の吉田氏が斎《いつ》き祀ったとされる県内屈指の古社なのです。そして、祭神は鍛冶の神とされる天目一箇神《あめのまひとつのかみ》です。

私がこのことを知ったのは、参道沿いの桜が満開となっているうららかな春の午後でした。その日は、とある地区で発生した地盤の陥没事案の相談で山鹿市を訪れていて、そのついでに一目この神社を見ておこうと立ち寄っただけのことでしたが、この事実には大きな衝撃を受けました。鍛冶の神から、すぐさま「砂鉄」が連想され、「たたら製鉄」、次いで名刀「同田貫《どうだぬき》」、そして順番が前後しますが「菊池一族の繁栄（千本槍）」、さらに近代に至っての「軍都熊本」へと思考が一気に展開していったからです。しかし、そういった妄想を膨らませる前に、もう一度冷静に考えるべきことがあるのではないかと自分に言い聞かせました。

「一ツ目神社」の近くには「変はんれい岩」を対象とした採石所がいくつかあります。私は以前の仕事で他県の採石所の調査に携わった中で、採石所の始まりが有用鉱物の採取である事を経験的に知っていました。まずは、そこをヒントに調べ直すべきではないのかと、そう思ったのです。おりしも、先日は震岳の西側山麓で「滑石」が採掘されていた情報を得ていて、また、今いる「一ツ目神社」の目と鼻の先にある採石所は、数年前に採掘跡の残壁の安定性についての相談を受けていたところでした。訊ねに行けばいいと思いました。

連絡も入れず採石所に行くと、幸運にも、当時、丁寧な物腰で対応してくれた女性経営者の花籠典子さんが事務所内で一人でした。花籠さんは、私のことをよく憶えていてくれて、過日の一件について、あらためて丁寧にお礼を述べられました。

にもかかわらず、急いでいた私は挨拶もそこそこに、ここへ来た経緯を簡単に説明しました。すると花籠さんはここの二代目経営者で、先代は天草で採石を営みながら、ここでも「砕石や石材」として良質な岩石が採れることを見込んで開発を始めたことを話してくれました。残念ながら有用鉱物の採取が、この砕石所の始まりではありませんでしたが、花籠さんは、私にとって極めて重要な情報を提供してくれました。先代から聞いた話として、この辺りではその昔「銅」が採掘されていたというのです。

私は金属資源に目がありません。前職の主な仕事は、国内外の非鉄金属資源の探査で、故郷の熊本の資源についてもそれなりの知識を持っていると自負していました。確かに、地質的環境からみてこの地域に「銅鉱床」が形成されたとしても不思議はありません。しかし、経済的価値を得るだけの品位と鉱量がなければ鉱山開発には至りません。私はこの地域で行なわれていたとされる銅採掘については全く知りませんでした。

私は四駆の軽自動車に乗り込みキーを差し込みました。このまま、会社へ戻るか、それとも図書館へ向かうか。エンジンを始動させ、ギアをローに入れるとクラッチをつなぎました。車が向かった先は図書館でした。花籠さんの話を確かめる必要がありました。花籠さんは、図書館に行けば何かわかるかもしれないと言っていました。

8　こもれび図書館

妻の趣味の一つは図書館通い。渉猟しているようですがお気に入りは時代小説です。休みの日など、妻が借りた本の返却について行くこともありますが、私は駐車場止まり。高校生のとき、自習を目的に真新しくできた図書館へ行ったことがありますが、そのとき見た圧倒的な書物の多さに文字酔いして吐いてしまったという苦い経験が私を図書館から遠ざけ続けていたのだと思います。そんな私が図書館に向かっています。しかも、仕事をほったらかしにして。

向かったのは山鹿市の中心部に平成二六年に開館した「山鹿市民交流センターこもれび図書館」。空間を贅沢に利用した近代的な建物で、そこは無粋な作業着姿の中年男の進入をためらわせる優しい空気に満たされていました。自動ドアを抜けると消毒用のプッシュボトルを一押ししました。目の前の液晶モニターには、緑色の文字で体温を示された中年の男が映し出されていました。この光景にも慣れてきたなと思いながら緩くカーブを描いた木製の階段をのぼりました。

入り口の右手にカウンターがあり、新型コロナウイルス感染症の対策として、ややくたびれかかった飛沫防止のビニール幕が張られていました。

私はマスクとそのビニール越しに、採石所付近で以前「銅」が採掘されていたことが記載されている資料はないかと尋ねてみました。それと、この頃になって私の心を支配し始めていた、ある「謎」についても聞いてみました。すると、職員の女性が館内の奥に案内してくれました。そこは、「郷土資料コーナー」で、まずはこちらで探されてみてはどうかということでした。最初に案内してくれた若い職員の女性にとって、私の質問はあまりにも唐突過ぎたのでしょう、他の書棚からショートヘアに眼鏡をかけたスラリとした女性が助け舟とばかりに私の前に現れました。その眼鏡の女性は私の話を真剣に受け止めている様子で頷いてくれ、書棚に向かうと、そこがあらかじめ目的地であったかのように数冊の書籍を取り出してくれました。この図書館のプロだと思いました。

西側の大きなガラス窓に沿った閲覧席の机に座り、まず、手にしたのは昭和六〇年に刊行された『山鹿市史』。上・下・別巻の三冊からなる合計二四〇〇ページを超える大著です。採石所の花籠さん、そして先の地盤陥没の件で面会した地元の古老も、この『山鹿市史』を勧めてくれたのでした。もちろん、眼鏡の女性も。

その『山鹿市史』を前にして、どこから手をつけるべきか迷いました。しかし、とにかくページをめくらなければ事は始まりません。近代以降の章に目星をつけてページをめくっていきました。しかし、期待した情報を得ることはできませんでした。いつの間にか日は低く傾き、ブラインドが降ろされ、気がつくと終業を知らせる音楽が館内に流れ始めていました。私はまだ目を通していない書籍を借りようと思いカウンターへ急ぎました。

　しかし、借りることができるのは山鹿市在住者若しくは山鹿市内に通勤する人たちに限定されていることを知るにいたって、私の落胆は相当のものとなりました。とりあえず、眼鏡の鹿子木千晶《かなこぎちあき》さんが勧めてくれた昭和六一年に発行された『ふるさと山鹿』の「三玉校区」のコピーを頼みました。その間、親身になってくれていた鹿子木さんは、私の疑問に対して興味を持ってくれたようで、再度、図書館の資料をあたってみると約束してくれたのでした。心強い味方ができたと思いました。

9　シンドラ作戦

山鹿市に通い始めて一ヵ月。決戦の日が迫りつつありました。初めの頃は、「ジオ・ドラマ」の原稿作成のため軽い気持ちで始めた現地調査でした。山鹿を含めた県北地域は、仕事でこれまで数えきれないほど訪れていて、地質についてはある程度のことを知っていました。しかし、「首引き」伝説については、おぼろげな記憶しかなく、人からの話を聞いて思い出す程度のものでした。なので、物語に出てくる山々や地域について書くためには、自分の血肉となる本物の知識を得るためにはどうしても身体を使う必要がありました。そして、前知識としての予習も重要でした。

　不動岩を登る前に明らかになったことは、彦岳、震岳も、古くから篤い信仰を集めていた極めて由緒正しい霊山であることでした。ですので、不動岩の「首引き」伝説は、今風に言えばこの三つの山をディスった物語ということになりはしないか、なぜなら、彦岳と震岳を実際に登って崇高な気分に浸った私は、この「首引き」伝説を甚だ不謹慎な物語に感じてしまったからです。と同時に、この物語は何かの風刺ではないのかと直感したのでした。もし、そうだとすれば、この物語が生まれた当時、この俗世的かつ凄惨な「首引き」は、庶民の間でバズりまくったに違いありません。

後の調べで明らかになることですが、『山鹿市史』では約一ページを割いて、彦岳権現と不動岩の「首引き」の物語について、『肥後国誌』からの記載を引いてその背景を考察しています。

それによると、明応年間（一四九二〜一五〇一年）に高天山神主の吉田親政氏が、震岳と彦岳の神主を兼帯する期間があります。また、震岳には三六坊があって山伏が居た天正七（一五七九）年に、この山伏を保護していた芋生氏が赤星氏の一族に破れて山伏が断絶するという波乱が起こっています。このような霊山を巡る対抗関係が、伝説の背景にあると考察しているのです。つまり、現代風に言えば、彦岳、震岳、不動岩の霊場としての利権争い、綱引きが、伝説の背景ではないかということです。伝説や昔話は、史実がもとになっていることが多いと言われています。だとすれば、「首引き」伝説は、史実と自然事象を掛け合わせた想像性豊かなユーモア溢れる傑出した作品として評価すべきなのかもしれません。

これ以外に、この一ヵ月間、ふつふつと湧きあがってきた疑問がありました。それは旧村名ともなっている「三玉」です。これは「首引き」伝説の出発点にもなっています。簡単におさらいすると、「首引き」伝説はこの「三玉」を巡る争いの物語です。当初、伝説中の「三玉」とは、先に示した三つの山を暗示しているのではないのかと思いましたが、それはあまりにも乱暴な考え方だと思い撤回していました。

三玉地区周辺には、この「首引き」伝説だけでなく様々な昔話や言い伝えがあります。これまで紹介してきたように、この地域に伝わる物語には全て現存している物象をモチーフとしている特徴があります。であるならば、「三玉」があってもおかしくはありません。むしろ、あると考えるほうが自然に思えたのでした。

「首引き」伝説の中で母神のモチーフとなっているのは、その昔、彦岳の山頂に祀られていたという姫竜神です。そして、古来より竜神に描かれている口と両手に持った合計三つの玉がその「三玉」だと伝えています。つまり、「三玉」のモチーフを探すということは、竜神が所有する玉を探すということでもあります。

くだらないとは思いつつ、私は、疑問解消に向けて自分自身を奮い立たせるため、そして、今後の調査をさらに楽しむために作戦名を必要としていました。

作戦名は「シン・ドラゴンボール」。略して「シンドラ」。この間抜け感、脱力感がたまりません。

10　古代鍛冶族と私

決戦の数日前、デスクの隅に立てかけたスマホの着信音が響きました。画面に映し出された文字は、「山鹿市立図書館」。

「着信」をスライドさせると聞き覚えのある声が耳に届きました。この前、お世話になった鹿子木さんでした。鹿子木さんは、過日の訪問時には見つからなかった「三玉」の由来や、採石場の開発の経緯について答えるために連絡をくれたのでした。

「三玉」の由来については『山鹿市史』（下巻）に、明治二二年の合併時（蒲生村、久原村、上吉田村）の町村名選定理由の中に〃久原村内元霊仙ニ、三玉山霊仙寺アルユエ、村民ノ申シ出ニ依リ、之ヲ名ク〃の記載が見つかったことを教えてくれました。一方、三玉地区で採石所の開発が始まった経緯がわかるような資料は見つからなかったとのことでした。しかし、鹿子木さんは、『新山鹿市史』には、現在の採石所から南東に約二㎞離れた「日の岡山」の麓で太平洋戦争中まで銅鉱山があった記載を見つけたことを付け加えてくれました。また、『山鹿市史』（下巻）にも同様の記載があること、そして、銅鉱山の記載は、どちらの資料にも「天目一箇神《あめのまひとつのかみ》信仰」の項で触れられていることを教えてもらいました。採石所の花籠さんが話してくれた事は本当だったのです。

『山鹿市史』（下巻）では、日本書紀第二神代下（天孫降臨）の個所を引用して天目一箇神は鍛冶に関する神であることを説明しています。そして、一ツ目神は、長年、銅精錬の火色を片目で見続けたために片眼となり、フイゴを踏み続けて一本足となり、一ツ目神社のある所には必ず銅鉱山があると伝えられていることを紹介しています。つまり、一ツ目神を祀る薄野神社の創建時の一五〇〇年前には、既に、銅に精通した古代鍛冶族が存在していた可能性が極めて高いことを示唆しているのです。おそらく、古代鍛冶族は、銅を含んだ岩石の探索と精錬をセットにした、当時としては最高難度の高等技術を身につけた特殊集団であったに違いありません。大陸伝来ではあるものの、彼らの留まることを知らない強い探究心がその技術を生み出し、そして古代とはいえ、それらが現在の科学技術に繋がる多くの礎を作ったのだと思うと感慨深い気持ちになります。そして私は自分に言い聞かせます。果たして、私は、古代人に胸が張れるような強い探究心を持って仕事に励んでいるのだろうかと。

決戦は年度末の土曜日に設定しました。作戦のあらましはこうです。

不動岩の麓にある金毘羅神社を出発地として、登山道を登り不動岩を経て蒲生山の頂上に出ます。そして尾根沿いを東進して「日の岡山」を通って下山し、蒲生ノ池を見学した後に「生目神社」を訪問するという計画です。そして、最大の目的は、不動岩が何故あのような形になったのか、仮説でもいいので、それを裏付けるような地質学的な事象を見つけ出すことでした。それと、「三玉」は何を指しているのか、その手がかりを探し出すことも大きな目的でした。もちろん、強い探究心を持って。

11　金毘羅神社

その日の天候は、前回の彦岳、震岳の時と比べると朝から爽やかな青空が広がり絶好の登山日和でした。下見のとき、金毘羅神社の近くのため池の横の空きスペースに登山者が駐車していたのを見ていたので、今回はそこを出発地と定めていました。

車を停めて車外にでると、準備をしていたザックを背負いました。古い鳥居をくぐり大願寺奥の院を左手に見ながら、苔むした石段と未舗装路を進みます。最後に急坂を登ると一段開けた所に金毘羅神社があります。そして、その手前には不動岩と同じ「礫岩」の大転石が合掌造をなして、「穴観音」と地元では呼ばれている観音様が参拝者を迎えてくれます。

金毘羅神社は、この「穴観音」裏の「礫岩」の急崖に本殿が造立されていて、付近には宮地嶽神社のほか、作ノ神、足手荒神が祀られています。そして、それら祠の傍には地元の誰かが作ったと思われる手作りの説明書きが立ててあります。

その説明書きの中で最も興味深く感じたのが金毘羅神社のものでした。全文を記載すれば以下のとおりです。


「金毘羅神社は、海・海運の神様である。どうして金毘羅神社があるのか。実は、金毘羅神社の周辺には、バクチノキ、フウトウカズラ、オニヤズソテツ、ツルコウジ、イシカグマ、カカツガユ、ハスノハカズラという七種類の植物が見つかっている。これらは普段、あたたかい海岸近くで見られる植物だが、金毘羅神社周辺に集中して生息しているのである」

植物について門外漢の私は、この文面を見てまず思い出したのが、子供の頃見た「地底探検」という一九五九年のハリウッド映画でした。ジュール・ベルヌの小説『地底旅行』を映画化したもので休火山の火口から地底に降りていき、巨大植物や恐竜に遭遇しながら地底世界を探検するというＳＦファンタジーです。

金毘羅神社は不動岩の西麓の深い谷間にあって、鬱蒼とした樹木や奇岩がそれを思い出させたのかもしれません。説明文にある七種類の植物がこの谷間に取り残されたのは、何らかの理由で、この場所が周囲よりあたたかい環境が保持されやすかったからではないのかと考えました。では、何らかの理由ってなんだろうということになります。県北の山鹿、菊池は温泉地でもあります。ひょっとして、この近くでは、その昔から温泉が湧出していて周辺より温かかったのでは？　と考えるのはどうだろうと思いました。菊池川の天然記念物となっている藻類の「チスジノリ」の生息理由の一つが、「温泉」からもたらされたカルシウム成分と考えられている事を思い出しました。続いて閃いたのが、この温泉の作用が、これらの植物の存在だけでなく、不動岩の岩峰を形成させた有力な仮説の一つになるのではないかということでした。

金毘羅神社

温泉には様々な種類がありますが、一部の温泉には溶存成分としてケイ酸などが含まれていて、これが岩石を構成する鉱物や粒間に染み込んで石英となって周囲よりも硬い岩石になることがあります。これと似たような現象が不動岩の「礫岩」にも起こり、温泉が通って硬くなった部分が浸食から取り残され、結果としてあのようなカタチになったのではないかと思ったのです。であるならば、「温泉が通った痕やその名残り」のようなものを見つけることが出来れば、「温泉説」はイケてる仮説になるのではないか！　そう思うと少し足取りが軽くなり、不動岩を登る楽しみが増えたのでした。

12　不動岩

不動岩は、山鹿市の三玉校区（旧三玉村）にあり、山鹿市役所から東北東約四・五㎞に位置する標高三八八・四ｍの蒲生山の中腹から頂上にかけて聳える、前不動・中不動・後不動の三つの岩峰から構成された岩山です。このうち、前不動の高さは約八〇ｍ、根回りは約一〇〇ｍと言われています。

「不動岩」の名称は、平安時代に山伏たちがこの山中にこもり、不動明王を本尊として祀り修行したことに由来します。当時は多くの山伏たちがこの岩の周りに坊を建て、修行していたと伝えられています。現在も不動岩の付け根には不動神社の拝殿があります。

不動岩の麓までは、車道もあって乗用車が五台駐車できる展望所やトイレも整備されていて、気軽に立ち寄れる観光スポットとして県内はもとより県外からの観光客も訪れているようです。不動岩の麓には、これまで下見を含めて何度も訪れていましたが、他の観光客やハイカーと出会わない日はありませんでした。

ただ、今回は絶好の登山日和にもかかわらず不動岩の周辺で人影を見ることはありませんでした。年度末の最後の土曜日というせいかもしれません。

金毘羅神社から登山道を一〇分程歩くと前不動の麓にたどり着きます。その岩峰の真下に立ってその表面をよくみると、多くは丸みを帯びた大小の礫がたくさん集まってできた岩石であることに気づきます。「礫岩」です。

不動岩の殆どはこの「礫岩」からできていて、この礫岩の地層は、今から約八五〇〇万年前の山地に近い浅い海か、若しくは、陸域の扇状地のようなところに堆積してできたと考えられています。この不動岩を含む礫岩の地層は、実際にはもっと広く堆積し、その後に強い圧力と長い時間をかけて岩盤となって広範囲にあったはずなのですが、浸食などによって削られてしまい、現在は、金毘羅神社の谷部を中心に東西一・五㎞×南北一・五㎞の範囲と、北西の「首石岩」と南東の蒲生池の一部に分布するのみとなっています。そして不動岩は、その礫岩の地層の中で浸食によって周囲が削られて岩峰として取り残された部分なのです。

前不動の真下には不動神社があって、拝殿の上には落石に備えた防護柵が設置されているものの、それ以外の所には安全を確保する施設は全くなく、立ち入り禁止区域も設定されていません。つまり、この岩峰は、近代以降は安定的な状態が最近まで続いていて、浸食には途方もない時間を必要とするということを示しているのです。

岩盤に触れてみます。指先で引っ掻いても表面の黒っぽい苔類にキズがつく程度でびくともしません。ツルハシを使ったとしても、表面が僅かに削りとれるぐらいでしょう。それほど硬い岩盤になっているのです。

駐車場の横から、遊歩道となっている急階段をしばらく登ると、中不動の頂上にでます。足元はもちろん礫岩ですが、これまで無数の踏圧を受けているにもかかわらず、えぐれができているどころか、逆に磨きがかかって滑らかになっています。眺望は非の打ちどころはありません。しかし、滑りやすい足元が、高い所を苦手とする私の恐怖心を増大させてくれます。中不動からは鎖場を経て後不動、そして蒲生山の山頂に達することができるようですが、高所恐怖症の私は、後不動の下を回りこんでいる遊歩道を選んで頂上を目指しました。

へげ岩の割れ目

その途中に「へげ岩」があります。これは後不動の岩峰の東端の岩盤が、今まさに剥がれようとしているように見える大岩です。後不動と「へげ岩」の間にできた幅数十㎝の垂直の割れ目が地中深くまで続いています。割れ目の表面をつぶさに観察しましたが、これといったものは見つからず、深い割れ目が連続しているだけで、どちらかというと向こう側から差し込んでくる光に気を取られてしまいます。ただ、こういった深い割れ目が岩峰の成因の一つになるのだろうと思ったのですが、この割れ目ができた理由については、皆目見当がつかず、割れ目の向こうから届く光が少し憎らしく思えたのでした。気を取り直すと、その割れ目を離れて「へげ岩」の下に回りました。そして、そこで、ついに私は見つけたのでした！

13　謎の微細突起物

「へげ岩」の下に回り、休憩用のベンチを見つけると、ここまで全く水分を摂っていなかったことに気がついてザックを下ろしました。水分を喉に流し込むついでに岩盤に目を向けると、そこにも割れ目がありました。そして、割れ目に沿って、幅数十㎝の岩盤が剥がれ落ちてそこはオーバーハングになっていました。下の地面には小礫が散乱していて、岩盤にも緩みがあるように見えました。落石の恐れを感じて近づくべきではないと思ったのですが、割れ目の表面の色が今まで見てきたものと雰囲気が違っていたので近寄りました。

その白色～灰色の表面には僅かですが微小な凹凸があり、それらがまるで岩盤表面を薄く覆っているように見えます。

工事現場で土や岩盤を掘削したときなど、表面が崩れやすい場合には、一時的にセメントと水、砂を練り混ぜたモルタルを表面に吹きつけて、その表面の崩れを抑えたりする仮設工法があります。

オーバーハングした岩盤に近づきながら、その白っぽく見えるザラついた表面は、危険防除のためのモルタルを吹きつけた跡ではないかと一瞬思いました。しかし、名勝と呼ばれる奇岩にそんな無粋なことはしないだろうと思いなおして、メガネを外して岩盤の表面をまじまじと観察してみました。

目を近づけると、ザラついた部分は礫と礫とのすき間にあって、その部分には数ミリの突起物が、まるで雨後の筍のように次々に芽を出して生えてきたもののように見えました。

記憶を必死にたぐり寄せました。この微細な構造には見覚えがありましたが、その生成について突き詰めて考えたことはありませんでした。しかし、岩峰の成因の一つとして「温泉」を考えていた私は、この微細な突起物が温泉からの沈殿物であることが証明できれば、これはこれで面白いと思いました。そのザラツキの具合が、古い温泉宿の湯舟の縁などにときどき見られる「温泉華」に似てなくもない。

私は、岩盤の表面から直接サンプルを採取したいという強い衝動に駆られました。しかし、不動岩は山鹿市の指定名勝であるので、そこはグッと我慢。かわりに、目を皿のようにして地面に落ちていた突起物を探しだし、小指の爪先程の量を拾い集めると、持参していたトレイルランニングのレース中に使っている補給タブレット入れのチャック袋（サンプル袋）に入れたのでした。また、偶然にもその突起物が付着した小礫も見つけることができました。

この登山から一ヵ月後の四月末、私は新入社員の甲斐義規君と九州大学総合研究博物館に勤務している中西哲也准教授と三人でこの岩盤の前に再び立ちました。

中西先生は、親交が比較的に深かった大学時代の同じ研究室の一学年下の後輩で、その年の三月末にあった恩師の最終講義をＷｅｂで聴講した際には、彼の元気そうな姿をモニター越で見ていました。そういう経緯もあり、中西先生に連絡をとって相談すると、その分析を快諾してくれて、実体顕微鏡での観察のほか、Ｘ線回折と蛍光Ｘ線分析装置を使って、突起物の構成鉱物や化学組成を調べてくれたのでした。

割れ目表面に生成した謎の微細突起物

結論から言うとそれは温泉からの沈殿物ではありませんでした。構成鉱物の組み合わせや化学組成から判断すると、その微細な突起物は「礫岩」の主な構成材料となっている「変はんれい岩」に近いということでした。また、実態顕微鏡の観察では、突起物の先端には小さい粒子が付着しているようだと説明してくれました。ただ、中西先生は、分析結果はあくまで結果であって、この突起物がどのようにしてできたかについては、実際の状態を確認して総合的に考えないと確かなことは言えないと、慎重な姿勢を崩しませんでした。そしてゴールデンウィークの最中、ご本人も興味が沸き、コロナ禍で時間が取れるということで、現地まで足を伸ばしてくれたのでした。

中西先生は岩盤に取りつくと、手持ちのＬＥＤライトで表面を照らしながら、舐め回すように観察を続けました。そして、観察の合間に様々な意見を出しあって我々が導いた結論は、「浸食」でした。割れ目に沿った一部の表面には湿り気があり、その水分は岩盤の内部から滲み出していました。降雨時などはその湧き出す水分量が増えるだろうし、雨水が表面を直接つたって流れ落ちることも考えられます。そのごく僅かな流水が長い年月をかけて極めて小さいマイクロサイズの粒子を削り、ある程度の大きさのミリサイズの粒子は取り残されて、結果として微細な突起物が形成されたと考えたのでした。

「ということは、これは、一種の超ミニミニ不動岩ってことか？」

「そういうことかもしれませんね」

どこまでもクールな中西先生でした。

14　日の岡山

不動岩が、奇岩と呼ばれるような独特の形になった理由については、現在のところ残念ながら仮説すら提示できません。しかし、「謎の微細突起物」を採取した直後は、後輩の中西先生に連絡が取れて分析してもらえさえすれば、きっと何かが分かるだろうと期待に胸が膨らんだのでした。そんな興奮を抱えて歩いているうちに、気がつくと蒲生山の頂上にあっけなく達していました。その場所は、頂上であることを記した標識板がなければ素通りしてしまいそうな所でしたが、そこから樹木の生い茂った尾根沿いをしばらく進むと唐突に目の前が開けて絶景を存分に味わうことができました。しばらく眺望を楽しんだのち、私は踵を返すと、今度は尾根沿いの南東方向のルートを選択して日の岡山（三一二・八ｍ）を目指して走り出しました。

日の岡山については、「首引き」伝説に勝るとも劣らない、県北地域では誰もが知っている「米《よな》原《ばる》長者」伝説の中に、その名前の由来が説明されています。

その昔、菊鹿町の米原に大変な勢力を持った米原長者がいて、その長者は、田底三〇〇〇町をはじめ山鹿の茂賀の浦までを含めた五〇〇〇町の田植えを毎年一日で終わらせることを何よりの自慢としていました。しかし、ある年のこと、田植えが終わらないうちに日は西に傾き暗くなってきました。そこで、米原長者は持っていた金の扇で太陽を招き返して田植えを続行させましたが、それでも日没になってしまい田植えは終わりませんでした。ついに、長者は、倉の中から油樽三〇〇〇個を持ち出して日の岡山の頂上から降り注ぐと火を放ちました。炎はたちまち火柱となって周囲を照らし、その明かりでどうにか田植えを終わらせました。ところが、その晩のこと、田植えが無事に終わったあとの宴の最中に、日の岡山から長者の屋敷に火の玉が飛んできて、屋敷や倉は全て焼け落ちてしまったのです。これから、日の岡山は焦土となって木は育たず火の岡山と云うようになりました。また、屋敷跡からは焼けた米が出てくると云います。太陽を招き返したことで天罰がくだり長者は没落したと言われているそうです。

また、この伝説には、「石」が深く関わっている前段としての物語があり、長者が富豪になれた最初のできごとが伝えられています。

その昔、肥後国菊池郡の山の中に、村人からも馬鹿にされるような貧しい男が一人で暮らしていました。ところが、あるときのこと、京の都の身分の高いお姫様が嫁いできました。聞けば、清水寺の観音様が夢枕にあらわれ、その男に嫁ぐようにお告げがあったとのこと。ところが、あまりの貧しさに驚いたお姫様は、男に小判三枚を渡して買い物に行かせたところ、その道中、鴨を見つけた男は小判三枚を投げつけて小判を失くしてしまいました。それを聞いたお姫様は大そう呆れ悔やみましたが、男は金色に光るものだったら裏山の炭焼き窯にたくさん落ちていると言いました。そして二人でそこに行くと、確かに金色の石が落ちていて、それを山のように拾い集めて大金持ちになったという話です。

この大金持ちになるきっかけを作った金色の石、誰でも気になるところです。

日の岡山の麓には、戦後に廃坑となった銅鉱山があったことが『山鹿市史』（下巻）に記載されています。この鉱山についての詳しい資料は、まだ入手できていませんが、昭和二〇（一九四五）

年三月の戦争末期に軍需省地下資源調査所山鹿分室が設立されていたところからみても、ある程度の銅鉱石の産出があったことが推察されます。そして、その銅鉱石には、当然、銅を含んだ鉱物が含まれているのですが、銅を含む鉱物として最もポピュラーに産出する鉱物は「黄銅鉱」という鉱物で、これが、まさに「金色」に光って見えるのです。

九州北部地域では、弥生時代の中期から末期の遺跡からおびただしい数の青銅器が発見され、特に、佐賀県の吉野ヶ里遺跡では青銅器の鋳型が多数発見されたことは記憶に新しいと思います。当時の二〜三世紀の青銅器の原料は主に中国からの輸入に頼っていたとされますが、七〜八世紀頃には仏教の伝来によって始まった仏閣造営に伴って銅の需要増大があったのではないでしょうか。この頃には銅を含んだ岩石を探索する技術も進んでいたに違いありません。

観音様のお告げでやってきたというお姫様は、実は、現代でいうところのハニートラップ的な産業スパイで、これによって富を得た男が実在したと考えるのも一興ではないでしょうか。

一方で、この「米原長者《よなばる》」伝説の背景については、学術研究の成果から導かれた秀逸な考察があるので紹介しておこうと思います。

菊鹿町の米原地区に古代山城としての鞠智城跡があり、城跡の発掘調査は、七世紀から一〇世紀にかけての古城の変遷を明らかにしています。その中で、多数の建物が築造されていることが確認され、この建物で火災が起こり炭化した米が多量に出土していることが報告されています。また、文献史学の成果として一二世紀には、在地領主の土地所有が成立していた可能性が指摘されていて、地名としての「米原」の成立は一四世紀後半以前としています。

さらに、天文学の成果として「太陽が後戻りした」との表現は、「日食」と直感した天文学者が計算した結果、康平四（一〇六一）年六月二〇日の田植え時期に符号する日食が見つかり、しかも太陽の欠け始めは午後二時五七分で、その二時間一〇分後に元通りになりました。そして、午後四時七分が太陽の七九％が欠けたピークでした。

このように、「米原長者」伝説は、その物語が成立する背景を持ちながら歴史的事実も確認できる点において、極めて価値の高い民間伝承です。

日本には、全国各地に様々な伝説や言い伝えがあると思います。まして、足元の郷土にもまだ知らない言い伝えがあるのかもしれません。ひょっとすると、それは何気ない地名となって化石のようにヒッソリと発掘を待っているのかもしれません。

そんなことを考えながら、日の岡山の頂上に立ちました。いよいよ、「三玉」のことが私の中で大きくなりつつありました。

15　生目神社《いきめじんじゃ》

日の岡山を下り、県道日田鹿本線に出ました。この県道は、古代の歴史に造詣が深かった故・古閑三博県議が心血を注いで建設を促したとされる、地元では通称「三博道路」の愛称で親しまれている道路です。敬意を込めてこの県道をしばらく走り、次に目指したのは蒲生池《かもうのいけ》です。

蒲生池は、水の乏しさで窮乏を極めた地域を救うために、中村手永庄屋の遠山弥二兵衛が三二歳のとき、自ら周辺を調査して蒲生村の湯ノ口を溜池の候補地と選定し、嘉永六（一八五三）年に藩庁に工事の着手を願い出て、安政二（一八五五）年に着工し約三年の月日を費やした末に完成をみた溜池です。着工に至るまでの周辺村民との協議、着工後の度重なる難所・災害との遭遇、工事費用の工面など、筆舌に尽くしがたい苦心と努力がありました。

日の岡山と蒲生池

伝えによれば、最初の満水から初めての放水の際、弥二兵衛夫婦は白装束で現れ、堤防にもしもの事が有れば、そこで自害して村民に詫びる誓いを立てたといいます。また、古書によれば、付近ではその昔に温泉の湧出があり、築造当時は「湯ノ口溜池」が正式名称であったとされています。

溜池の堤で脚を止めました。水面には春の空と山の芽吹き、そして桜が映っていました。水面にカメラを向けている人たちが幾人もいました。桜の下には、年配の夫婦や長い付き合いと思しき人々のグループがそれぞれの桜の下で花見を楽しんでいました。

幸福を切り抜いたような風景から、過去の苦労を想像することほど無粋な行為は無いと思いましたが、過去の苦労と今の幸福は地続きなのだと思うと感謝の気持ちが自然と湧いてきました。堤の横に建立されている遠山神社に向かって静かに手を合わせました。

堤を下って次は生目神社を目指しました。生目神社は県道津留鹿本線沿いの福原集落のこんもりとした高まりにあって、「左二つ巴」の家紋が描かれた大きな看板が目印です。県道から数mのところに鳥居があり、そこをくぐって手摺りが設けてあるコンクリート製の階段を登ってやや右側に振れると比較的に新しい拝殿があります。そこで私の目に留まったのは拝殿ではなく、その横に露出していた「礫岩」の岩塊でした。直径数mの丸い岩塊が、ちょうど三つ並んでいたのです。まるで三つの頭のようでした。ひょっとして、これが「三玉」なのか⁉ 鼓動が高鳴りはじめました。岩塊の真上には生目八幡と刻まれた古い石祠もありました。

生目神社は「首引き」伝説の終盤にでてくる神社です。首引きの綱が当たって片目になった神様の一方の目は福原の畑の中に飛んできたといいます。そして、それを「神様の生き目」と言って祀ったのがこの生目神社だといいます。

『山鹿市史』(別巻)に抄録されている「山鹿郡誌」によれば、この神社は生目八幡社として文化六(一八〇九)年に勧請されています。一方、『同』(別巻)の「鹿本郡神社明細帳」によれば祭神は平景清で、佐治兵衛という者が文久六(文化六年の誤り・一八〇九)年に勧請したとされています。

私は、参拝を済ませると階段を少し降りて社務所兼自宅となっている建物に近づきました。様子を伺うと玄関の網戸の向こうに人の気配があったので声をかけました。すると、かなり年配の男性のかすれがかった声が返ってきました。

その年配の男性は、古い言い伝えで詳しいことはわからないと前置きしながらも、遠い先代が月詣として宮崎に通っていた神社から勧請を受けた旨の話をしてくれました。その先代は、毎月、宮崎詣でをしていたと言うからには、ただの百姓ではなく細川家に仕えていた比較的に身分の高い者ではなかったろうかと話されました。

生目神社　拝殿横の三頭状の礫岩

宮崎市の生目地区には本社の「生目神社」があります。古くから「日向の目の神様」として眼病にご利益があると信仰され一一世紀中頃には建立されていたと伝えられています。主祭神には応神天皇と藤原（平）景清公が祀られており、一説には景清公の伝説が神社の名前の由来とされています。その伝説とは、平家の勇猛な武将であった景清公が、敵の源氏に捕われたとき、源氏の総大将・源頼朝公にその武勇を惜しまれ宮崎へと封じられたのですが、仇である源氏の繁栄を見たくないと両眼をえぐって空に投げ捨てこの場所に落ちたというものです。また、別の伝えとして、景行天皇の熊襲征伐の途中、父の活目入彦五十狭茅尊《いきめいりひこさちのみこと》（第一一代垂仁天皇）の崩御日にその霊を祀る祭祀を当地で営んだことに由来し、後に住民が「活目八幡宮」として称えたというものです。

いずれにせよ、三玉地区の「生目神社」は、その名前の通り目を祀った神社であることは間違いありません。造立されたのは江戸時代とは言え、周辺の由緒ある寺社などに比べると比較的に新しい神社です。拝殿や古い石祠の配置から推察すると、三頭状の岩塊を含めたこの高まり一帯を御神体もしくは神聖な場所として、この地に「生目神社」を創建したと考えて良いのではないでしょうか。では、「生目神社」が造立される以前は一体何だったのか。「三玉山」だったのでしょうか。

発見とともに新たな疑問が湧きあがってきました。

16　熊本県立図書館

不動岩に登った翌日は、前日と打って変わって雨模様でした。私は朝から県立図書館へ足を運びました。コロナ対策の一環で、入口のエントランスで連絡先を記入すると二階の閲覧室へ向かいました。入口横のトイレに目がいきました。どうでもいいことですが、高校生のとき、このトイレで文字酔いして吐いたことを思い出していました。

図書館に行った理由は、もう一度『山鹿市史』を閲覧して貸出を試みることでした。それから、「生目神社」のことが気がかりだったので、山鹿の他の神社についてもっと踏み込んで調べること、そしてナニヨリも、こういう積極的な行動が、予想外の成果を得ることが時としてあるかもしれないという期待があったからです。

郷土に関連する書籍類が収められた一画は、カウンター沿いの奥の書棚でした。県内の史跡や文化、自然に関わる様々な書籍があり、その中に『山鹿市史』は直ぐに見つかりました。しかし、全体として見た場合、郷土の関連の書籍数としては期待したほどの冊数が揃っていないように思えました。カウンターに戻りそのことを尋ねると、三階の第二閲覧室を勧められました。ただし、三階の資料は貸出できないことと、バッグ類の持込みもできないことを告げられたのでした。初めての利用者であることがバレてしまって少し恥ずかしくなりましたが、早速、三階へ上がっていきました。

二階に戻ったときは夕方の四時を回っていました。三階の閲覧室には膨大な郷土資料が所蔵されていて、熊本の地名辞典や在野の郷土史家が記した手書きの複写資料や、また、真新しい一般書籍風ではあるものの発刊部数が少ないために貸出できない山鹿・菊池地方の歴史について書かれた良書がありました。それらを片っ端から抜き出してきて机に平積みし、ページをめくり必要箇所に付箋をつけコピーをお願いしたり孫引きしたりメモを取っていたら、あっという間に夕刻になったのでした。

「生目神社」については、創建以前がどうであったかわかるような資料を見つけることはできませんでした。しかし、他のさまざまな郷土資料に目を通して明確にわかったことがありました。

それは、これらを記した人々の、地域への深い愛着とその歴史やルーツについて知りたいという強い思いとともに、知り得たことを人々に伝えなければならないという彼らの使命感でした。

明治の初め頃に書かれた「山鹿郡誌」の原本である古文書を見たときのことです。それは、明治八年の県の命によって各村から提出された資料を徳丸秋因氏が取りまとめたものでしたが、私が見た資料は完成前の草稿資料と思われるもので、細かい文字による訂正や朱書、さらには付箋を用いた補筆もありました。その中には、正確な記録を残すための努力をうかがわせるものだけでなく、その地名の由来についての独自考察や解釈が記載されたものがありました。今から約一五〇年前の賢者でさえも地名の由来を明らかにすることは容易なことではなかったのです。

二階に戻り貸出カードの手続きを行ない、『山鹿市史』の三冊を借りました。それらをトートバッグに入れて担ぎました。三冊の重みがズシリと肩に食い込みました。

17　先達との出会い

私が何故これほどまでに地名にこだわるのか、その理由を少し記しておこうと思います。大学院を卒業して間もなく、仕事で携わった資源探査のフィールドは北海道でした。一年のうち約二ヵ月は当地を訪れていて、道南地域を中心に地質調査に従事していました。そこでまず私が驚いたのは、アイヌ語由来の地名でした。そして、その地名のほとんどが、その土地の状態や特性を表していることを知り、それが資源探査を進める上で大変重要な手がかりとなったことでした。以来、地名には重要な意味が隠されているかもしれないという姿勢を持って、現在の地質調査の仕事にも取り組んでいます。

借りてきた『山鹿市史』を読み込んでみましたが、やはり「三玉」につながる新しい手がかりを得ることはできませんでした。次の一手は基本に戻ることでした。不動岩の礫岩について地質学的研究を行ない、その成果を論文にした著者を訪ねることにしました。訪問に先立って、突然の無礼を詫び、目下の悩みについて相談にのって頂けないかとの趣旨の手紙を出しました。

論文の著者は山鹿市内で中学校の校長を務めている島田一哉先生でした。全く面識も無く、島田先生はその中学校には赴任したばかりで、しかもコロナ禍で忙しいはずです。返事はあまり期待していませんでしたが、訪問すれば、何かヒントをもらえるかもしれないという期待がありました。

会えなくて元々、会えればラッキーという程度の気持ちで、次の週末にその中学校を訪問しました。その中学校は、菊池盆地西端に位置する台地の上にある学校で、敷地に入るとグラウンドでは野球部と思しき数人の生徒が自主練をやっているようでした。駐車場に車を停めようとハンドルを切っていると、ラフな格好をした初老のやや小柄な男性が昇降口に向かって歩いている姿が目に留まりました。校長先生だと直感した私は急いで車を停めるとドアから飛び出して、声をかけながら駆け寄りました。

その男性はかなり警戒した様子で私が近づくのを待ってくれました。人違いの可能性もあり、順を追って要件を話すと、男性の表情はみるみる和らいでゆき、最後は満面の笑みとなって自分がその本人だと応えてくれました。

島田先生と私では教師と民間技術者という全く異なる職種ですが、同じ「地質」を専門にしているという同族的な親近感があるのかもしれません。すぐに打ち解けて、不動岩の成因や「三玉」についてて様々な意見交換を行なうことができました。

残念ながら、目下の悩みの解決には至りませんでしたが、悩みを聞いて貰えただけでも本当にありがたく思えました。

島田先生の教職らしい最後の言葉が印象的でした。

「三玉については、オープンクエスチョンで終わらせるのもいいんじゃないですか？」

なるほど、その手もあるかと思いましたが、諦めるにはまだ早すぎました。

車に乗り込むと、この日の目的地としている山鹿市立博物館へ向けて出発しました。博物館では、山鹿市を中心とした菊池川流域の考古・歴史資料の展示を見て回りました。その後は、こもれび図書館を再度訪問し、加えて現地調査も行ないましたが、三玉につながる新しい収穫はありませんでした。その日はくたびれました。

オープンクエスチョンも悪くないかもしれないと思い始めていました。

18　砂鉄からの出会い

「一ツ目神社」の祭神が、鍛冶の神である天目一箇神《あめのまひとつのかみ》と知った時から気になっていたことがありました。前にも少し触れたことですが、菊池川流域で鍛冶と言えば、菊池一族や加藤清正のお抱え刀工であった「同田貫」が思い起こされ、そのような技術集団が生まれる素地としての豊富な原料供給、―砂鉄の供給―が古代からこの流域にあったのではないかと考えたのでした。

早速、ネットで検索してみたところ、昭和三七（一九六二）年の国の調査で菊池川流域の花房台地で九州最大の砂鉄鉱床の存在が明らかにされていることがわかりました。そして、それを見つけると同時に、このような砂鉄鉱床と古代製鉄の関連について書かれた書籍若しくは論文は必ずあるはずで、機会があれば見つけて読みたいと思っていました。

実は、不動岩に登った翌日の県立図書館では、前述のことも念頭において書籍類を渉猟していたのでした。そして、期待通り、菊池のたたら製鉄について記された書籍を見つけることができました。それによれば、菊池川流域で最も「たたら」の痕跡が多いのは菊池川下流域の玉名・小岱山麓であると紹介しながら、中流域の菊池でも五～六ヵ所あることを地名と位置図で示し、このうちの代表的な所から「山砂鉄」や「川砂鉄」を採取して、実際にたたら製鉄を試みたことがその書籍には書かれていました。私は、その内容に驚くとともに、その数ページを図書館で複写して持ち帰ったのですが、やはりその書籍を全て読み通したいという思いが強くなり、帰宅後、直ぐにアマゾンで検索してみました。すると、どうにか一冊（中原英著『太古の湖「茂賀の浦」と「狗奴国」菊池』）が検索にヒットしましたが、その書籍は定価の一・五倍の価格で売り出されていました。

数日後、手元に届いたその書籍を一気に読みました。筆者は菊池市在住の剣道六段の元小学校教諭で、昭和五〇年代の約半年間、熊本大学教育学部地学教室に研究生として在籍して、教材開発の基礎資料を得るために、菊池盆地をとりまく第四紀地質を中心に野外調査を行なった人物でした。書籍ではその研究成果が記載されているとともに、その結果を元に菊池盆地にかつて「茂賀の浦」と呼ばれた湖が存在したことを明らかにしていました。そして、その湖の範囲が、縄文時代から弥生時代にかけて縮小するという変遷の姿を、各時代の遺跡の分布と地形を照らし合わせて示しているのでした。

さらに、菊池盆地には五世紀以降、おびただしい数の神社が創建されているのですが、祭神の種類や造立地点の標高及び地形的な関連からも、「茂賀の浦」の水位低下を示すとともに地名との関係も指摘しているのでした。

しかし、本書の真骨頂は、上記のことを踏まえた上で、「菊池」の語源は水が引いた自然地形（状態）を表すものではないかと指摘すると同時に、邪馬台国と対峙した狗奴国は、稲作に適した大地と多量の鉄器類を背景に力を付けた、菊池盆地一帯の土豪勢力と考察した点でした。

以下、本文より抜粋します。

『「魏志倭人伝」に「・・・・その（邪馬台国の）南に狗奴国あり、男子を王となす、その官に狗古智卑狗あり、女王に属さず・・・・」とあるが、菊池は鞠智城などから、旧地名を「ククチ」と呼ばれており、「狗古智卑狗（ククチヒク）」は、菊池川流域を統率する長官ではなかったろうか。（中略）古代地名辞典によれば、ククチは「包まれたような地形、山陰にこもったあたり」という意味である。ククチを鞠智と表記していたが、それを後に「菊池」と表記し、ククチと言っていた。しかし、平安時代になると「キクチ」と読むようになったのである。私は、この「ククチ」が茂賀の浦と言われる古代の湖の水が引いて菊池盆地に広大な湿地帯ができていた頃、名付けられたと考えている。』

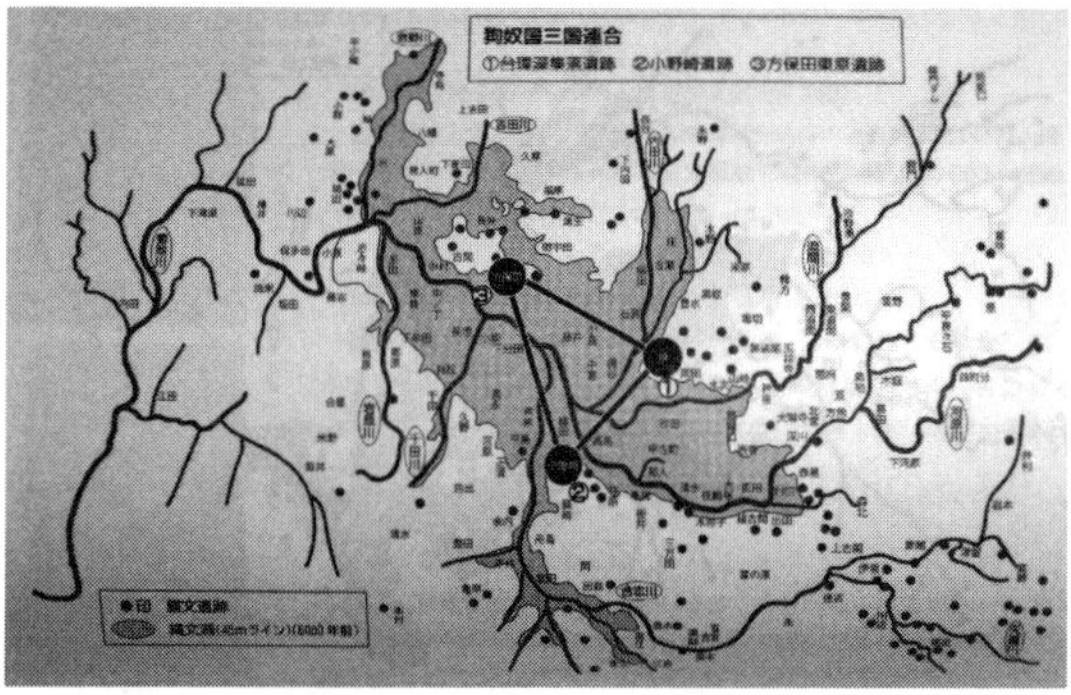

縄文遺跡と茂賀の浦（縄文湖）の範囲
（中原英著『太古の湖「茂賀の浦」と「狗奴国」菊池』より）

北海道の地質調査に携わるなかでアイヌ語の地名の多くが土地の状態や特性を表していることを知っていた私にとって、著者の考えは素直に受け入れることができました。また、そのことが当たり前のように思える一方で、アイヌ語と同様、土地の状態を表した地名が太古から引き継がれて現在に至っていることに、歴史のロマンを感じたのでした。

著者の紹介欄には「菊池川流域地名研究会事務局」と書かれてありました。数日後、著者の中原英先生と連絡が取れ、五月の連休中にお会いすることができました。中原先生は丸一日を費やして私に付き合ってくれ、午前の室内での話しの後、午後からは泗水町の久米八幡宮を一緒に訪問し、宮司の吉田正一さんを紹介してくれました。久米八幡宮の境内には、そこを取り

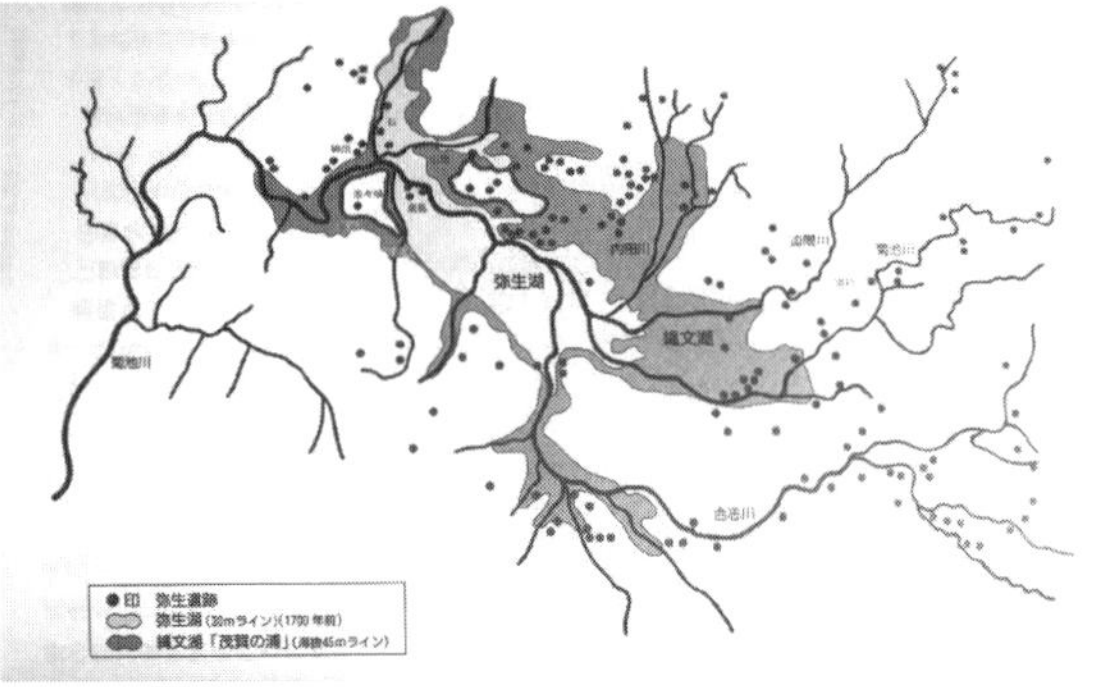

弥生遺跡と茂賀の浦（弥生湖）の範囲
（中原英著『太古の湖「茂賀の浦」と「狗奴国」菊池』より）

地形図でみる菊池盆地（平野）

巻くようにして、人頭大の丸い石で作られた龍のような石鎚があります。また、境内の一部には縄文時代の遺物を彷彿とさせる石棒や磨石《すりいし》を祀った所もあり、「三玉」のヒントになりはしないかと案内してくれたのでした。

その後は、菊鹿町の吾平《あいら》地区を訪れ、日本で唯一の自生地で一〇〇〇年以上前に中国の揚子江流域から渡来したとされるアイラトビカズラという植物を観察しました。次に、安産祈願で知られる相良観音とその東隣の吾平神社を参詣した後は、その西に位置する吾平山山麓にある初代天皇の神武天皇の父である鵜葺草葺不合命（ウガヤフキアエズノミコト）の御陵と伝わる、通称「陵《みささぎ》さん」を訪れて、菊池川流域のみならず日本の古代について思いを馳せたのでした。

19　三玉山霊仙寺《みたまやまりょうぜじ》

山鹿市三玉校区は、旧三玉村を指していて、明治半ばに、周辺の上吉田村、久原村、蒲生村の三村が村名を新たに「三玉村」として合併誕生したことに由来します。それは、『山鹿市史』（下巻）の明治二二（一八八九）年の合併時の町村名選定理由の中に「〝久原村内元霊仙ニ、三玉山霊仙寺アルユエ、村民ノ申シ出ニ依リ、之ヲ名ク。〟」の記載でわかります。

旧三玉村の合併三村のうち、上吉田村が震岳の東斜面とその麓の西側地域、蒲生村が蒲生池や不動岩がある東側地域、久原村がその中間の首石岩や一ツ目神社がある地域です。そして、久原村の中には今でも霊仙《りょうぜ》と呼ばれている地区があり、そこには尋常小学校時代も含めると一〇〇年以上の歴史を誇る三玉小学校があり、霊仙地区はその昔からある程度開けていた処であったことがわかります。また、「霊仙《りょうぜ》」という名の響きには、誰もが崇高で由緒正しい雰囲気を感じることと思います。

その霊仙地区の中ほどには、昭和に建てられた古びた公民館がありますが、その傍に霊仙寺跡と金色で刻銘された立派な記念碑が立っています。その記念碑には霊仙寺縁起が記されています。

それによると、この霊仙寺は、菊池氏初代の菊池則隆によって創建され、平重盛が再興して国内七大伽藍の一つに数えられたが、戦国時代の佐々成政の時に焼失したと伝えられています。また、本尊は釈迦如来坐像をはじめ六体の尊像があり、門前馬場の跡、陀羅尼坂、仁王門の礎石、石体六地蔵などが出土し、豪壮な伽藍、広大な寺域を持った大寺院であったと伝えられ、現在の霊仙地区は霊仙寺の門前町だと言われています。

同様のことは、『山鹿市史』にも記載されています。しかし、三玉村の合併時に村民が村名選定理由に挙げた「三玉山霊仙寺アルユエ」の文言に含まれる三玉山あるいは三玉については、記載されていません。それは、『山鹿市史』が引用している明治に編纂された『山鹿郡誌』にも記載がないからです。

霊仙寺を創建したとされる菊池則隆は菊池氏初代の惣領で、平安時代後期の延久二（一〇七〇）年に大宰府の荘官として赴任した人物となっています。諸説ありますが近年の研究では、大宰府長官職であった藤原氏と関係を深めて、その任を得た地元の土豪で、菊池の姓も以前から名乗っていたと考えられています。そのような則隆は、支配強化の一環とした外城の配置以外にも菊池川流域への影響力を強めるために寺社勧請も数多く行なっています。深川の佐保川八幡宮、神来《おとど》の貴船神社、旭志弁利の円通寺などがそれらにあたります。

佐保川八幡宮は祭神を応神天皇とし、菊池川右岸の菊池市深川に創建されていますが、神社の名になっているのは佐保川です。これと同じ名の川が奈良盆地にあり、この川は、奈良盆地の北部に八世紀に遷都された平城京を南北に貫流し、大和川となって大阪湾に注いでいます。貴船神社は水の神を祀る全国二〇〇〇社を数える神社の一つで、本社も同様の名の貴船神社で、この神社は京都市左京区の加茂川支流の貴船川沿いに鎮座しています。

円通寺は天長四（八二四）年に山城の国（京都府）に建てられたとされていますが、時を経て衰微したこの寺を、則隆が永久二（一〇七〇）年に勅許を得て合志川の上流の旭志弁利に造営したとされています。

いずれの寺社も奈良・京都に関連していて、菊池氏初代・則隆は寺社の造営は、自身の権威高揚のためか、当時の朝廷と縁を深める若しくは模倣するような目的があったのではないかと思われます。

であるならば、則隆が創建したとされる霊仙寺も、奈良・京都に関連のある仏閣と類推するのは、方向性として間違っていないと思われます。

しかし、調べた範囲では、朝廷と結びつくような霊仙寺は見つかりませんでした。ただ、大分県の国東半島には、養老二（七一八）年に仁聞が開基したとされる霊仙寺《れいせんじ》があるほか、鈴鹿山脈北方の滋賀県と岐阜県との県境には霊仙山（標高一〇八三・五ｍ）があり、かつて山頂に霊仙寺《りょうぜんじ》が建立されていたといいます。また、この山は、息長氏《おきながうじ》を祖とした近江国出身とされる平安時代前期の高僧・「霊仙」に由来するらしいのですが、延暦二三（八〇四）年に第一八次遣唐使として入唐してからは一度も本国には戻ることができず、没したと伝えられています。

残念ながら菊池則隆のゆかりに頼った「三玉山霊仙寺」の探索は暗礁に乗り上げてしまいました。

では、霊仙寺を再興したとされる平重盛の線ではどうでしょうか。

平重盛は保延四（一一三八）年生まれの平清盛の嫡男で、平安時代末期とは言え、官位として正二位内大臣にまで出世した大武将です。往時の国のほぼトップが造営に関わったとすれば、国の威信がかかっていたはずで、国内七大伽藍の一つに数えられたと言うのは当然のことでしょう。しかし、なぜ、この地に大造営を行なったかについてはよくわかりません。確かに、菊池一族は第四代の経宗の時代（天仁二（一一〇九）年頃）は、鳥羽院の武者所として出仕していました。しかし、第六代の隆直の時代には、平家の日宋貿易拡大による九州支配に反発して、重盛の死去した翌年（治承四（一一八〇）年）に阿蘇惟安、木原盛実とともに大宰府を襲撃しているのです。重盛の死去前までは極めて良好な関係だったのかもしれません。いや、そうではなく、やはり全く逆であったと考えるべきかもしれません。

重盛の父である平清盛は、種々の伝えや資料から類推すると、傲慢で激昂しやすい性格であったことがうかがえます。また、清盛は保延三（一一三七）年に肥後守に任ぜられ、仁安二（一一六七）年に武将としては初めての行政官トップの太政大臣となっており、九州支配を目論んでいたようなのです。そして、武者所の菊池氏などは、地方の木っ端豪族と見下しており、九州一円に対する権勢誇示のため、菊池氏初代・則隆が創建したとされる神聖かつ由緒ある寺を、ある意味乗っ取るようなかたちで嫡男の重盛に命じて霊仙寺を再興させたと考えたほうが自然かもしれません。

平家に背いた第六代・隆直らは、平家の家人の平貞能《さだよし》の討伐に対し、約三年の抵抗を見せて降伏したのち、壇ノ浦の戦いでは平家方につき、源義経により殺されたと伝わっています。そして、菊池一族は平安時代末期に平家寄りであったがために、これが鎌倉時代の反幕活動に繋がっていったというのが一般的な史観とされています。

平家のラインからも探索しましたが、残念ながら、前記のような軍記物語の域は超えられず、三玉山霊仙寺につながるものは見つかりませんでした。ただ、この資料探索によって、当時の菊池川流域の人々が平家贔屓になったことは間違いないという感触を得ることができました。そして、源氏に討たれた第六代・隆直や、鎌倉時代の菊池一族の不遇の時期を思えば、流域の人々の心に、自ずと平家一門に対する親しみや哀悼の意が湧いてくるのは当然ではないでしょうか。

戦国時代の末期、豊臣秀吉の九州征伐ののち、肥後領主に任ぜられた佐々成政の強引な地検に反発した肥後国衆は戦いを起こしました（国衆一揆、天正一五（一五八七）年）。この戦闘のなか、霊仙寺は成政により焼き払われました。歴史にタラレバを持ち込むのは禁じ手ですが、もし成政や、後の小西行長による県南地域での寺社に対する焼き討ちがなければ、県内の文化遺産はもっと豊富だったはずで、私如きが、三玉山霊仙寺について頭を抱える必要はなかったと思います。

また、三玉の霊仙地区は、時の平家、国内三大忠臣として人気を誇る小松内府平重盛が建てた仏閣の所在地として、いつの時代も高い注目を浴びていたのではないでしょうか。

しかし、焼き払われた事実があったからこそ、私は菊池川流域の歴史について学ぶ機会を得たことに感謝すべきと思うと同時に、そのような由緒ある仏閣が焼き払われたあとの民心はどうであっただろうかという疑問が湧いてきました。

国衆一揆で、周辺の国衆はほぼ殲滅し、地域に平和が訪れたとはいえ荒廃しきった菊池川流域に、寺社復興の力はもはや無かったでしょう。しかし、民衆には、いつの時代も復興への強い願いがあったはずです。それとともに、信仰の心が現在にも引き継がれているように、往時は今以上に篤い信仰心が残っていたと考えられます。

そう考えると、江戸時代になっても、この地において平家を敬い信仰の対象としていた人物がいてもおかしくはない。むしろ、そう考えるほうが自然のような気がします。

霊仙地区から東へ五〇〇ｍの福原集落に「生目神社」があります。本社は、宮崎市の生目地区の「生目神社」で、祭神は藤原（平）景清公が祀られています。一説では、平家の勇猛な武将であった景清公が、敵の源氏に捕われたとき、源氏の総大将・源頼朝公にその武勇を惜しまれ宮崎へと封じられましたが、仇である源氏の繁栄を見たくないと両眼をえぐって空に投げ捨てこの場所に落ちたといいます。

霊仙寺跡の石碑

そして、この神社に月詣として通っていた佐治兵衛が、江戸時代の終わり頃に当地に「生目神社」を勧請しています。しかも、御神体としては申し分ない三頭状の不動岩と同じ「礫岩」に祀ったのです。

ひょっとすると、この高まりにある三頭状の「礫岩」は、その昔は霊仙寺の飛地境内で、霊仙寺の焼失とともに放置されていた所を、佐治兵衛が聖地として復活させたのではないだろうかという思いに至ります。勧請に当たって、周辺村民の反対はなく、むしろ歓迎の声さえ上がったかもしれません。「生目神社」が元は「三玉山」だったのかもしれない。

そうであれば、明治期においても当地が、依然として三玉山と呼ばれていた可能性があり、明治二二（一八八九）年の合併時の町村名選定理由の「〝久原村内元霊仙二、三玉山霊仙寺アルユエ、村民ノ申シ出ニ依リ、之ヲ名ク。〟」となったのは自然な成り行きと言えはしないだろうか。しかし、「霊仙寺」の名の由来については依然としてわかりません。

なお、昭和六二（一九八八）年発行の『ふるさと山鹿』によれば、霊仙寺は焼き払われた跡地に草庵が建てられ、大正の末期までは僧侶も住み、細川家の泰勝寺の支配下であったらしいのですが、昭和四七（一九七二）年に霊仙公民館建設時に取りこわされたとのことです。

20　大発見！

五月の連休に入る一週間前の週末、その日も山鹿方面に向かっていました。目的の一つは、鹿北町椎持地区の野外施設で、健康に関するイベントで行なわれる予定の、友人の東田トモヒロ君のライブを観に行くことでした。そのイベントについては、彦岳と震岳を登ったときにお世話になった中原さんの奥さん（美季さん）から教えてもらっていました。美季さんは、妻と友人であり、私が東田君と知り合いであることを覚えていてくれて、その日のイベントには美季さんも行くつもりということで、夫婦揃って誘われていたのでした。

しかし、野外ライブは夕方からで、それまでは十分な時間があったので、妻には悪かったのですが、その日は朝から夕方まで、博物館へ『山鹿市史』の購入や山鹿市内の神社訪問などの現地調査に付き合ってもらっていました。そして、もう何度目になるかわからなかったのですが、この日もこもれび図書館に足を運んだのでした。

今回の訪問は、これまで鹿子木さんが調べてくれたメモを頂くことでした。鹿子木さんはA４用紙にきちっとまとめたものを封書に入れて渡してくれました。そして、それとともにA４サイズの手作りされたような一冊の資料を見せてくれました。緑がかった表紙に書かれた文字は、『舊山鹿郡誌』となっていました。県立図書館で見た『山鹿郡誌』とは明らかに異なっていて、その冊子は、コピー用紙に無造作に複写した五〇ページ程度のもので、その雰囲気からして、あまり価値のある資料には思えませんでした。

しかし、表紙をめくると、資料の巻頭には、山鹿市山鹿の本澄寺住職が、昭和六〇（一九八五）年八月一日付けで、本書を取りまとめた経緯が筆書きで記されていました。それによれば住職の父と親交の深かった吉田孝祐氏が山鹿の史跡について記した資料を、氏の三回忌に合わせて編纂したものと記載されていました。

私は閲覧の机に突っ伏してページをめくりました。すると、久原村の欄に、「霊仙寺の謂」を見つけました。その部分は三ページに渡って記載されていて、様々な史跡の説明文の中では最も多くつづられていました。文章は、吉田氏本人による崩れた行書風の文字の古文調であるため、にわかには理解できませんでした。しかし、読める部分から類推すると、そこには明らかに霊仙寺と三玉についての由来が記述されているようでした。拳に力が入りました。資料から目を離すと、目の前には鹿子木さんが立っていました。女神に見えました。

ハリウッド映画の主人公ばりに鹿子木さんを抱きしめたい衝動にかられましたが、今日は妻が一緒で、ここはしかも図書館です。声を殺したつもりでも小声にならない自分の声が、館内に響いてしまいました。感謝と喜びの気持ちを鹿子木さんに伝えていました。そして必要部分の複写をお願いしたのでした。

今のような興奮状態では、どのみち読めたとしても正しい理解には至らないと判断しました。帰宅後の落ち着いた時間に、腰をしっかり据えて読もうと思いました。

ライブ会場に着いた時は雨模様でしたが、ライブが始まる時間には雨が上がっていました。東田君の歌声は、やっぱり野外が似合います。一番好きな「ヒーロー」も歌ってくれました。ライブ後、東田君とこのイベントの主催者である彼の奥さんと久しぶりに言葉を交わすことができました。それから、東田君のバックバンドの中に、高校時代の数学の先生のご子息である時川大輔君を見つけました。

もう一五年以上前のことだと思うのですが、あるライブ会場の後ろの隅に、その会場には全く不釣り合いな年配の男性を見つけ、それが高校一年生のときの数学の担当教師だと気づいたのでした。先生は、私のことなど忘れているだろうと思いましたが、こちらには忘れられない記憶がありました。それは、授業中に黒板の前で問題が解けなくて固まっている私に、クラス全員の前で「オマエは理系に行くなっ！」と言って大恥をかかせてくれたのです。一五年以上前のそのライブハウスで、少々アルコールが入っていた私は、その過去について問いただすべく先生に近づきました。挨拶を済ませると、間髪入れずに先生が返事をしました。

「倅なんだよ、あれ」

貴様は黙ってろとの拒否感たっぷりの雰囲気で、私には目もくれず、先生の視線の先には、長身のまだあどけなさの残る少年がスポットライトを浴びてギターをかき鳴らしていました。彼は先生によく似ていました。先生はステージデビューしたばかりの我が子を見に来ていて、会場の隅から応援していたのでした。

私は、そのことを初めて時川君に話しました。先生は元気とのことでした。何よりでした。

21　三玉山久慶院縁起

本澄寺の住職がコピー編纂した吉田孝祐氏が記した『舊山鹿郡誌』には、時期が異なる二つの「序」がありました。一つは昭和七（一九三二）年、もう一つは昭和二六（一九五二）年に記されています。全文を紹介したいところですが、かいつまんで現代文調で記せば以下の通りです。まずは昭和七年の序文です。

歳月の推移によって、故郷の由緒深き往古の社寺史跡は荒廃し、僻地には伝説や史跡が残っているものの、町中においては開発が進み、昔の面影を偲ぶことが困難になりつつある。これを深く惜しみ憂いており、遠き昔の史跡のことを、永久に伝え偲ばれることを願って、長老に聴き、古刹を訪ね、遺跡を探索し、古書を漁って、粗雑ながらこの一冊を書き上げた。由緒深き我が郷土史を代々子孫に伝えられ、この一冊が参考になれば幸甚である。追って書きには、本書は二冊作り、一つは手元に、一つは叔父の吉田重次氏（山鹿市在住）に送る。

とありました。一方、昭和二六年の序文は次の通りです。

右の書を記した後、志を抱き上京して八年が過ぎ、次は希望を大陸に見出して昭和十五年に満州に渡った。その際、書類の一切を在熊の父に託したが、昭和二十年七月一日の米空襲によってことごとく灰に帰した。昭和二十二年三月六日に大連より引き揚げて、その話を聞き、山鹿市の叔父より前著『山鹿郡誌』を借りて、これにさらに補筆を加えて作ったのが本書である。本書は三部作成し、追って書きには、作成においては山鹿旧語伝記（父の筆写本があったが焼失）を主体として、熊本県史、鹿本郡史、及び神社寺院その他の実地調査による。

とありました。今、私の手元にあるのは、この昭和二六年に作成された三冊のうちの一冊をコピー複写したものです。「霊仙寺の謂」は次の一文で始まります。

此寺は往時大寺にして今霊仙村は殆ど其寺内也と言う。門前馬場の跡、陀羅尼坂、仁王門台石等今尚残存せり。『三玉山久慶院縁起』次に記す。

手元には本文のコピーがありますが、以下二ページに渡る記述は、この『三玉山久慶院縁起』の写しなのです。古文書の写しで、しかも、行書と草書の中間的な文字で全文解読は困難なため、要所を抜粋して紹介します。

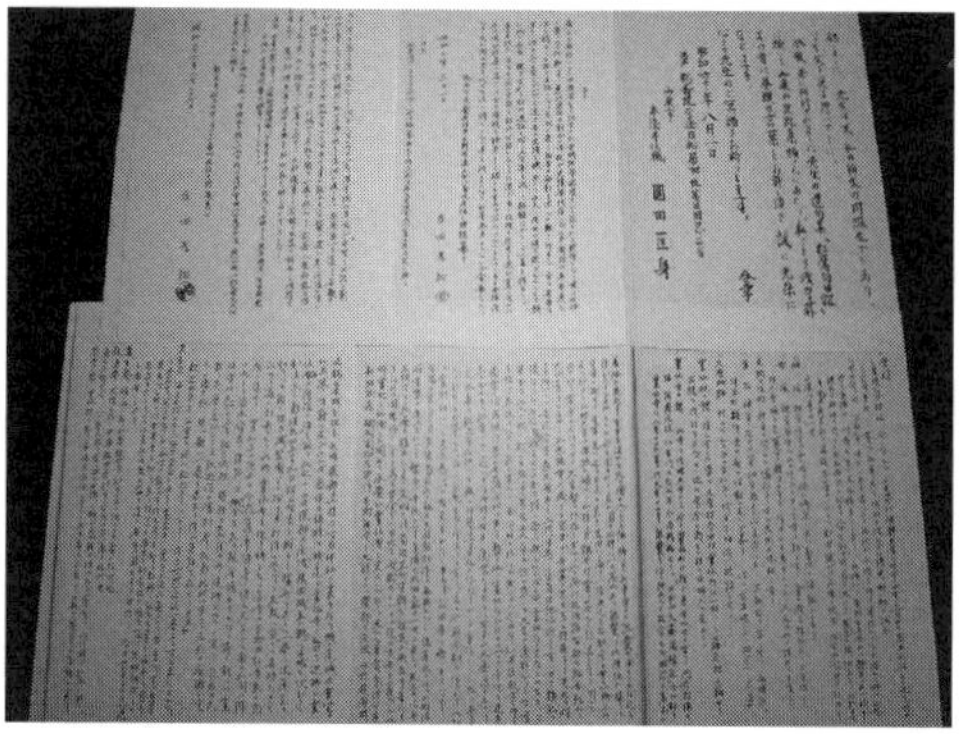

吉田氏が遺した『舊山鹿郡誌』霊仙寺の謂

この『縁起』の出だしは、第一二代景行天皇の熊襲征伐の話から始まり、これまで紹介してきたものと同様の震岳の由来が記してあります。そして、天皇は震岳での勝利の後、震岳の麓の布都に暫く滞在していたところ、東の空に五色の瑞雲（虹色に輝く彩雲と思われる）が現れるのをご覧になります。不思議に思った天皇はそこに侍臣を差し向けます。侍臣たちは、そこで珍しい草花や高木（奇花奇草喬木）を見つけ、その土地が崇高で、景気佳絶仙郷とも言う群幽な所であったので、さらに調査を行ない三つの玉を得たので、それを天皇に献上したところ、「霊地なるかな」と仰せになりました。天皇はその玉を土着の者に下賜したのち、その者達が徳に思い、天皇の遥拝所となる登壇を設けて春秋に祭りを行ないました。しかし、玉はいつの間にか失われて今は無くなってしまいます。その後、数世代を経て慶雲の時代に入って、この地に高僧の行基が来ました。行基はこの地に暫く留まり、霊地なればということで一つの寺院を建立しました。そして、この寺を、三つの玉が出て瑞雲が登った所にちなみ、また年号が慶雲ということで「三玉山久慶院」と名付けました。行基の一刀三礼によって彫られた釈迦牟尼佛が本尊となり、一時は大変な隆盛を見せましたが次第に衰え、その後、菊池初代則孝によって再興されたのち、さらに寿永の頃は、小松内府重盛の造営に伴った繁昌の寺院として当国七大伽藍と言われました。文明の頃に入って、第二一代菊池重朝祖先の建立した寺と田地の寄付を持って一二院の末寺を置いた際、霊地と仙郷に因み、「本覚山霊仙寺」と変更しました。

この後の記述については、天正年間における島津家と隈部一族との壮絶な争いのことが具体的に書かれてあります。そして、当地がその主戦場となって島津軍が撤退の際に霊仙寺を焼払い、この時に、宝物や旧記がことごとく烏有に帰したと記載されています。また、天正一五年の佐々成政と隈部家の交戦のときも焼失があったとされています。その後は、長らく荒廃が及んだ所に、釈迦院の別峯和尚が訪れてこれを嘆き、細川藩に願い出て一庵を建立して僅かにその跡が残っている、と締め括られています。

22 「三玉山霊仙寺」の解釈

前節で『三玉山久慶院縁起』を抜粋・要約した通り、「三玉山」は第一二代景行天皇の熊襲征伐（九州巡行）の伝えが、その由来となっていることがわかりました。驚愕しました。まさか、由来が景行天皇に遡るとは思っていなかったからです。しかし、考えてもみれば、九州には、地名の説話として、景行天皇の発した言葉に因むところが各所に残っているのです。それほど不思議なことではないのかもしれません。

ただ、飛鳥時代の八世紀の初めに、それまで貴族にしか認められていなかった仏教を庶民に広めた祖とされる行基が、この地を訪れていたことには心底驚きました（行基が当地を訪れていたかどうかについては今後の検証課題、行基伝説には諸説あります）。しかも景行天皇に因んだ名を冠した寺院を建立しているのです。だから、その約二〇〇年後に、菊池家初代の則隆がこの寺を再興させたことも、十分納得ができます。また、平家が威信をかけて造営に取り組んだのも当然とも言えます。何しろ、景行天皇の頃からすれば、平安時代末期の時でさえ、既に一〇〇〇年近くが経過していることになるのです。半端ない由緒と伝統という訳です。

しかし、二一代の菊池重朝が、景行天皇に因んでいるとは言え、寺の名前を「本覚山霊仙寺」に変更してしまったのは、現代の我々からすると少し残念な気分です。

ですが、「三玉山」は根強く、戦乱の時代、江戸時代を生き抜き、そして明治を経て、大正、昭和、平成、令和と現在に引き継がれました。そして現在も「三玉」という燦然と輝く地域の名として残り、市民に親しまれています。

明治二二年の町村合併のとき、上吉田村、久原村、蒲生村の三村長らが、頭を寄せて話し合ったのだと思います。いろんな案が出たことでしょう。しかし、おそらく、全会一致で「三玉村」に決まったのではないでしょうか。

それにしても、「三玉」には、この数ヵ月間、本当に悩まされ続けました。19節の「三玉山霊仙寺」では、理屈をこねくり回して「三玉」の場所を探りましたが、その徒労感たるやです。

吉田孝祐氏が残した資料の発見に至るまでの間、霊仙地区や生目神社には何度も足を運び、藪に入り、大汗をかき、虫に刺され、図書館では資料をあさりました。しかし、歴史探究というのはこういう地道な作業の積み重ねなのでしょう。地質調査とよく似ていると思いました。

さて、「三玉山霊仙寺」の由来については、およそわかりましたが、まだ、調べなければならないことが残っていました。

それは、吉田孝祐氏が遺した『舊山鹿郡誌』の原本の所在です。何しろ、この資料は、山鹿市にとっては、一級品の資料となる可能性が秘められていると考えたからです。それと、これが発見できれば、これまでいろいろとお世話になった図書館の鹿子木さんへの恩返しになると思ったからです。

私は、また、週末の休みを利用して山鹿に向かい、今度は本澄寺を訪問しました。『舊山鹿郡誌』を複製編纂した元住職は、九〇歳を超える大変なご高齢でご存命でした。真新しい広い玄関に、車

本澄寺の元住職（左）と筆者

椅子の姿で御出になり、娘さんが介添えされての聴き取りとなりました。元住職は相当に耳が遠くなっており、当初は、萎えしぼんだ様子で、娘さんも申し訳無さそうにしていました。しかし、元住職が書いた巻頭の文面のコピーを渡すと、元住職はそれをジッと眺めました。しばらくすると、次第に元住職に生気が戻って来るのがわかりました。残念ながら原本は無いとのことでした。ただ、吉田氏のことはよく憶えていて、氏は、元住職のご尊父と親交が大変に厚く、山鹿の歴史などにとても詳しい方であったとのことでした。吉田氏には、自分（元住職）と同い年くらいの娘さんがいたことは憶えているが、上京されてその後のことは分からないとのことでした。

原本は見つかりませんでしたが、吉田孝祐氏が実在していた人物であることを肌で感じることができ、元住職や娘さんとの素晴らしい時間を共有することができました。

一方、原本が県立図書館に所蔵されている可能性も探りました。探索を続けていた令和三年五月頃はコロナ禍で、熊本県内は、新型コロナウイルス蔓延防止等重点措置の適用地域にあるため、図書館は閉館中で直接出向いてのサービスは受けられませんでした。私はまず図書館のウェブサイトの検索サービスを利用しました。すると、著者名とタイトルの検索で吉田孝祐氏の『山鹿郡誌』はあっけないほど簡単に見つかりました。発刊は昭和七（一九三二）年となっていました。次はメールによるレファレンスサービスを利用して、その著書の中に「霊仙寺の謂」があり、そこに「三玉」についての記載があるかを尋ねました。数日後、メールで返信がありました。

『「霊仙寺ノ謂」の六行の中に「三玉」を確認することができませんでした』とありました。県立図書館に所蔵されていたのは、出版の一九三二年が示すとおり、昭和六年に吉田氏が最初に作成したものでした。そして、その中には「三玉」の由来は記載されていなかったのです。つまり、吉田氏は、太平洋戦争が終了して日本に引き揚げてきた後に、序文にも記している通り、さらに調査を行なっていたのです。そして、霊仙寺については、『三玉山久慶院縁起』を何処かで見つけ出すとともに、それを補筆するかたちで新たに山鹿郡誌を三部作成したのです。

そして、それが本澄寺に渡り、吉田氏の三回忌を執り行なった元住職が、大事な遺品であることに気づき、コピー複写して再編纂したのです。さらに、その後、これが貴重な資料であると気づいた誰かが、山鹿市立図書館に寄贈したものと考えられます。

吉田氏は、戦争が終結して焦土と化した熊本に戻ったとき、大事な歴史資料がまたも無惨に焼失したことに大変なショックを受けたのではないでしょうか。それ故に、吉田氏は、山鹿で最も由緒あると思われた〝焼失〟した霊仙寺について調べ直し、それを後世に伝えるべく、この『山鹿郡誌』を作ったに違いありません。私は、そのことに気が付いたとき、突然、熱いものが込み上げてきました。

会社の自分のパソコンのモニターに映し出された県立図書館からの返信メールを前にして、次から次に涙が溢れてきました。そして私は気づきました。吉田氏や元住職から受け継いだこのバトンを、しっかりと次の世代に渡すのと同時に、江戸時代の佐治兵衛翁や明治の三村長、そして昭和の吉田氏や元住職の皆さんの思いを、山鹿市民並びに県民の人々に広く知ってもらうのが自分の責務ではないのかと。

新聞の企画記事向けの取材がきっかけだったとは言え、興味本位から始まった「三玉」についての調査の行方が、このような重責を担うことになるとは全く予想していませんでした。

しかし、私には、まだ、調べなければならないことが残っていました。

それは、景行天皇の侍臣達が見たものは何だったのか、そして、景行天皇の九州巡行は伝説ではなく史実である事を検証し、さらに、生目神社を勧請した佐治兵衛翁の本当の真意を探りだすことでした。

23　侍臣達がみたもの

現在のところ『三玉山久慶院縁起』の出どころについてはわかっていません。ただ、江戸時代に霊仙寺跡地に、一庵を建立して面倒をみていたのは細川家です。ですので、熊本藩主であった細川家に記録が残っているかもしれないと思いました。

細川家に伝来する古文書や歴史資料、美術品などを管理している「永青文庫」という財団がありますが、これらの品々のうち数万点が熊本大学附属図書館に寄託されています。もしかすると、熊本大学附属図書館に『縁起』があるのかもしれないと思い、問い合わせましたが、残念ながら、見つけることはできませんでした。

いずれにしろ、この『縁起』が吉田孝祐氏の創作によるとは到底思えません。戦乱の時代にあって、霊仙寺の関係者で生き延びた誰かが最初に記したものと思われます。何故なら、『縁起』では島津家と隈部一族の戦闘状況が、ある程度、鮮明に描かれているからです。

さて、『縁起』では、景行天皇が震岳での戦いの後、東の空の瑞雲が現れたところに侍臣達を向かわせています。そして、侍臣達は、「霊仙」の由来となった仙郷のようなところへ行って、三つの玉を持ち帰ってきました。

「仙郷」という言葉を調べると、日本語大辞典では、仙人の住む土地、また、俗世間を離れた静かで清浄なところと書かれてあります。

『縁起』の中にある天皇が留まった布都とは、現在の布都原集落のことでしょう。布都原集落からは、不動岩は見えなくもありませんが、手前の尾根に阻まれて、岩峰の全貌を見ることはできません。ただ、東に進み、霊仙地区を越えると、忽然として岩峰が現れます。侍臣達は、それを見て仙郷のようだと報告したのだと思います。

また、侍臣たちは、そこで「奇花奇草喬木」を見ています。彼らにとって、珍しい草花や高木があったのでしょう。
私は、不動岩に登ったときのことを、ふと思い出しました。そう言えば、不動岩の下の金毘羅神社の立て看板の説明の中に、植物のことが書いてあったような…。慌てて、その時に撮った画像データを、ハードディスクから引っ張り出して、プリントアウトしました。

金毘羅神社は、海・海運の神様である。どうして金毘羅神社があるのか。実は、金毘羅神社の周辺には、バクチノキ、フウトウカズラ、オニヤズソテツ、ツルコウジ、イシカグマ、カカツガユ、ハスノハカズラという七種類の植物が見つかっている。これらは普段、あたたかい海岸近くで見られる植物だが、金毘羅神社周辺に集中して生息しているのである。

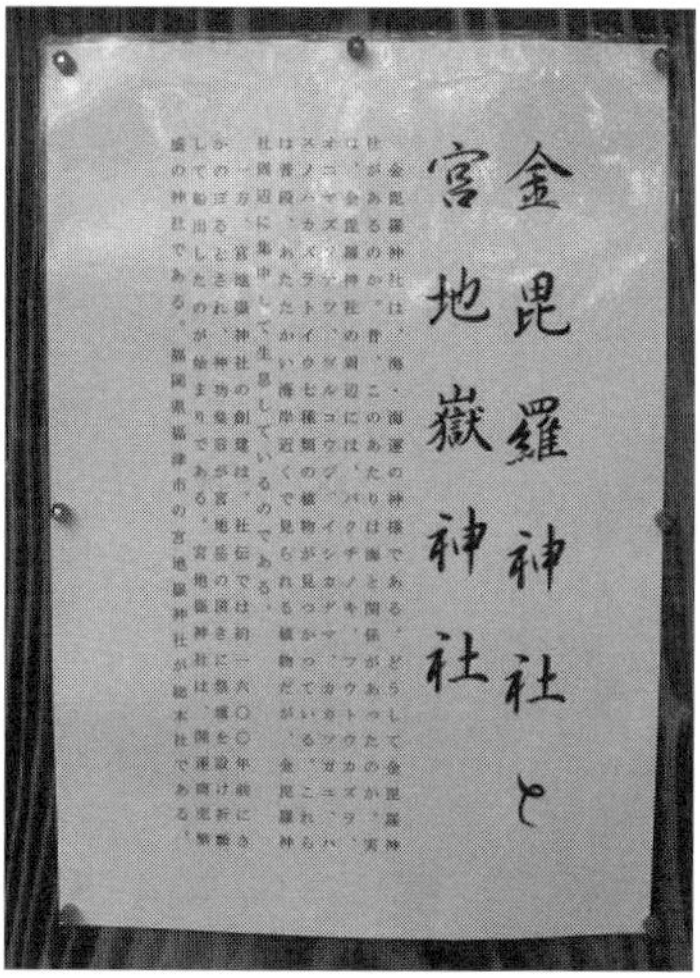

金毘羅神社の説明の看板

侍臣達の出身地の多くは、中央政権がある近畿地方だったはずです。彼らにとっては、これらの温かい海岸近くで見られる草木が、奇花奇草喬木に見えたのではないでしょうか。景行天皇の九州巡行は、しばしば伝説であって史実ではないとされることがありますが、この『縁起』や彦嶽宮の由緒から考えると、九州巡行は、やはり史実として捉えるべき事柄なのではないのでしょうか。そして、本当に、景行天皇は三玉の由来の祖として、この地を踏んだのだと思います。ただ、私は植物の専門家ではありません。この看板を設置した人物もしくは団体に、詳しい事を聞いて、それが本当は何を意味するのかを確かめたいと思いました。また、新しい何かがわかるのではないかと思ったのでした。

24　奇花奇草喬木を求めて

懲りずに、また、週末を利用して山鹿に行きました。地域の情報を手っ取り早く収集する方法として、地区のことに詳しい区長さんを直接訪ねる方法があります。

不動岩近くで車を流し、早速、区長さん探しを始めました。広い庭先にいた年配の女性を見つけて声をかけました。すると、その女性は、区長さんであれば、今、姿を見たばかりだよと言いながらこちらに向かって歩いてきました。そして、女性が道にでてくると、道の左手の方から年配の男性が歩いてきました。福原集落の区長さんでした。聞けば、その看板については詳しく知らないとのことで、かわりに、蒲生集落の区長さんの自宅を教えてくれました。

次は、蒲生集落の区長さんのご自宅に伺うと、娘さんに裏の離れの方に案内されました。そこでは、一家総出で、倉庫か何かの補修作業をやっている様子で、区長さんは梯子の上にいて、まさに手が離せない状況でした。

区長さんの眼光は非常に鋭く、タイミングが悪すぎたと思いました。しかし、このまま帰ってしまえば、本当に不審者扱いされるかもしれないと思った私は、大きな声で用件を伝えました。するると、区長さんも負けず劣らずの大きな声で、

「そのことだったら、市役所の社会教育課！　社会教育課！」

「わかりました！　社会教育課ですね！　ありがとうございました！」

マスク越しの大声だったので、あっという間にメガネが曇ってしまいました。

今度は、こもれび図書館に向かいました。また、鹿子木さんを頼るしかありませんでした。しかし、図書館がある交流センターに着くと、市外在住者は入館お断りとなっていました。私はそれを図書館の入口までと拡大解釈して、自動ドアを抜けて階段を昇りました。図書館の入口に、鹿子木さんが検温と入館受付の係としてテーブルの向こう側に腰掛けていました。

鹿子木さんはいつものように、優しく対応してくれました。わざわざ席を外して、階段側に出てきてくれて、私の用件を聞いてくれたのでした。その間も、幾人もの図書館利用者が出入りをしており、そちらの対応もしながら私の相手をしてくれました。私は手元に持っていた「看板の写真」を鹿子木さんに渡して、図書館を辞したのでした。

数日後、鹿子木さんから連絡が入りました。教育委員会の社会教育課に問い合わせたところ、確かにそれは社会教育課が作成したものだそうでしたが、説明文については、ある文献資料を引用したとのことでした。

その資料とは、山鹿市が主催した第一三回山鹿市文化歴史講演会の講演録で、タイトルは『菊池川流域の自然「驚き」「感動」そして「ふしぎ」「なぜ」』でした。発行は平成三一（二〇一九）年三月でした。

その資料は、後に㈱九州文化財研究所の花岡興史さんから提供をうけることになるのですが、その冊子の第三節に「不動岩下の金毘羅さんの周りの木々は暖かい海辺の植物、なぜここに？」との表題があり、その「なぞ」解きに挑んだ話が講演の記録として掲載されてあったのです。

そのなぞ解きに挑んだのは、山鹿市鹿本町出身で京都大学大学院理学部助教授、近畿大学教授を歴任した冨田克敏先生で、専門は地質学及び鉱物学でした。冨田克敏先生とは面識はありませんでしたが、これまで山鹿や菊池地域についての様々な資料を当たるなかで、よく名前を目にしていました。また、冨田克敏先生は、ＮＰＯ法人菊池川自然塾を主宰しており、地域の自然資源を活用しながら、菊池川流域の自然の素晴らしさを、子どもたちに伝える活動に尽力されていました。そして、前出の㈱九州文化財研究所の顧問も務められていました。

その冨田克敏先生がそのなぞ解きに挑んだ発端は、在野の植物研究家の冨田邦弘さんからの質問でした。実は、金毘羅神社付近に生息している、暖かい海岸などでみられる七種類の植物の発見者は、植物研究家の冨田邦弘さんだったのです。

元近畿大学教授の冨田克敏先生の講演は、言わば、その植物研究家の冨田邦弘さんの質問に答えるためのものでした。冨田克敏先生の考察を簡単に紹介すれば以下のようになります。

古阿蘇火山は、今から二七万年前から九万年の間に四回の大爆発を伴った火山活動がある。三回目と四回目のおよそ一二万年から九万年までの間は、最終間氷期と呼ばれる非常に温暖な時期があり、海水表面が一〇〇ｍほど上昇した時代がある。不動岩周辺には、その時に堆積したことを示す地層はないが、この時期に暖かい海岸近くに繁茂する植物が根づき、その後の四回目の火砕流からは日の岡山が壁になって守られ、また、不動岩付近では冬季の気温の逆転層があり、これによって生き延びたと考えられる。

そうかもしれません。しかし、まだ考える余地は残っているように思えました。そもそも、まず、私が知りたかったのは、この七種類が生き残ったことではなく、この七種類であることの意味だったのです。なぜ、それにこだわるのかというと、「組み合わせ」でものを考えると、別の違った姿が見えてくることが往々にしてあるからです。この七種類は、何かの組み合わせを表しているかもしれないと考えていたのです。

残念ながら、この植物を発見した植物研究家の冨田邦弘さんは、高齢でご闘病中とのことでした。自分で調べるしかありませんでした。結論から言うと、その七種類は全て「薬草」でした。「薬用植物」とも言います。

例えば、バクチノキの葉には青酸を含む杏仁水（バクチ水）が含まれ、咳止めや鎮痛剤として使われるそうです。そして、この七種類のうち四種類は、熊本大学薬学部の薬草園データベースに載っていますということは、これらの植物は薬草として、ある程度メジャーな部類に入るのかもしれません。

アイラトビカズラのことを思い出しました。山鹿市菊鹿町には、国指定の天然記念物になっているアイラトビカズラが自生していて、一〇〇〇年以上前に中国の揚子江流域から渡来したとされています。しかも、薬草です。

景行天皇の侍臣達が目にした「奇花奇草喬木」は、「薬用植物」で、この地で何万年も生き延びたのではなく、人によってもたらされた、外来の植物ではないでしょうか。

人々は健康を一番に願います。弥生時代若しくは縄文時代後期、渡来人が持ち込んだものは稲や銅、鉄だけではなく、有用な植物、つまり薬草も、当然、持ち込んだことが考えられます。そして、時代とともに人々の往来が増えてゆき、その種類も次第に増していったのではないでしょうか。こんなことは、既に明らかにされていることなのかもしれませんが。

金毘羅神社が不動岩の麓にあるのは、そのことを言い伝えとして知って

金毘羅神社のバクチノキ

いた、いにしえの人々が、海を渡ってきた人々にあやかり、畏敬の念を抱いて、この神社を創建したのではないでしょうか。

ともすれば、現代に生きる私たちは、自分達が持っている知識が最も進んだものと考えがちになりますが、いにしえの人々の気持ちや知恵に思いを馳せることは、物事を理解する上で、とても大事なことだということを学んだ気がしました。

25　佐治兵衛翁の真意

佐治兵衛翁は、福原集落に「生目神社」を江戸時代の文化六（一八〇九）年に勧請した人物です。社務所の古老によれば、この地から毎月、日向の生目神社に参詣していたとのことです。また、『ふるさと山鹿』では、その翁が年老いて月詣ができなくなったために、本社から分神勧請されたとあり、その経緯が本社にも残っていると紹介しています。つまり、佐治兵衛翁は、日向の生目神社を、大変強い思いで信仰していたのです。

なぜ、でしょうか。

日向（宮崎）の生目神社を振り返ってみます。

宮崎市にある生目神社は、古くから「日向の目の神様」として眼病にご利益があると信仰され一一世紀中頃には建立されていたと伝えられています。主祭神には応神天皇と藤原（平）景清公が祀られており、一説には景清公の伝説が神社の名前の由来とされています。その伝説とは、平家の勇猛な武将であった景清公が、敵の源氏に捕われたとき、源氏の総大将・源頼朝公にその武勇を惜しまれ宮崎へと封じられたのですが、仇である源氏の繁栄を見たくないと両眼をえぐって空に投げ捨てこの場所に落ちたというものです。また、別の伝えとして、景行天皇の熊襲征伐（九州巡行）の途中、父の活目入彦五十狭茅尊《いきめいりひこいさちのみこと》（第一一代垂仁天皇）の崩御日にその霊を祀る祭祀を当地で営んだため、古来より聖なる地として崇め、後に、「活目八幡宮」として称えたというものです。

つまり、生目《いきめ》とは、活目《いきめ》に由来する、ということです。

しかも、これは景行天皇にちなんでいます。景行天皇は、その昔、この日向の地も踏んでいて、人々に忘れ難き強烈な印象を与えたのでしょう。

福原集落の「生目神社」は、霊仙寺の目と鼻の先の距離にあります。

そして、〝三玉山霊仙寺〟の祖は、景行天皇です。

佐治兵衛翁は、おそらく、三玉山霊仙寺について、よく理解していたのだと思います。

宮崎の生目神社は、明治時代に「生目八幡宮」から「生目神社」に社名を改めていますが、元亀、天正の頃（一六世紀末）に、霊仙寺同様、兵火に遭って書物などは焼失しています。佐治兵衛翁は、このような生目神社の由来や趨勢を知っていて、それを地元の今は亡き霊仙寺に重ね合わせて、信仰を深めていたのではないでしょうか。

私は、この数ヵ月間、「三玉」を必死で追い求め続けてきましたが、本当は、地域への深い愛着を持った人々の「御魂」を追い続けてきたのです。

明治二二（一八八九）年の町村合併時の話し合いの場で、新村名が三玉になっていく過程で、三村長は皆、地域の過去と未来に思いを馳せていたはずです。

そして、魂を込めて「三玉」に決めたのです。

誇り高き素晴らしい村名だと思いました。

26　シンドラ作戦を終えて、新たな旅のはじまり

新聞企画の取材を目的に、最初に山鹿を訪れたのは令和三（二〇二一）年の二月の末でした。年末に帰省することができなかった次女と、長女と孫、妻の五人で家族ドライブに行ったついででした。

初めに訪れたのは、これまで一度も訪れたことのなかった彦嶽宮でした。清掃の行き届いた境内と神社全体の雰囲気に、取材にあたり、襟を正さなければならない気持ちになりました。

その後は、この章にも記したとおり、取材を重ねながら山鹿、菊池についての理解を深めていきました。毎回、発見があり、毎回、疑問が湧き、毎回、資料をあさるという期間が九二ヵ月続きました。そして、この章では触れていない、その他の菊池川流域の歴史や文化についても多く学びました。これは、ひとえに昭和六〇（一九八五）年に発行された大著である『山鹿市史』に寄るとこ

ろが大きかったと思います。しかし、『市史』は発行から既に三〇年を経過しているため、一部は新しい知識を補完する必要もあり、その結果、多くの名著と巡りあえることができました。それらの書物は、地域への深い愛着の帰結として誕生したものでした。

そして、何と言っても、取材を通して感じたことは、今回出会った菊池川流域の人々は、本当に地域を愛し、地域に強い関心を寄せていることでした。

初めて、こもれび図書館を訪れ「三玉」のことを尋ねたとき、正直言って、相手にされるとは思っていませんでした。しかし、職員の皆さんの温かい協力と支援を得ることができました。それがなければ、ここまでの短期間で、このような成果（大した成果ではないが）をあげることはできなかったと思います。県立図書館にも大変お世話になりました。

それから数ヵ月が経過しました。「三玉」という地名の由来がわかったおかげで気持に落ち着きが戻ったものの、日常という何かと忙しい時間の中に身を置いているうちに、今度はナゼか三玉の「祖」というべき景行天皇のことが気になりだしました。

熊本県内には第一二代景行天皇の伝承やゆかりの地がたくさんあることが次第にわかってきたからです。その伝承やゆかりの地のなかで、山鹿における伝承がどのような位置付けになるのか調べてみたいと思いました。加えて、日本の歴史を学ぶ上で景行天皇とはどのような意味を持つのか、自分なりに考えてみたくなったのです。ひょっとすると、また、何か見つかるかもしれないと思いました。

次の旅が始まりました。

第二章　景行天皇伝説をめぐる物語

1　山鹿灯籠まつりと景行天皇

熊本県の北部に位置する山鹿市では、全国的にも有名な「山鹿灯籠まつり」が八月一五、一六日の二日間にわたり行なわれます。町全体が幻想的な灯りで彩られる山鹿の夏の風物詩です。なかでも圧巻は、そろいの浴衣姿の約一〇〇〇人の女性たちが、和紙で作られた金灯籠を頭に掲げて優雅に舞い踊る「千人灯籠踊り」。民謡の「よへほ節」の調べに合わせ、幾重にも重なる灯の輪は、幻想的な世界へと私たちを誘ってくれます。

山鹿灯籠祭り（山鹿市HPより引用）

しかし、この伝統的なお祭りが、景行天皇の伝説を一つの起源としていることはあまり知られていません。

ここでの伝説とは、景行天皇が熊襲征伐の九州巡幸のとき、菊池川を遡って上陸しようとしたところ、濃霧にはばまれた天皇の軍勢を山鹿の里人が松明を灯して一行を導いて助けたというものです。当時の山鹿・菊池盆地には「茂賀の浦」と呼ばれる湖が広がっていて、里人は景行天皇が滞在した行在所跡（後に大宮神社が建てられた地）に景行天皇を祀って毎年松明を奉納したというのが灯籠まつりの起源の一つとされています。

一方、江戸時代の安永元（一七七二）年の『鹿郡旧語伝記』には次のような内容が書かれています。灯籠の謂《いわ》れは、景行天皇の『八頭大亀本記』よりこと起きるとされ、延久四（一〇七〇）年に初代菊池則隆が阿蘇大明神を景行天皇の社にして合殿に祭り、さらに治承年中（一一七七年～一一八〇年）に大亀の火の光を霊として郡民の祭日の夜、太鼓・鐘をならして炬提燈などを捧げさせて今に伝える、とあります。

このように、第一二代景行天皇は、前章の「不動岩伝説をめぐる物語」で紹介した「三玉」だけではなく、現代まで続いている伝統行事にも深く関わっているのです。このことを知ると、景行天皇の九州巡幸は、古代の熊本、すなわち火の国において、極めて特異なできごとであったことが伺えます。

これは、一体、何を意味するのでしょうか？

はたして第一二代景行天皇とは、そして、景行天皇の九州巡幸にまつわる伝説とは何なのでしょうか。これらは、古代の人々が紡ぎだした想像上の物語なのでしょうか？

2 第一二代景行天皇

景行天皇は第一二代の天皇です。『日本書紀』に書かれてある和風諡号《わふうしごう》は「大足彦忍代別天皇《おおたらしひこおしろわけのすめらみこと》」です。第一一代の垂仁天皇《すいにんてんのう》（活目入彦五十狭茅天皇《いくめいりびこいさちのすめらみこと》）の第三子で、日本武尊《やまとたける》の父にあたります。

実在説と非実在説がありますが、『古事記』『日本書紀』に記述があり、特に後者の『日本書紀』には景行一二年から景行一九年にわたる七年におよぶ九州征伐（九州巡幸）のことが記述されています。

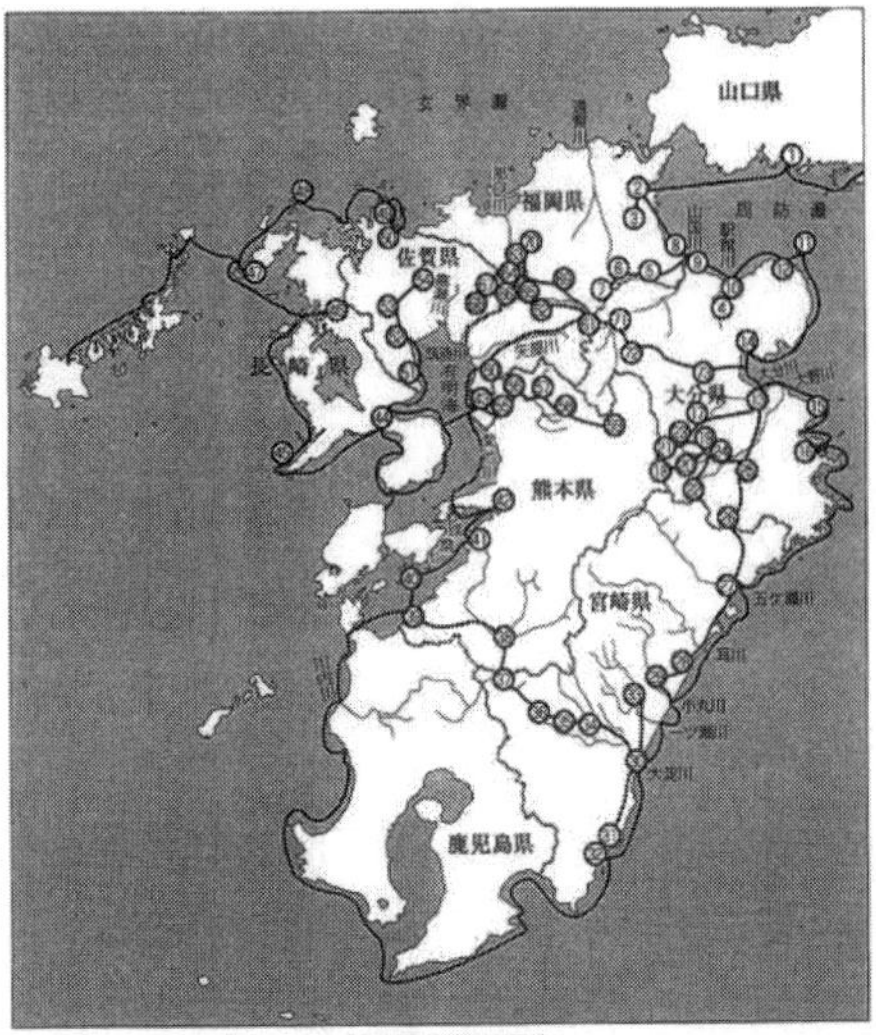

景行天皇の九州巡幸経路（河村哲夫氏著『九州を制覇した大王―景行天皇巡幸記』より）

河村哲夫氏は、著書『九州を制覇した大王―景行天皇巡幸記』のなかで『日本書紀』や『風土記』、歴史考古資料、各地に残る伝説や現地調査によって、上図のような景行天皇の九州巡幸の経路を示しました。また、安本美典氏の「統計的年代論」にのっとり、景行天皇の在位期間はおおむね西暦三七〇年から三八五年と考えました。これは古墳時代の前

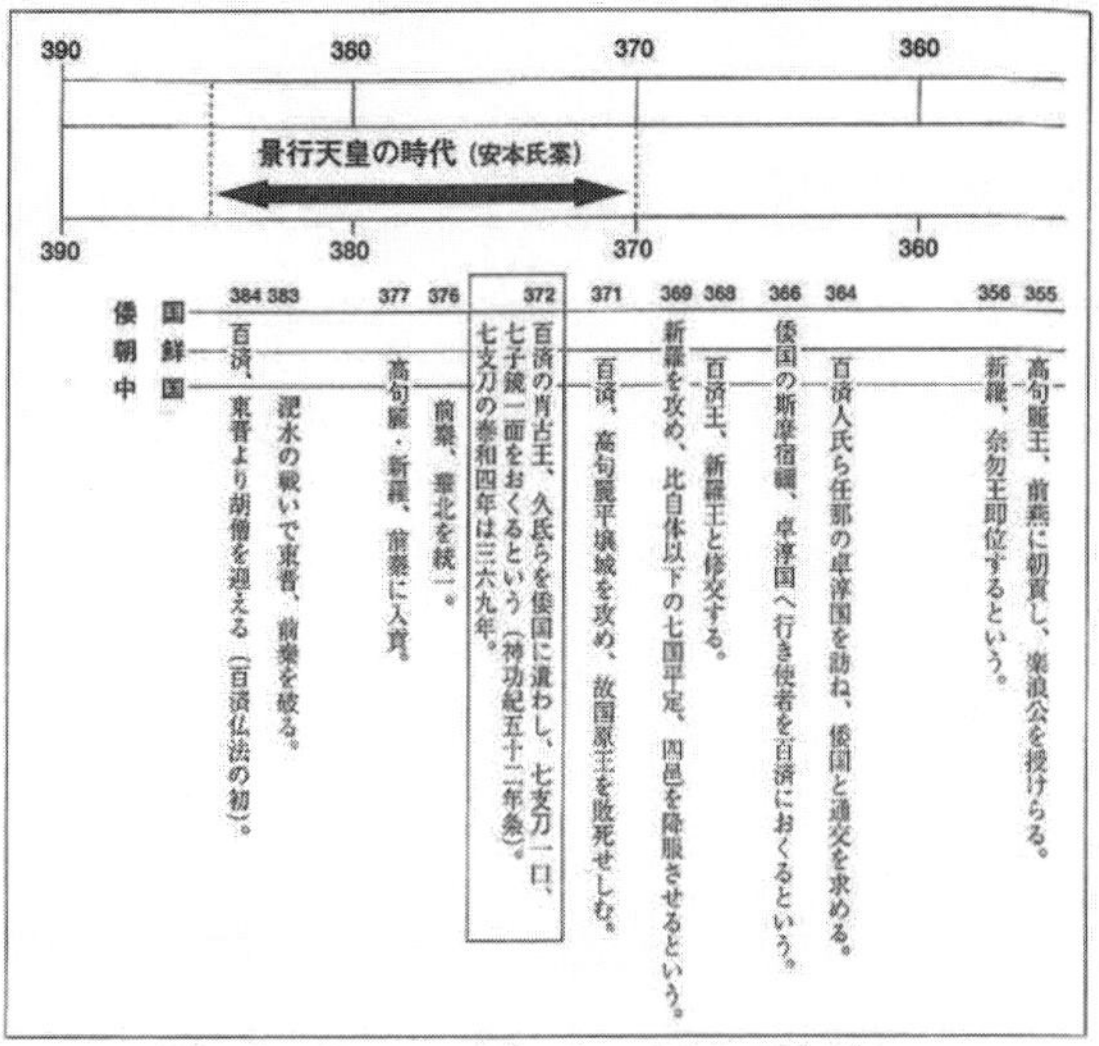

景行天皇の時代における朝鮮・中国の動向（西岡光「景行天皇について考える」〔『季刊邪馬台国』42号、梓書院〕より）

景行天皇の時代（河村哲夫氏著『九州を制覇した大王―景行天皇巡幸記』より）

期頃にあたります。

この時期、大陸では前秦が華北の統一を果たし、これに高句麗、新羅が接近をはかります。一方、朝鮮半島南西部で勢力を増大させてきた百済は南朝の東晋と倭国（日本）に接近をはかっていて、東アジアの政治情勢は緊張状態にありました。

このため、畿内大和を中心とするヤマト政権は、すみやかに国内の支配体制を確立し、百済と協力して高句麗と新羅の南下に備える必要がありました。

景行天皇の九州巡幸やその子の日本武尊《やまとたける》の東征や西征は、このような国際的な政治情勢の中、速やかな国内統一のための抵抗勢力に対する討伐であったと考えられています。そして、のちの神功皇后《じんぐうこうごう》の新羅出兵につながったと考えられます。神功皇后の子は応神天皇であり、孫は仁徳天皇です。応神天皇、仁徳天皇の時代は、その古墳陵墓の大きさからもわかるように、日本は飛躍的な発展を遂げました。その基礎を築いたのが景行天皇と日本武尊だったと考えられています。

おおげさかもしれませんが、景行天皇や日本武尊の親子は、東北や北海道を除く当時の日本において最初に国内統一をやってのけた人物たちと言えるのではないでしょうか。しかし、それは血で血を洗ったような戦国武将に勝るとも劣らない武人だったということなのでしょうか。いずれにしても既にヤマト政権と友好的な関係にあった豪族に帰属していた人々は、巡幸してきた天皇をあたかもスーパースター、もしくは本当のカミとあがめて迎え入れたのかもしれません。

3　景行天皇の伝説とゆかりの地

『日本書紀』には景行天皇が九州巡幸のときに発したお言葉や、九州の主な地名の由来となった出来事が書かれてあります。

その代表とも言えるのが「火の国」です。

『日本書紀』の一節を引用すると、

　景行天皇一八年五月　葦北より出帆されて火国に至られた。ここで、日が暮れてしまい、夜の暗やみで岸に着くことができなかった。遠くに火の光が見えた。天皇は、船頭に詔して、

「まっすぐに火の見えるところに向かえ」

と仰せられた。そこで火をめざして行くと、岸に着くことができた。天皇は、その火の光る

ところについて、

「何という邑《むら》か」

とお尋ねになった。その国の人が、

「ここは、八代県《やつしろのあがた》の豊村《とよのむら》ですと申し上げた。さらに天皇は、その火について、

「それは誰の火か」

とお尋ねになった。しかし火の持ち主を見つけることができなかった。そこで、人の燃やす火ではないことがわかった。

それゆえ、その国の名づけて火国《ひのくに》というのである。


『日本書紀』には「火の国」の由来のほかに「火の国」での行程も書かれています。天皇は、宮崎県の小林市から人吉・球磨に入り葦北から海路で八代方面を経由して島原に渡ります。そして、玉名から菊池を通って阿蘇へ寄ったあとに福岡県の浮羽方面へ向かいます。

また、『日本書紀』には熊本でのいくつかの討伐のようすが書かれてありますが、全体としては巡幸についての概説か要約のような印象です。

しかし、熊本県内には、まるで『日本書紀』の内容を補足・補強をするかのような景行天皇についての伝説や伝承、ゆかりの土地が数多く存在します。

次節以降は、巡幸の路に沿って『日本書紀』に書かれたものも含め、各地に残る言い伝えなどを

紹介したいと思います。

球磨・人吉地方の景行天皇伝説

〔弟熊の誅殺〕

景行一八年四月、熊県《くまのあがた》（現在の球磨郡・人吉市）に来られました。そこに熊津彦という二人の兄弟がいました。天皇は、まず兄熊《えくま》を召され、兄熊は使者に従ってやってきました。次に弟熊《おとくま》を召されましたが、やって来なかったので兵を遣わして誅殺されました。

『日本書紀』

〔熊襲討伐と天下・天子地名〕

球磨郡錦町の西地区には天下《あもい》神社と呼ばれる神社があります。

熊本県と鹿児島県の境に高くそびえる白髪岳（一四一六m）や狗留孫《くるそん》一帯に住んでいたという熊襲を討つために景行天皇が軍を進められ、ここで休息されたところとされています。掃討戦は一ヵ月に及んだと言われています。また、無造作ではありますが、本殿に祀られている玉石に目を引かれます。

このほか、球磨・人吉地域には景行天皇の足跡を意味すると思われる「天子」と呼ばれる地名や神社が一二ヵ所あるとされています。

あさぎり町（旧深田村）草津山地区の天子の水公園

錦町の天下（あもい）神社

あさぎり町（旧免田町）久鹿の天子神社

あさぎり町（旧深田村）草津山地区の天子神社

旧上村字麓の天子、旧上村字石坂の天子、旧上村字塚脇の天子、旧免田町久鹿の天子、多良木町牛島の天子、旧深田村草津山の天子神社、錦町一武字本別府の天子および御手洗、錦町木上字平良の天子神社、相良村柳瀬字三石の天子、山江村字山田合戦峰の天子、山江村城内の天子、人吉市中神町古屋敷の天子です。

また、あさぎり町の旧深田村の草津山地区には「天子の水公園」があります。熊本名水百選にも選ばれており、景行天皇の熊襲討伐の折に御輿をとどめてこの湧き水を飲まれたという伝承があります。

葦北・八代地方の景行天皇伝説

〔火の国と不知火〕

景行天皇一八年五月　葦北より出帆されて日が暮れてしまい、夜の暗やみで岸に着くことができなくなりました。遠くに火の光が見え着岸すると、そこは八代県《やつしろのあがた》の豊村《とよのむら》でした。天皇は、その火の光りについてお尋ねになりましたが、火の持ち主を見つけることができず、人の燃やす火ではないことがわかったのでその国を「火の国」と名付けました。また、以来、このあるじ知らずの火を「不知火」と呼ぶようになりました。

〔津奈木（葦北郡津奈木町）〕

景行天皇が熊襲攻略の帰途、葦北から船出した時の港が当地で、そこに船を繋いだため「つなぎ」と称したことにちなむとする伝承があります。

また、「大泊《おおど》」「仮泊《かうど》」「泊《とまり》」「舟隠《ふねかくし》」「京泊《きょうどまり》」などの地名は、すべて景行天皇の御船をおつなぎになったことと関係があるといわれています。

〔神田《じんで》の神石〕（葦北郡津奈木町合串《えごし》）

合串には景行天皇が腰掛けられたとされる「神田の神石」と呼ばれる牛の頭に似た石があり、この石に登ると腹が痛くなるという言い伝えがあります。このとき里人たちが近くにあった田からお米を献上したことから「神田」になったと伝えられています。また、この地にあった景行天皇を祭神とした天子宮は、明和二（一七六五）年に平国に移されました。

〔湯の児温泉〕（水俣市湯の児）

湯の児温泉の由来については、景行天皇が九州巡幸の折、海岸に自然に湧き出るぬるま湯を発見して「これはまだ湯の子だ」と言った伝承があります。

芦北町田浦宮浦地区の天子宮

〔天子宮〕（葦北郡芦北町田浦宮浦地区）

景行天皇の九州巡幸の船泊跡地と伝えられています。天《てん》子宮《しぐう》の祭神は景行天皇です。由緒によれば、この地に上陸された場所に、後にお宮を建てたられたので宮浦の名前が起こったとされています。

このほかにも、八代・葦北地域には、景行天皇を祀る神社や天子宮と呼ばれる神社があります。津奈木町平国の天子宮（平国神社）、芦

芦北町乙千屋の天子宮（乙千屋神社（おとじや））

北町湯浦町天子宮（栫より移す）、同町道川内の天子宮（道川内《みちがわち》神社）、同町乙千屋の天子宮（乙千屋《おとじや》神社）、八代市福正元町の天子宮（少名彦命神社）です。

道川内の天子宮には、化石を含んだ石灰岩が境内の端に祀られているのが印象的です。また、乙千屋の天子宮でも本殿とは別に玉石が祀られている祠があります。

〔御立岬（葦北郡芦北町田浦）〕

景行天皇が田浦の入江からお発ち（お立ち）になったところから、御立岬と呼ばれるようになったという言い伝えがあります。

〔日奈久（八代市日奈久）〕

『肥前国風土記』には「纏向の日代の宮に御宇しめしし大足彦の天皇（景行天皇）、球磨贈於を誅ひて、筑紫の国を巡狩しし時、葦北の火流の浦より発船して、火の国に幸しき」とあり、この火流《ひながれ》の浦《うら》が日奈久海岸に比定されています。

〔水島（八代市水島）〕

葦北の火流浦（日奈久海岸）より船出して、八代海の小島にたどり着き食事をとろうとなさりますが、水が底をついて天皇にさしあげることができません。そこで、お供の山部小左《やまべのおひだり》が天地の神に祈りを捧げると、この島の崖下から冷水が湧き出しました。このことから、この島を「水島」と呼ぶようになりました。

八代市水島

豊葦原神社（遥拝神社）でもらえる高田みかん

〔高田《こうだ》みかん（八代市高田）〕

景行天皇の父である垂仁天皇《すいにんてんのう》は「非《とき》時《じく》の香菓《かくのみ》」、すなわち、橘《たちばな》をお求めになりました。その命を受けたのは田道《たじ》間守《まもり》。これを探しに常世の国に派遣され、ようやく橘を得て一〇年後に戻ることができましたが垂仁天皇は既にお亡くなりになられていました。

役目を果たせなかった田道間守は、当時、九州巡幸中だった景行天皇に火の国まで訪ねます。そして、高田付近で景行天皇と巡りあい橘を献上したのち、先帝を追って自決しました。景行天皇はこのことをたいへん悲しまれ、田道間守の最後の地になった高田に橘の実を植えられました。

これが、今もなお残っている高田みかん（八代みかん）の起こりだと伝えられています。紀州みかんで有名な和歌山県のみかんは、天正二（一五七四）年、紀伊国の伊藤孫右衛門という人物が、高田から苗と種子を持ち帰って植えたのが、その起こりとされています。

なお、高田には天神地祇を祀った豊葦原神社（遥拝神社）がありますが、この境内で実った高田みかんを初詣の時期に縁起物として頂くことができます。

豊福地区の「心吉」

宇城地方の景行天皇伝説

〔豊村（宇城市松橋町豊福）〕

景行天皇一八年五月　葦北を船出されて着岸した八代県の豊村は、宇城市松橋町豊福、旧豊福村との説があります。また、豊福地区には「白毛熊《しらげのくま》」、「微雨《びう》」、「心吉《こころよし》」という小字があります。

天皇の軍隊が上陸して東に一㎞ほど進んだ頃、短い夏の夜は早々と明け始め、そこを後日「白明隈」または「白曙隈《しらげのくま》」と呼び現在の「白毛熊」に。そして、一陣の風に乗って微かな時雨が通過したためその地は「微雨」。さらに夜明けに大休止をとった時、爽やか朝の海風が吹きわたり、天皇が思わず「快し」と仰ったことからその地は「心吉」と名付けられと言われています。

〔木崎神社〕（宇城市三角町里浦）

三角町の里浦に木崎神社という小さな神社がありますが、「きさき」という名は、景行天皇の后《きさき》が巡幸中に亡くなられて、この地に葬られ、それを祀ったことにちなむとされています。

〔鈴島〕（宇城市三角町前越涼島）

前越の海岸から約三〇〇ｍ沖にある小島ですが、干潮時には砂州が現れて陸続きとなります。「鈴島の勝景」と呼ばれ、景行天皇が御船を停められてその光景を愛賞されたといわれています。

〔三角港〕（宇城市三角町）

景行天皇の九州巡幸の際、御座船の停泊があったと伝えられています。

〔御手洗水源〕（宇城市三角町波多）

御手洗神社の湿地から湧出して池となっています。景行天皇が九州巡幸の際、三角に停泊しこの水を利用したという伝説があります。また、御手洗神社の横には巨岩があります。これらは、古代

御手洗神社の横には巨岩（磐岩）

の人々にとって原初的な信仰の対象となった「磐座」であったとしても不思議はありません。もし、そうだとするならば、村人がこの地から湧いた水を景行天皇に献上したのは当然のように思えます。

なお、こちらの水源は「熊本名水百選」に指定されています。

〔御手水《おちょうず》（宇城市三角町御手水）〕

三角岳の山腹から湧出して流れ下る水を、景行天皇が御手水とされたことに因んだ地名とされています。

御輿来海岸の景行天皇聖蹟記念碑

〔御輿来《おこしき》海岸《かいがん》（宇土市下網田町）〕

日本の渚百選の一つとなっている御輿来海岸は、景行天皇の九州巡幸のとき、ここに御輿を停められたことからその名がついたと言われています。国道57号線沿いには高さ三mは超えると思われる聖蹟記念碑があります。ただ、現在はもうありませんが、以前は甑岩《こしきいわ》と呼ばれる奇岩があり、この岩の名から「御輿来」になったとする説もあります。

〔笠瓜《かさうり》（宇土市長浜町南・笠瓜）〕

景行天皇の九州巡幸の途中、長浜にしばしとどまられた際、村人が瓜を献上しようとしましたが盛るべき適当な器がなかったので笠にのせて献上したことで、この地が笠瓜と呼ばれるようになったと伝えられています。

天草《あまくさ》地方の景行天皇伝説

〔登立《のぼりたて》（上天草市大矢野町登立）〕

登立の地名も、景行天皇が九州巡幸の際、当地で幟《のぼり》を押したてて出迎えたことから「のぼりたて」と呼ばれるようになったと伝えられています。

〔姫石神社（上天草市姫戸町）〕

景行天皇が八代海を南へ航行された時、天皇が乗っていた船が暴風に遭って今にも転覆しようとしました。お供をしていた姫君がその嵐を静めるために、海に身を投じるとたちまち海は静まりました。姫は白い石となって岸辺にうちあげられ、その石を祭神として祀ったのが姫石神社で、この一帯が姫浦と呼ばれるようになったといいます。

また、別の言い伝えとして、天皇と別れなければならなくなった姫が天皇に恋焦がれて病死してしまい、その霊が石となって残ったので村人が祀ったという話があります。

ただ、現地に行って確認できた石碑の社記には、別の話が刻まれていました。古老たちの談によれば、美しい姫が宝を入れた袋を乗せた船でこられ、ハタヒの大樹、海に覆いかぶさる楠の巨木の杜の鼻に船を止められて、ここここそ神宿る地と定住され、この船は船石となり、袋は袋石となったそうで、二つ併せて姫石と呼ばれましたとあります。

姫石神社に祀られている姫石

〔二間戸（上天草市姫戸町二間戸）〕

天皇の御座船が姫浦に着岸した一方で、御付きの船は諏訪の浦に着いたといわれています。ちょうど冬の季節で寒風が吹き荒れて凍えそうになり、戸板を二枚立てて寒風をしのいだので諏訪の浦の一帯を二間戸と呼ぶようになったといいます。

〔御所浦（天草市御所浦町）〕

御所浦は、島の西側の浦に船を泊めて、しばらく仮泊するための行宮が置かれた天皇の御座所であったと伝えられています。

また、御所浦島ではアンモナイトをはじめとする中生代白亜紀頃に生息していた生物の化石を含む岩石をいたるところで観察することができます。伝説にはありませんが、景行天皇が御所浦に滞在したのは石となった生物を見聞するために立ち寄ったのかもしれません。また、八代・有明海の沿岸には入水して石となったお姫様の伝説がありますが、このような物語の発想の起源が御所浦島に見られる化石ではないかと考えるのも面白いのではないでしょうか。

〔嵐口《あらくち》（天草市御所浦町嵐口）〕

景行天皇が九州巡幸の折、東風にあおられたため当地に寄港しようとしましたが、波が高くて寄港できなかったことから、当地を嵐口と呼ぶようになったという伝承があります。また、嵐に遭われて島の東北部の内側に漂着して難を避けられた天皇が「ここは、嵐の口だ」と言われたという伝えもあります。

〔天満宮ともづな石跡（天草市御所浦町）〕

景行天皇の船のともづなを繋いだとされる石が御所浦島の天満宮に残っていて、「ともづな石」

と呼ばれています。

〔宮田《みやだ》（天草市倉岳町宮田）〕

景行天皇が宇土からの帰途、御所浦島に宿泊した際に対岸の当地の田から良質の米を献上したことにちなむとする伝承があります。

〔白縫塚《しらぬいつか》（上天草市松島町阿村）〕

金毘羅山（地元では苓東山と呼ばれている）の塔の峯にある古い石碑の碑文に「…十二代景行天皇…怪火御照しまし逍遥し給う霊地にして…」の文字が読みとれるとあります。景行天皇が「不知火」の点滅するのをご覧になって付近を逍遥された霊地として石碑が建てられたと考えられています。

〔教良木《きょうらぎ》（上天草市教良木）〕

景行天皇が御所浦に行幸されたとき、薬木《くすりぎ》が献上されました。この薬木は不老長寿の霊薬で、その薬木は清木《きよらぎ》だとされ、きよらぎ↓きょうらぎ（教良木）になったという言い伝えがあります。

益城・熊本地方の景行天皇伝説

〔御船（上益城郡御船町）〕
御船は景行天皇の九州巡幸の折、有明海からこの地に御船を寄せられて阿蘇方面に向かわれたことから「御船」の地名が起こったと言われています。また、平安時代末期、飯田山常楽寺創建の際、支那から運ばれた経巻や仏舎利・宝塔などを積んだ官船が着岸したことに由来するという伝えもあります。
このほか、緑川上流では、山川の険しさを頼りにして景行天皇に従わなかった土着の豪族がいたことが伝えられています。

健軍神社の石立大神

〔御所（上益城郡山都町御所）〕
阿蘇外輪山の南側の山間地に御所と呼ばれるところがあります。この地に景行天皇が行宮《あんぐう》を設けたといわれ、細長い台地を挟むようにして東御所川と西御所川が南流しています。

〔健軍神社（熊本市東区）〕
熊本市内で最古とされる健軍神社の由緒には、欽明天皇一九（五五八）年、阿蘇大明神の化身としての童子がこの地に忽然と現れて勧請を託宣したとあり、童子が現れたとされる大石が、石立大神《いわたておおかみ》として市道を挟んだ楼門の前に祀られています。一説には、景行天皇御腰掛の石と言われています。

〔松崎（熊本市北区清水町）〕

清水町の松崎は、国道3号線から菊池方面への県道熊本菊鹿線の分岐点の周辺で古代の頃は海岸であったといわれています。その時代、景行天皇が熊襲征伐の帰途、ここ松崎より上陸され山室に宿泊されて阿蘇に向かわれたと伝えられています。

玉名地方の景行天皇伝説

〔姫ケ浦（玉名郡長洲町姫ケ浦）〕

日向御刀媛《ひゅうがのみはかしひめ》が一一人の女官とともに景行天皇を追って長緒浜《ながすのはま》に着きましたが、すでに景行天皇が去った後と知って力尽き、一一人の女官と共に入水したことにちなんで姫ケ浦となったと伝えられています。

〔十二石神社（玉名郡長洲町腹赤新町）〕

有明海に身を投じた御刀媛とお付きの一一人の女官は、亡くなったあと石になられたといわれ、この石を一ヵ所に集めて御魂を勧請して祀ったのが十二石神社とされています。

〔名石神社《めいしじんじゃ》（玉名郡長洲町上中洲）〕

御刀媛と一一人の女官が入水して石になられ、その十二石を御神体（磐座《いわくら》）として祀ったのが名石神社（女石宮：めいしぐう）の起源とされています。

女石宮はもともと名石浜の海辺で御刀媛が石となった大きな岩そのものを御神体として祀られていました。しかし、のちに臨海工業用地として埋め立てられることになり、昭和四七（一九七二）年、氏子の要望によって現在の名石神社の神殿の横に移されました。なお、御神体の岩は、観察したところ阿蘇火砕流の「溶結凝灰岩」です。

名石神社の御神体の磐座

〔腹赤《はらか》（玉名郡長洲町腹赤）〕

「肥後国風土記逸文」に、景行天皇が九州巡幸の折、長洲の漁師の朝勝見《あさかつみ》が釣った魚を景行天皇に献上しました。腹赤という地名は、その魚が大変美味しく景行天皇が名付けた「爾陪魚《にべうお》」という魚の腹が赤かったことに因むと言われています。また、奈良時代の第四五代聖武天皇の天平一五（七四三）年より宮中の元旦の節会（宴会）に「腹赤の贄《にえ》」を献上することになりました。

〔供御《くご》の池《いけ》（玉名郡長洲町腹赤）〕

腹赤の贄として献上する魚を、この冷たい泉の湧く池に活けて、今でいう冷凍の役目をして大宰府を通じ、京の都に送ったと言われています。

玉名大神宮

〔御腰の石（玉名郡長洲町腹赤）〕

景行天皇が腹赤の浜においでのときに腰をかけた石と言われています。

〔玉名大神宮（玉名市玉名）〕

玉名大神宮の案内板によれば、

「玉名大神宮の「家系録」に景行天皇が熊襲（南九州の民）征伐の途中『玉杵名邑《たまきなむら》』に来た時、土蜘蛛津頬（豪族の長）が抵抗しました。景行天皇は天照大神を祀って拝み、お祈りをすると、玉のような小石が落下して土蜘蛛津頬を退治しました。この小石を神の霊として尊び、祀りました。このことから大神宮を遥拝宮ともいいます」とあります。

周辺は「元玉名」と呼ばれ、玉名の地名の由来である「玉杵名」

の地とされています。天照大神、景行天皇、阿蘇の四神、玉依姫《たまよりひめ》とその両親である菊池将監則隆夫妻を祭ってあります。『日本書紀』には、景行天皇が九州遠征の時に玉杵名の土蜘蛛を討伐した記載がありますが、社伝によると、その時地元勢力の中尾玉守が天皇軍に味方し、その功績により玉名大神宮の宮司になったと伝えられています。

〔疋野神社（玉名市立願寺）〕

疋野神社は平安時代の『延喜式』にも記載されている「式内社」で極めて由緒正しい神社です。社伝によれば景行天皇が九州巡幸の際は疋野神社で鎮祭をとりおこなったとされています。

菊池・山鹿地方の景行天皇伝説

〔津久礼《つくれ》（菊池郡菊陽町津久礼）〕

景行天皇が熊襲を征伐して還幸されるとき、この地を通られました。そのころ、この辺りは広い原野で、行幸の道もない荒地であったため、ムラの西端にあった巨岩の上にお立ちになり、人びとを集めて丘地を開かせました。そのとき「よくつくれ」と言われたので、その後、この地が津久礼と呼ばれるようになったと言われています。また、このときお立ちになった巨岩が現在も「立石」として祀られています。

また、むかし阿蘇大明神が数鹿流《すがる》という所をけやぶって阿蘇湖の水が流れたとき、この地にけやぶった土塊《つちくれ》がとどまったことから「つくれ」と呼ばれるようになったという説があります。

〈西牧蓮照寺と菅原神社の帝石（山鹿市西牧）〉

景行天皇が九州巡幸の際、この地に寄られ、この石に休まれて村人に慈しみをほどこされたという言い伝えがあります。

〈若宮神社の神石（山鹿市熊入）〉

景行天皇が九州巡幸の際、乗っておられた馬が病気になったので祈願をされました。その時、病に苦しむ馬が暴れて足に石があたって三つに割れました。すると、不思議なことに馬の病が治ったので、馬の身代わりになったと喜ばれ、牛馬の神とするよう仰られ、以来、神石として祀られたと言われています。

〈八嶋八柱神社（山鹿市鹿央町千田）〉

景行天皇が九州巡幸の際、玉名から菊池川を遡り山鹿に到着されたときのこと。当時、一帯は茂賀の浦と呼ばれる湖で、その南の方に八つの光りが昼夜をとわず見えたので侍臣を遣わして見聞したところ、頭が八つの大亀が現れ「寒言神尊利根陀見（カーン、コーン、シーン、ソーレ、リー、コーン、ダケーン）」と奇妙な声を発したことから、これを誅殺してその霊を祀ったことがこの神社の由来とされています。別の伝説として、茂賀の浦に景行天皇を出迎えた阿蘇大明神が湖の底から不思議な声を聞き、鍋田の石壁をひと蹴りすると湖水がどっと流れ出し、そこに現れた八頭の大亀を景行天皇とともに退治したという物語もあります。

〔大宮神社（山鹿市山鹿）〕

大宮神社の主祭神は景行天皇です。景行天皇が九州巡幸の折、この地に行宮を営み、その跡地に天皇を祀ったことが始まりとされています。また全国的にも有名な八月一六日の例祭である山鹿灯籠祭は、当地巡幸の際に茂賀の浦で濃霧に阻まれ難渋している一行を里人が松明をかかげて出迎えたことに由来するという伝えがあります。

〔彦嶽宮（山鹿市三岳）〕

彦嶽宮については『ふるさと山鹿』でも詳しく取り上げられていますが、以下、彦嶽宮ホームページより全文を引用して伝説を紹介します。

　大昔は、震岳のことを踏寄峠《ふみよせがとうげ》と云った。
　其故は、彦岳と不動岩の首引きの際二人の踏み寄せによって出来た山の意であった。
　天皇が、土蜘蛛津頬を誅し、菊池川を上って山鹿郡大宮の地に行在所を設けられ、この地方を巡狩されるに当たり、或る日津留近津宮《ちかづのみや》に立たれた。

現在の池田橋の上手、段ボール会社の前一帯が、小字近津宮と呼ぶ。お野立所は有働家墓地の南数十米の所だったと伝えられ五十年くらい前までは小高い岡に「近津宮行在所」の銘碑があった。余談になるが、この時天皇一行をむかえたので、迎田氏と呼んだと言うが、察するに部落の代表か或いは接待役ではなかっただろうか。

次いで、天皇は古江正玄（古江、一森の祖と云う）の案内で踏寄峠にお上りになった。以来この山を高天山と呼んだようである。天皇のお上りになった高い山の意だったろう。

後日、宇土の木原山に逃げていた津頬の残党が勢力を回復して逆襲をしてくると、天皇は軍を、現在の鹿央町高山、浦山口にすすめられ防戦されたが、背水の陣も破れ遂に茂賀浦（志々岐から菊池までは一面の湖沼であったと云う）を渡って、大宮、白石、不都原と転戦され、遂に高天山に籠城されることになった。

籠城に最も困られたのは水であった。天皇が須訪の宮に水を乞われると、山の東南の地に清水が湧出した（小坂の宮には須訪宮を合祀してあると云う）。

更に、八代の妙見宮に戦勝の祈願をこめられると、三つの火

彦嶽宮の楼門と大杉

の玉が南の空から飛来して、二つは山鹿大宮の杉にかかり、一つは高天山上に来り敵陣を照明する。七月十六日の夜半であった。

賊将之を卜して曰く「之援軍の来る報せならん、速やかに勝を決すべし、然らずんば我腹背に敵を受けん」と。翌朝未明賊将は全軍に総攻撃の命を下す。正に蟻の如く賊軍四方より高天山の頂上めがけてよじ登る。

天皇この時、一向に天神地祇の加護を祈念されると、日子岳（彦岳）の頂上に、一人の白覆面白馬の士が現れ「我はこの山の鬼神なり」と、弓に白羽の矢つがえ満月の如くひきしぼる。その矢ひょうと放てば、高天山の七合目ばかりにはっしと立つ。同時に高天山は全山大揺れ、木は倒れ岩は落つ。賊兵折り重なって谷間谷間に転がり落つ。

天皇の軍、いざ此の時とばかり山上から攻め下れば、大勢にわかに逆転、瞬時にして勝敗決す。賊将命からがら一人日向の国へ逃げのびたと云う。

天皇は神恩を謝し、高天山に八神殿を祀り（後千田の八島、下吉田宮にまつられていると云う）彦岳に三宮を祀り、従者吉田某をこの地に止め、神事に当たらせ給うた。下宮の吉田家はその後裔と伝えられ兼隆氏の八十一代に及ぶと云う。

阿蘇へ向かって天皇が出立された後で、土地の人々は高天山のことを揺ケ嶽《ゆるぎがたけ》と呼ぶようになった。

〔吉田八幡宮（山鹿市下吉田）〕

景行天皇が九州巡幸の折、高天山（震岳）に建立した八神殿をのちに遷座したところと伝えられています。

なお、この八神とは、第一〇代崇神天皇に「湖を乾かすべし」と命令された阿蘇大明神が湖岸に立って「海神、吾を知れりや」と叫ぶと、そこから八頭大亀の魂神が火龍のごとく立ち昇り高天山（震岳）に現れた神です。そして、肥前国高来縣にいた景行天皇もこの火をご覧になることができたため、高天山（震岳）に八神殿を祀ったとされています。

吉田八幡宮

〔山ノ井（山鹿市菊鹿町下内田島田）〕

景行天皇が九州巡幸の折、当地に鳳輦（ほうれん：鳳凰の飾りがある神輿、天皇の乗物）を停められたところと言われています。このとき、天皇が水をお求めになり、付近の甘美な湧水が献上されましたが、後に埋もれてしまってそこに井戸が作られたことに因んで山ノ井と呼ばれるようになったと伝えられています。

阿蘇地方の景行天皇伝説

『日本書紀』には以下のような阿蘇についての物語が書かれてあります。

景行天皇が阿蘇国に至られたとき、その国は野原が遠くまで広がっていて一軒の人家も見えませんでした。

天皇は不思議に思われて、

「この国には人が住んでいるのか」

と仰られました。

すると、阿蘇都彦《あそつひこ》、阿蘇都媛《あそつひめ》という二柱の神がおられて、たちまち人の姿となって現れ、

「私たち二人がおります。どうして人がいないことがありましょうか」

と申し上げました。

そこで、この国を「阿蘇」とお名付けになられました。

阿蘇　草千里ヶ浜

4　景行天皇伝説の収集の理由

ここまで紹介してきたように、景行天皇に関連した伝説は五〇話近くにおよびます。ゆかりの地だけを数えれば七〇ヵ所をゆうに超えます。伝説にはいくつかのこじつけも含まれていると考えられます。しかし、こじつけであったとしても、それらはやはり景行天皇の強い影響力を示しているように思います。

「三玉」という地名の由来については前章で紹介しました。不動岩近くの仙境のような地で、侍臣たちが持ち帰って献上した三つの玉を景行天皇が里人に下賜したことが、その始まりであるという伝えでした。そして、その伝えはすっかり風化して埋もれてしまっていたのですが、山鹿に縁があって郷土を愛していた一人の人物、吉田孝祐氏が記した『舊山鹿郡誌』の中に、その由来がしっかり書き留められていたのでした。

吉田氏はこの『舊山鹿郡誌』を太平洋戦争の前と敗戦後の二度に渡って書き記しています。氏は、当時でさえ、変わりゆく町並みの中に往時の面影が消えていくのを惜しむとともに、さらに由緒ある言い伝えが忘れられつつあることを憂いていたのです。そして、敗戦後、焦土と化した郷里に戻ったとき、その思いはさらに強いものになったであろうことは容易に察することができます。

山鹿市のこもれび図書館に所蔵されていたのは、戦後に吉田氏が書いたものを本澄寺の当時の住職が複写して冊子にしたものでした。原本を求めて本澄寺を訪ねましたが、残念ながら確認はできませんでした。一方、戦前に書かれた『舊山鹿郡誌』の原本は熊本県立図書館で確認することができました。ただ、戦前に書かれたそれには三玉の由来は記載されていません。

吉田氏は、戦後、さらに調査を重ねて「三玉山久慶院縁起」をいずこかで見い出し、それを戦後の二度目に作成した『舊山鹿郡誌』の中に書き写したのでした。

私は、吉田氏が見つけだしたこの縁起書（古文書）を求めて一年以上、ネット検索は当然のこと、図書館、古書店、熊本大学、関連のありそうな寺を訪問するなどの探索活動を続けました。行った先々で対応して下さった方々には随分と手間をとらせてしまいました。しかし残念ながら現在もその縁起書の発見には至っていません。

一方、そうした活動の中で、熊本にはいくつもの景行天皇の伝説があることに気が付きました。そして、各地に残る伝説と山鹿地域のそれと比較し、今回、新たに見い出された三玉にまつわる景行天皇の伝説を含め、その意味を考えてみようと思ったのでした。

ただ、熊本における景行天皇の伝説を網羅した資料を見つけることが出来なかったため、結局は図書館、古書店の力を借りて各種の資料を収集したのでした。また、仕事がら県内各地の地質調査の現場に出向くことが多いのですが、機会を見計らっては、現地を訪れて文献に書かれた史蹟などの確認作業を行ないました。

5 〝濃い〟景行天皇伝説

そして、それらをまとめたのが先に紹介した各地の伝説や伝承です。調査を行なってまず驚いたのが、その数の多さです。これは江戸時代の末期に盛んとなった尊皇思想も背景にあるのではないかと思われます。特に、八頭大亀についての伝承は、天皇の神威を高める物語として後世に創作されたものと考えることも可能です。

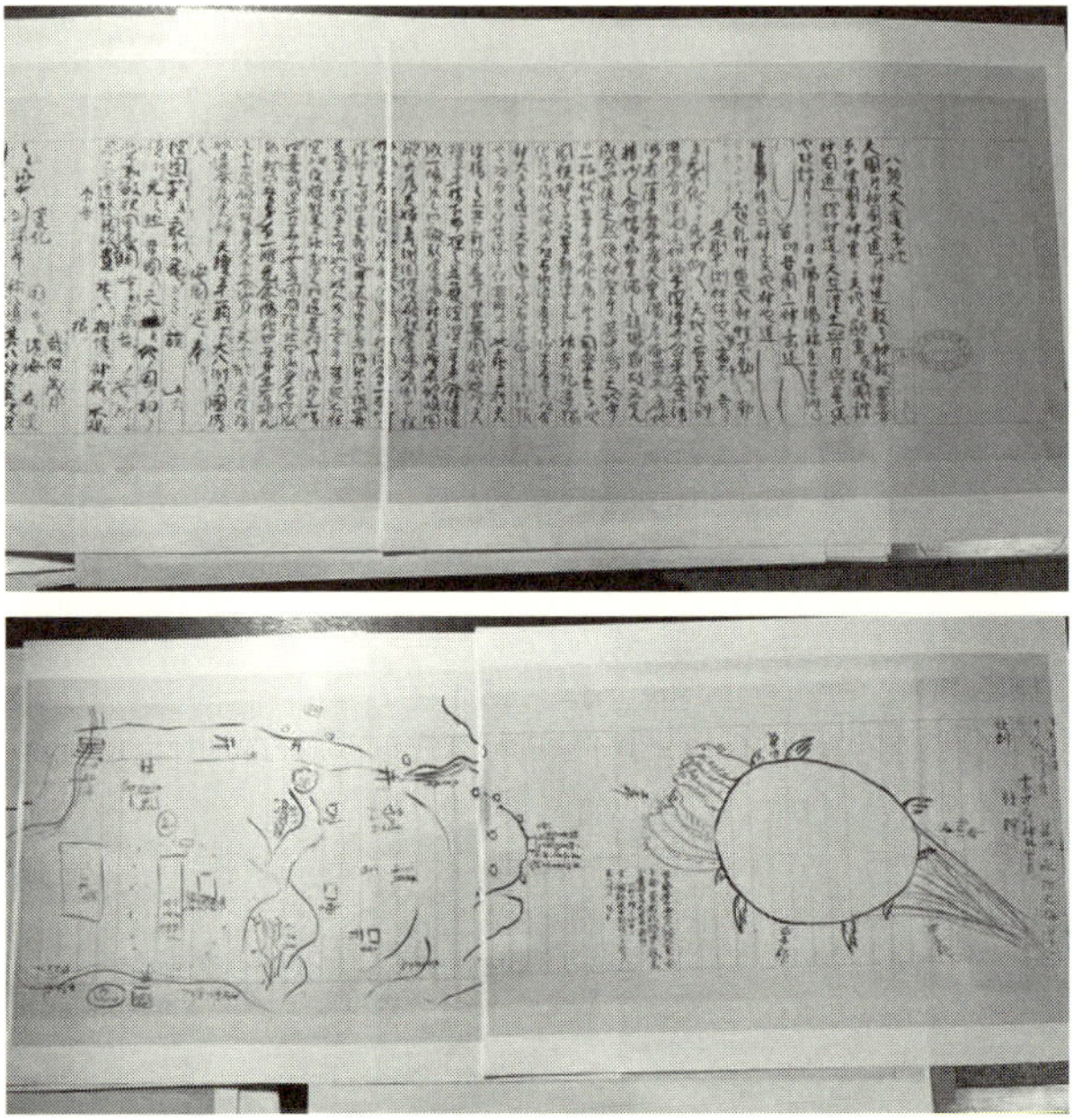

『八頭大亀本記』の冒頭部分（上）と巻末部分（下）

そこで、八頭大亀について様々な方の援助を得て調べたところ、天理大学の図書館に所蔵されていた江戸時代の古文書に吉田神道の卜部兼敬が記した『八頭大亀本記《やずおおがめほんぎ》』を見い出すことができました。天理大学図書館に問い合わせ、それを複写して入手していますが、残念ながら私の力では解読できません（どなたか解読して頂くと助かります！）。

『八頭大亀本記』を著した卜部兼敬が主宰する吉田神道とは、室町時代、京都の神道家・

吉田兼倶に始まる吉田家が唱えた神道の一流派です。朝廷や幕府に取り入って支持を取り付けつつ、神職の任免権を得、権勢に乗じた吉田兼倶はさらに神祇管領長上という称を用いて、「宗源宣旨」を以って地方の神社に神位を授けました。また、神職の位階を授ける権限を与えられて、吉田家をほぼ全国の神社・神職をその勢力下に収めた神道の家元的な立場に押し上げていきました。

そして、江戸期には、徳川幕府が寛文五（一六六五）年に制定した諸社禰宜神主法度で、神道本所として全国の神社・神職をその支配下に置こうとします。

しかし、熊本では、元々朝廷と繋がりが強かった阿蘇神社はこれに反発していました。また、国学者の本居宣長の門人となり、熊本藩に国学を伝えた帆足長秋は、三玉地区にある一ツ目神社の神職であったのですが、官位は吉田家ではなく別の公家である鷹司家の執奏によって官位を受けています。

このような吉田神道の熊本における不人気ぶりが何を意味するかわかりません。ただ肥後熊本、特に、県北の山鹿・菊池地域は中世の菊池氏の繁栄に依拠した「南朝」寄りという思想的な背景が、武家の力を巧みに利用して成りあがった卜部家（吉田家）の神道を嫌ったのかもしれません。

ひょっとすると、卜部（吉田）兼敬が『八頭大亀本記』を記したのは、熊本で吉田神道の神威を高めるための謀略であったのかもしれません。

そういうふうに考えると、八頭大亀の伝説は荒唐無稽な物語と受けとられても仕方がありません。

しかし、火のない所に煙は立たないのと同じように、山鹿地方には原形となる伝説があったことは十分考えられ、吉田家がこの伝説を巧みに利用しようとしたと考える方が自然なような気がします。

また、一介の地方神職に過ぎなかった帆足長秋（三玉の一ツ目神社の神主）が、『古事記伝』を記した本居宣長の門人となって日本の古代について勉学を深めた動機も、本当のところは、県北に残る〝濃い〟景行天皇の伝説の存在がその発端ではなかったのかという気がしてなりません。

山鹿市西牧地区には、景行天皇が腰をおろしたとされる帝石《みかどいし》が残っています。この石は、安土・桃山時代に里人によって末代の記念にすべきとして蓮照寺と菅原神社に安置されたもので、現在も地区のシンボルとして尊崇を受けています。

蓮照寺の帝石

現地に足を運んでこのような事実を目の当たりにすると、景行天皇に対する崇敬は正真正銘であり、景行天皇の存在に疑いを挟むことはむしろ無礼ではないかと思ったほどでした。

先の大戦で辛い経験を重ねた大先輩や、戦後教育の中で唯物論を信望してきた方々にとって、勤皇思想は極めて受け入れ難い考え方であることは理解しています。しかし、それを差引いても余りある精神世界が私たちの心に根付いているのではないでしょうか。

このような視点からすると、山鹿地域に伝わる景行天皇の伝説は、他の地域と比べてその〝濃さ〟が一層際立っているように思われます。そして、それらが山鹿灯籠に代表されるような伝統ある重要な文化遺産に繋がっています。また、戦国時代末期の兵火が無ければ平安時代に建立された国内七大伽藍と称されるような壮大な寺院が三玉の霊仙地区には残っていて、今とは全く異なる様相ではなかったかと想像されます。

伝説の〝濃さ〟やその後の山鹿の発展からもわかるように、おそらく古代から中世にかけては菊池川流域が肥後国の中心だったと思われます。

「三玉」という地名の本来の由来については長らく忘れられていましたが、自身の調べでその由来が一五〇〇年以上も遡る景行天皇の九州巡幸に因んだものであることを知ったとき、神話や伝説には真実が含まれている可能性についてもっと検討しなければならないのではないかという気持ちになったのでした。

6　山鹿・菊池地域の地質事象と伝説

私は地質や地盤調査を生業としている技術者です。ですので、物事を自分の専門性からいろいろ考えるクセがあります。次は、菊池川流域が古代から中世にかけて肥後国の中心になった理由を地質技術者の目線で考えてみようと思います。

山鹿・菊池地方の菊池川流域が古代の肥後国の中心地となった背景に、茂賀の浦の湖水が引いた後に現れた、水稲に適した肥沃な土地の存在は欠かせません。茂賀の浦の湖水は縄文時代から弥生時代にかけて次第に引いていったことが分かっていますが、具体的にどのような過程を経て引いたのかについては地質学的な課題として残っています。しかし、一説には菊池平野南縁で崖を形成している断層活動（地震）によって発生した鍋田付近からの決壊が原因ではないかと考えられています。これは、先の伝説でも紹介したように、景行天皇を出迎えた阿蘇大明神が鍋田の石壁を蹴破った話を思い起こさせます。

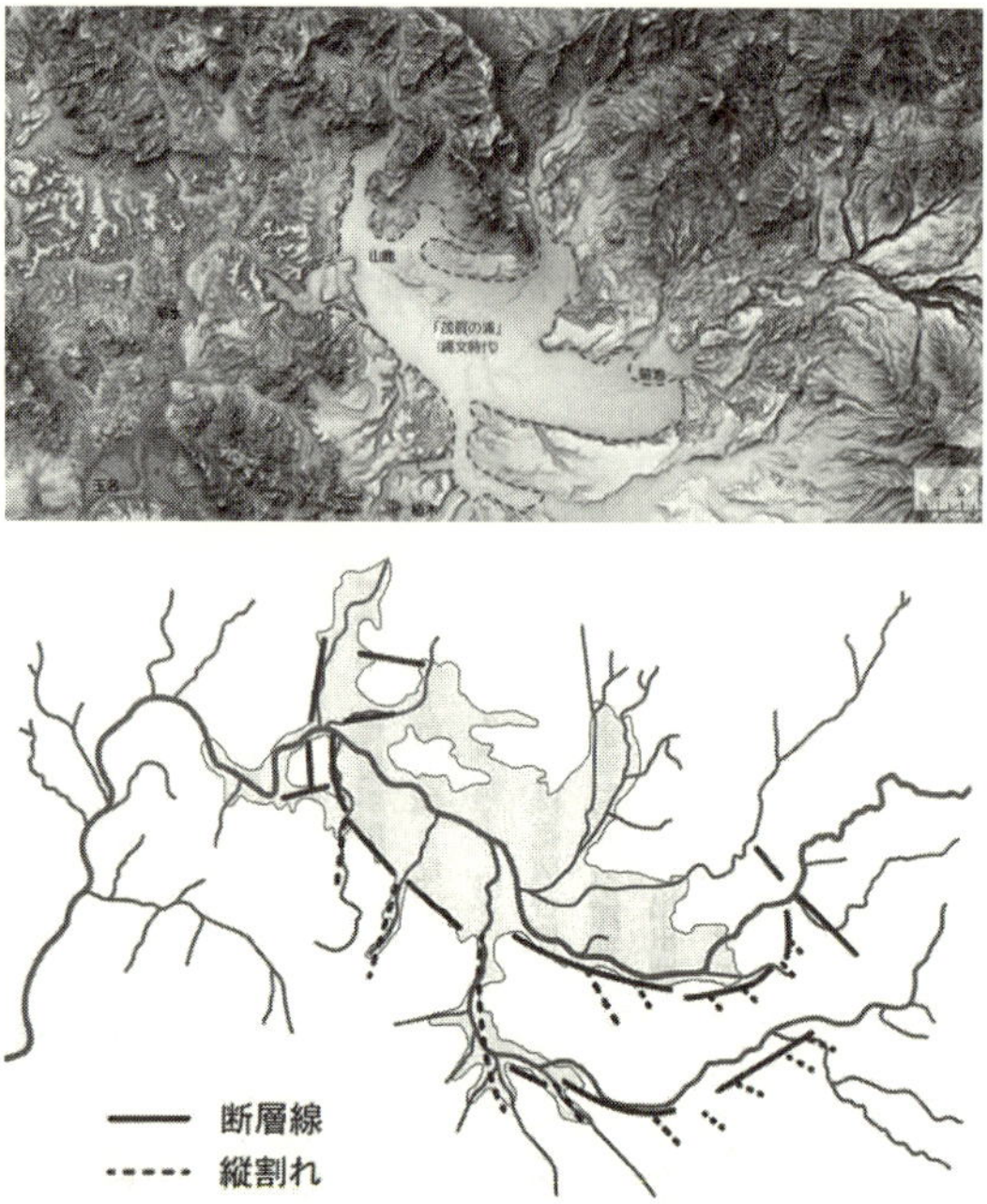

盆地の南縁が活断層かもしれないと考えられています。
（中原 英『太古の湖「茂賀の浦」と「狗奴国」菊池』p.35）

類似した話は阿蘇神話伝説として名高い健磐龍命《たけいわたつのみこと》（阿蘇大明神）の蹴破り伝説が有名です。日向の国から肥後に

「布田川断層帯」（Wikipedia より）

入った健磐龍命《たけいわたつのみこと》（阿蘇大明神）は湖水を湛えた阿蘇谷をご覧になり、この水を流して広い土地を拓くことによって米が取れる豊かな国を作ろうとお考えになります。命《みこと》は地形をよく観察なされカルデラの西側に位置する立野の火口瀬をひと蹴り。湖水は西方へゴウゴウと凄まじい音をたてて流れていったという伝説です。

立野付近には二〇一六年四月の熊本地震を引き起こした「布田川断層帯」が通っています。布田川断層帯は宇土半島から益城町を通って南阿蘇村へ連なる活断層ですが、今回の熊本地震の発生によって阿蘇カルデラ内にまで伸びていることが分かりました。阿蘇カルデラに過去に湖が存在していたことが分かっていますが、湖水の流れ出しの原因は、断層の活動であることが有力視されています。

7　古代の鉄資源

前節では、茂賀の浦から水が引いた原因を考えるための引き合いに、阿蘇の蹴破り伝説と地質事象である「断層」の関わりを挙げましたが、菊池川流域が肥後国の中心となった他の地質的な背景について、さらに踏み込んで考えてみようと思います。すると、そこから浮かび上がってくるものがあります。

結論を先に言うと、それは「鉄資源」です。

近年の考古学の成果によって熊本県の弥生時代における鉄器類の出土数は全国一位となりました。出土数は一六〇七点にのぼり二位の福岡県をはるかに凌ぎます。これは何を意味するのでしょうか。

現在、弥生時代に製鉄が始まったとする考古学的な証拠は見つかっていません。定説では、日本における製鉄の始まりは古墳時代の六世紀中ごろとされています。吉備地方が発祥の地とされ、原料は磁鉄鉱、つまり砂鉄が使用されていました。いわゆる「たたら製鉄」です。そして、この砂鉄を使用する製鉄方法が吉備地方から全国に伝播したと考えられています。

磁鉄鉱という鉱物は、火山岩や深成岩、つまり火山活動に伴って生成した岩石中に含まれます。このため、火山国である日本では磁鉄鉱（Magnetite, Fe_3O_4）が古代の製鉄、特に、たたら製鉄の原料として利用されてきました。

一方、世界に目を向けると、製鉄の起源は紀元前二〇〇〇年頃のアナトリア地方に住むプロト・

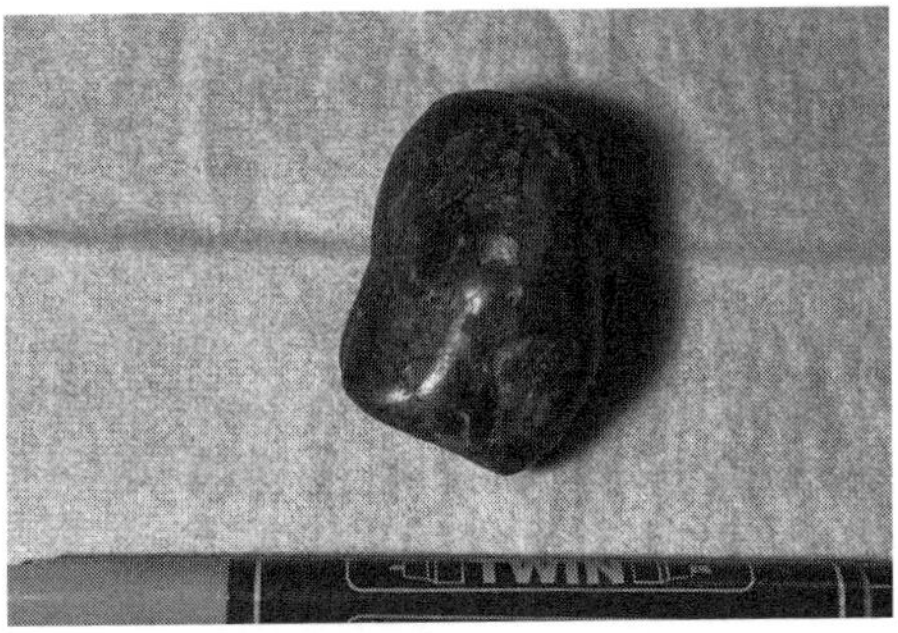

学生のころ八重山地方の離島を旅したときに古老から貰った鈴石

ヒッタイトの人々に遡るとされています。そして製鉄技術はエジプトやギリシャ、メソポタミアの周辺地域からヨーロッパやアジア、北アフリカに伝わっていき、紀元前四〇〇年頃にインド、中国に伝わったとされています。そして、ヨーロッパの製鉄で原料とされたのは、鉄分に富む地下水から鉄バクテリアの代謝物として生成、沈殿、堆積した水酸化鉄が固化した褐鉄鉱（Limonite, FeO(OH)・nH_2O）でした。

日本は火山国であり火山活動によって噴出した岩石は各地に分布します。そして、それらの岩石には鉄を含む鉱物も含まれていることから、風化によって生成した土壌中にも鉄分が含まれています。これらが雨水によって土中に溶け出して地下水に運ばれ、再び鉄分を多く含んだ状態で地表に湧水すると鉄バクテリアの代謝生成物として水酸化鉄が生成されると考えられています。

雨量の多い日本の低地には湿地帯が発達しやすく、このような水酸化鉄の生成が現在も各地で見られ、それらが石化した褐鉄鉱は「鳴石《なるいし》」「鈴石《すずいし》」「高師小僧《たかしこぞう》」と呼ばれています。

このような地質的な背景から、日本における製鉄の歴史は定説よりも古く褐鉄鉱を原料とした製鉄が、「たたら製鉄」に先んじて始まっていたのではないかとも言われています。近年、市井の研究者が七輪を用いて褐鉄鉱から製鉄に成功した例も報告されています。

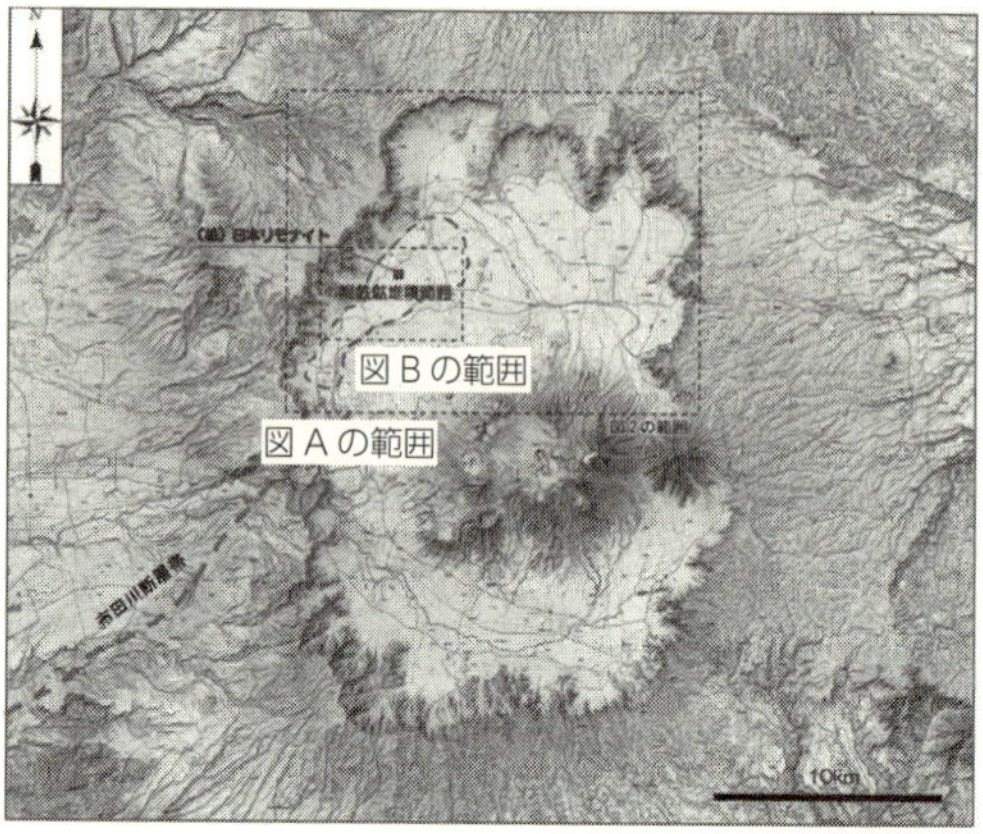

阿蘇カルデラと布田川断層帯と褐鉄鉱床

8 阿蘇の弥生鉄器と鉄資源

繰り返しになりますが、弥生時代の鉄器類の出土数で熊本は全国一位を誇ります。阿蘇カルデラ内の北西部に位置する弥生時代後期の下扇原遺跡からは一五二二点の鉄製品の出土とともに八軒の鍛冶遺構が検出されました。一〇〇〇度を超える高温で焼かれたと考えられる鉄滓（スラグ）も出土していますが、磁鉄鉱や褐鉄鉱を原料とした製鉄が行なわれたという証拠は今のところ見つかっていません。しかし、褐鉄鉱を原料とした赤色顔料となるベンガラ生産の痕跡は各所で確認されたと報告されています。

下扇原遺跡に近接したところに日本で唯一採掘が行なわれている褐鉄鉱の鉱床があります（日本リモナイト㈱が採掘）。この褐鉄鉱床は、鉄イオンを溶かし込んだ温泉水が地表付近で酸化されて水酸化鉄となって沈殿したもので、現在もその温泉水から沈殿が続いています。過去には製鉄の原料とされた時期もありますが、現在は吸着性や豊富なミネラルの特性から畜産飼料や脱硫剤、土壌改良剤、脱臭剤として使用されています。また、近隣の湧水箇所からはオレンジ色の水酸化鉄が生成しているのが観察されますが、これらが「赤水」という地名の由来になっています。

考古学では、弥生時代後期において、なぜ、阿蘇カルデラ内の北西地域で鍛冶工房を備えた集落が形成されたのかについては将来の課題としています。しかし、製鉄の原料になる褐鉄鉱が現在も採掘できるほどに多量に存在しているという事実を見逃すわけにはいきません。

当時の鍛冶・加工の原料は大陸からの舶載品と考えられています。しかし、褐鉄鉱を原料としたベンガラの生産が行なわれていたことを考えると、この地域は古代の昔から鉄に対する親和性が極めて高かったと考えられます。こういった地域的な特性が、鍛冶工房を備えた集落の形成の一因ではないのでしょうか。

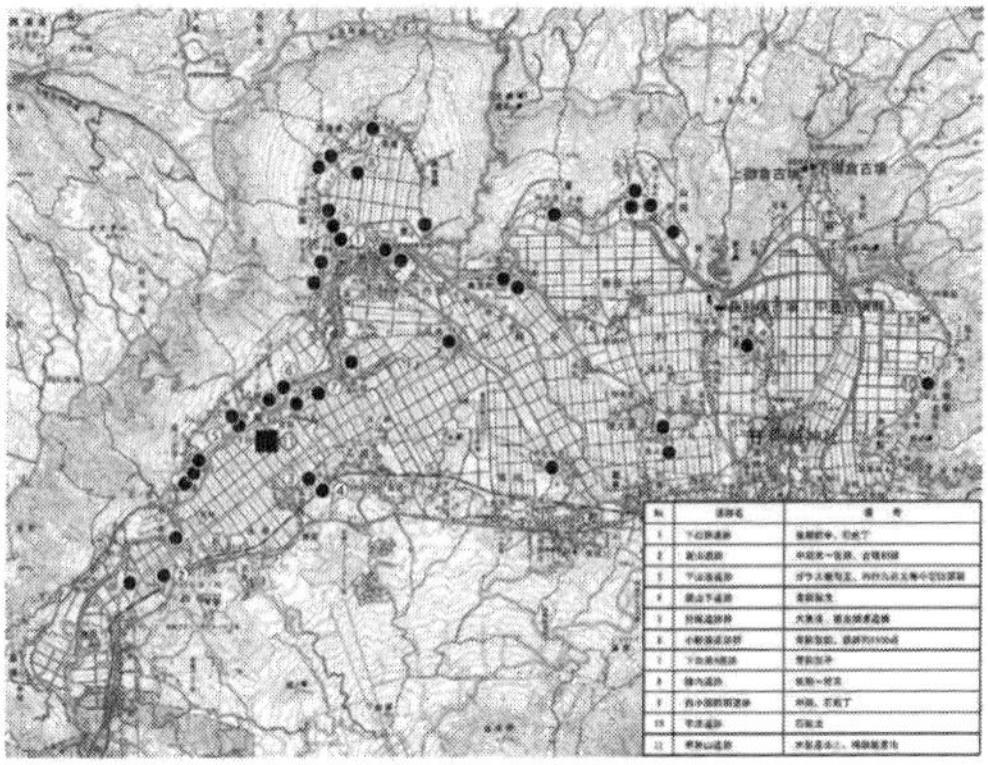

図A　阿蘇谷における弥生時代の主要な遺跡
（『下の原遺跡』2012 阿蘇教育委員会より）

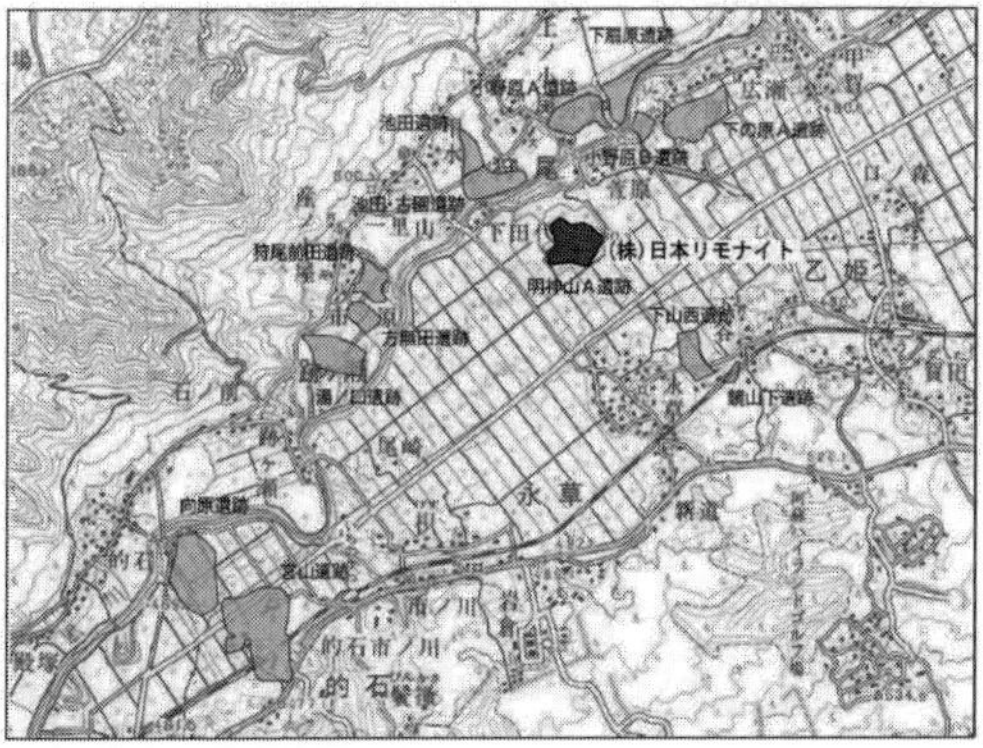

図B　褐鉄鉱産出地（日本リモナイト）周辺の弥生遺跡（『下の原遺跡』2012 阿蘇教育委員会より）

また、下扇原遺跡からは鉄器類だけでなく、インド・パシフィックビーズと呼ばれる海外で作られたガラス玉も出土しています。当時のベンガラは、祭祀用の土器に塗布するなどの用途もあり、ベンガラそのものが交易品としての価値が高かった可能性が指摘されていて、このようなことも阿蘇地域に舶来品の出土が多い背景と考えられています。

ただ、いずれにしても、この地域から豊富に採れる褐鉄鉱を利用しようと試行錯誤した経験や知識が、後の鉄器の鍛治・加工に引き継がれたのかもしれません。また、もともと褐鉄鉱を原料とした小規模な鉄生産があったところに、生産の効率性から舶来の鉄素材に置き換わったとする意見も出されています。

9　菊池川流域の古代鉄器と鉄資源

一方、菊池川流域に目をむけると、特に茂賀の浦があった菊池平野（菊池・山鹿盆地）の周辺は全て鉄分を豊富に含む地質であることが分かります。

基盤岩の多くはマグマが地下でゆっくり冷えて固まった花崗岩です。花崗岩は平野の北東部の山地を形成しています。平野の西部や菊池川の中、下流域の小岱山をはじめとする山々も花崗岩です。平野の東部や西部の丘陵地は阿蘇火砕流堆積物が分布しています。また、北部には鉄分を多く含む変はんれい岩や外輪山を形成する火山岩類があります。そして南部の花房台地には、阿蘇火砕流堆積物や火山の侵食・運搬・堆積によって形成された砂鉄鉱床が存在します。この鉱床は昭和三七年の国の調査で九州最大であることが明らかにされています。

このように菊池平野（菊池・山鹿盆地）を取り巻く地層には鉄分が多く含まれます。こういった地質の状況から、過去の茂賀の浦には阿蘇の褐鉄鉱床とはいわないまでも、人々が利用できる程度の水酸化鉄の沈澱が生じていた可能性は十分高いと考えられます。とすれば、茂賀の浦の水引きとともに水稲を行なった弥生の人々が、阿蘇と同様に、鉄に対して親和性が高かったとしても不思議はないように思います。そして、そこに舶載品の鉄原料が持ち込まれ鍛冶・加工によって鉄製品が作られたのだと思います。

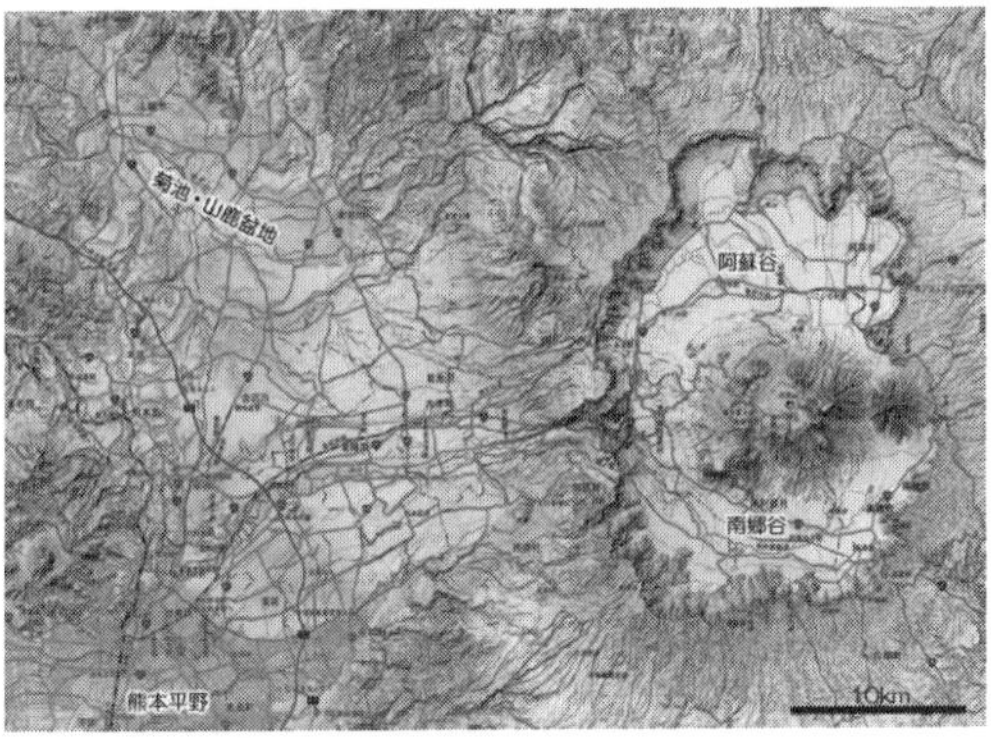

阿蘇と菊池・山鹿の位置関係

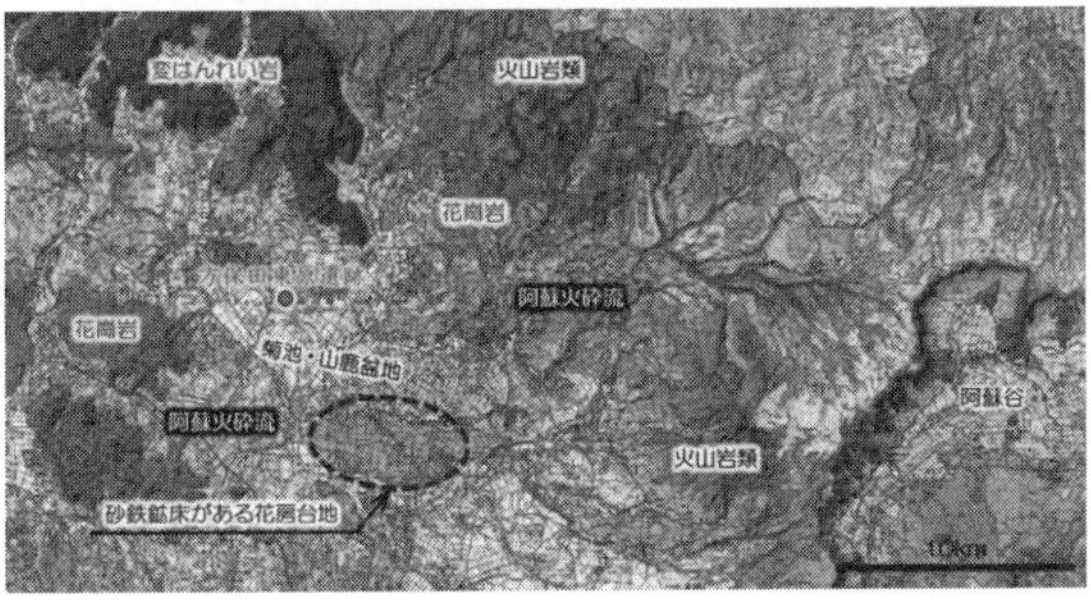

地質図　菊池・山鹿盆地を取り巻く地質は鉄分が多い

山鹿市の方保田《かとうだ》には方保田東原遺跡があります。弥生時代後期から古墳時代前期（今から約一七〇〇～一九〇〇年前）に繁栄した大集落遺跡です。現在のところ、発掘調査が行なわれた面積は、遺跡全体の五％にも達していないと言われますが、一〇〇〇を超える住居跡、土器や鉄器を製作したと考えられる遺構が見つかっています。また、全国で唯一の石包丁形鉄器や、特殊な祭器である

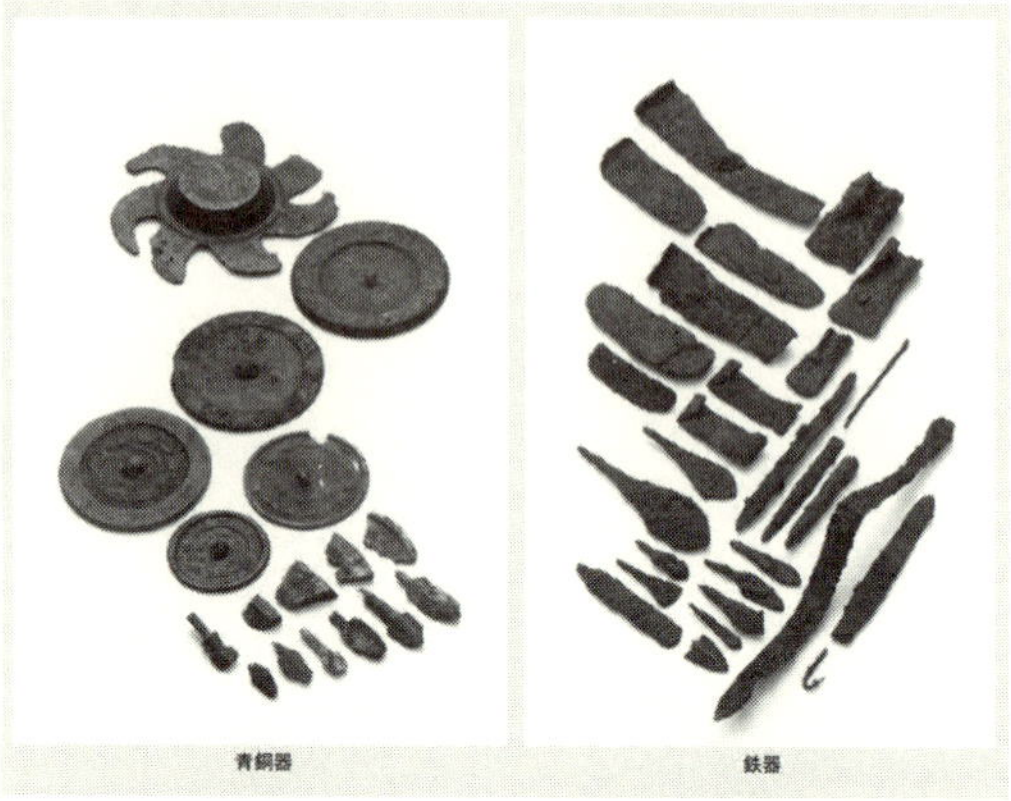

方保田東原遺跡から出土した青銅器と鉄器
（山鹿市 webサイトより）

巴形銅器など数多くの青銅製品や鉄製品の金属製品が三五〇点以上も出土しています。

この遺跡からもわかるように、水稲に適した広範な湿地の出現とともに湿地に生成した鉄の原料となり得る水酸化鉄（褐鉄鉱）の利用、それが鉄器類の鍛冶・加工の技術導入の土台となり、引いては菊池川流域の古代の繁栄に繋がったのではないでしょうか。そして、その背景となったのは稲作ができる平野を作り出した地質事象や大地を構成している鉄分を含んだ地質、岩石であったと考えられるのです。

10　伝説のさらなる謎を追って

山鹿地域に残る景行天皇の伝説にはまだ疑問が残ります。それは、他の熊本に残っている伝説には無い物語の〝濃さ〟です。そして、その〝濃さ〟は何かというと景行天皇の山鹿地域での特別な行動であることに気が付きます。

景行天皇は山鹿の地に入ると震岳《ゆるぎだけ》の頂に八神殿をお祀りになります。その八神殿は景行天皇の祖父にあたる第一〇代崇神天皇に「湖を乾かすべし」と命令された阿蘇大明神が湖岸に立って「海神、吾を知れりや」と叫ぶと、そこから八頭大亀の魂神が火龍のごとく立ち昇り高天山（震岳）に現れた神とされています。また、俗説ではこの大亀は、景行天皇と阿蘇大明神に退治されています。

その後、景行天皇は震岳に行宮を造営されると土蜘蛛《つちぐも》の津頬《つつら》との戦いに臨みます。苦戦を強いられますが、天皇の祈りによって彦岳から届いた霊光によって勝利します。そして、景行天皇はその神恩に感謝して彦岳の三所に神宮を造立されたのでした。

一方、震岳の頂には八頭大亀を祀った八神殿を造立されました。伝説にはその理由が一応明示されていますが、まるで荒唐無稽なおとぎ話のようで、文字通りでの理解は困難です。しかし、神話や伝説には真実が含まれている可能性があります。

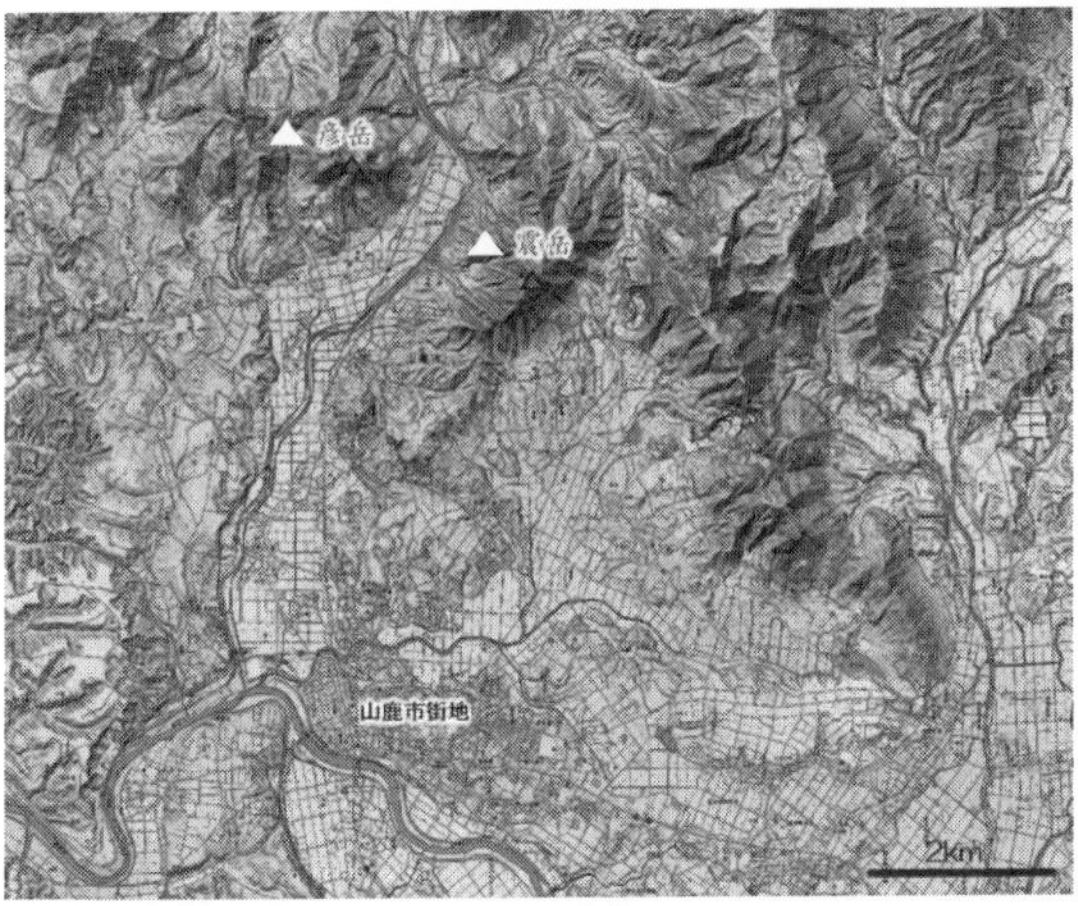

震岳と彦岳

東側から見た彦岳　左右対照の末広がりを持った秀麗な山容

山鹿地域での景行天皇の行動の理由をひもとくためには、まず天皇の故郷、つまりヤマト政権の発祥の地とされる奈良盆地の東部に位置する纏向《まきむく》を理解する必要があるのではないかと考えました。纏向には景行天皇の御陵とされる古墳があるのです。

11　景行天皇の出身地、纏向《まきむく》へ

『肥前国風土記』には景行天皇は「纏向《まきむく》の日代《ひしろ》の宮に御宇《あめのしたしろ》しめししの天皇《すめらみこと》」と書かれているように、

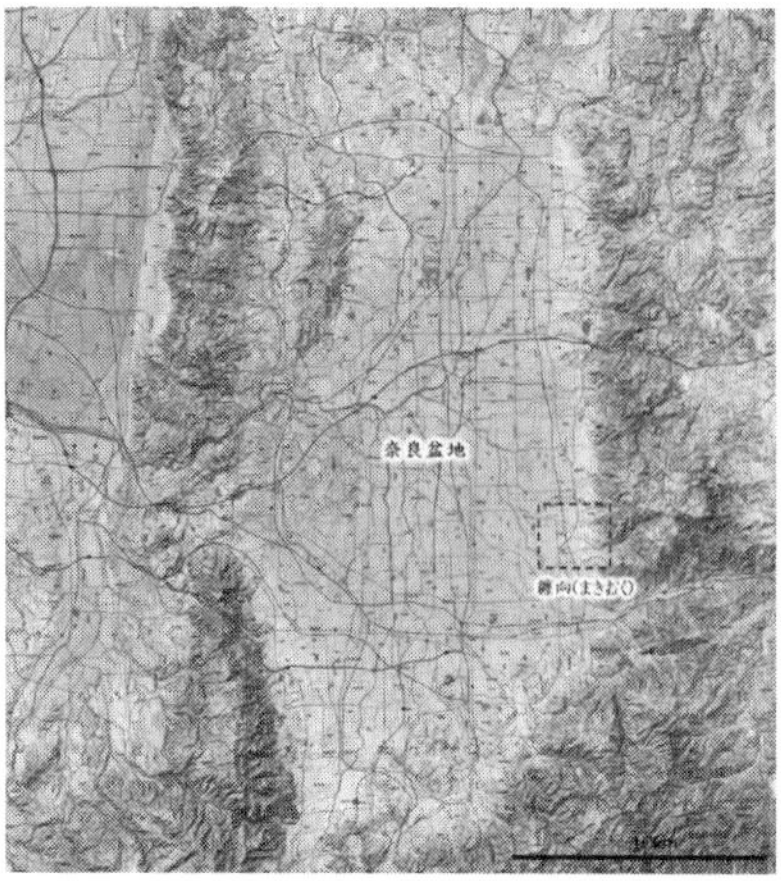

奈良盆地における纏向の位置

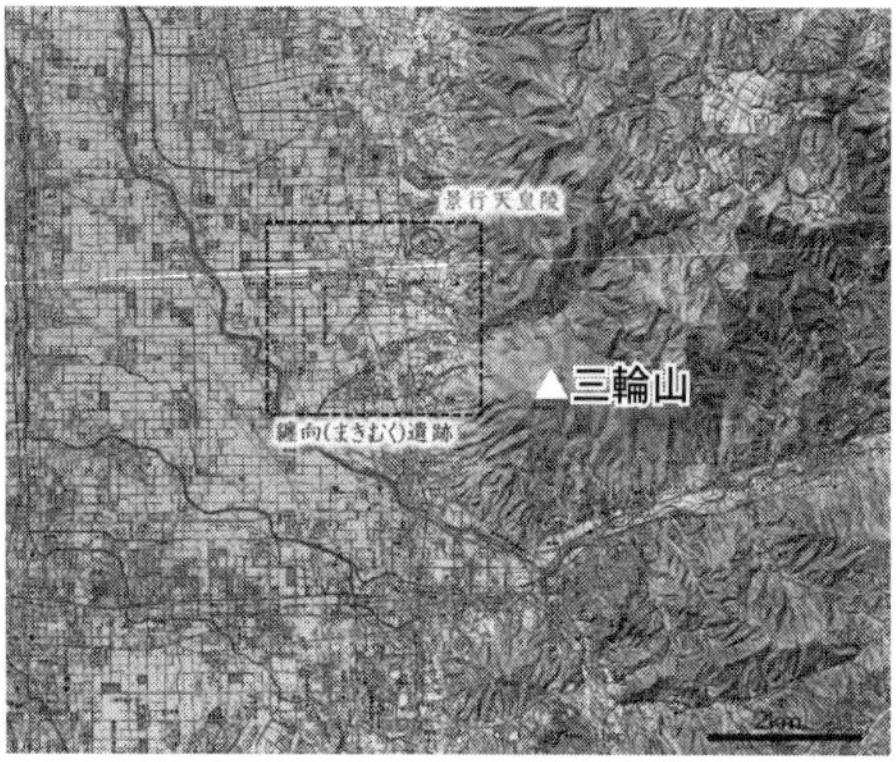

景行天皇陵と三輪山の位置

景行天皇の本拠地は、奈良盆地の東側の三輪山麓の纏向です。ヤマト政権の発祥の地として有力視される根拠となった箸墓古墳をはじめ、古墳時代初期の遺跡や遺物がこの地域で発見されていることで有名です。

そして、その背後にあ

る三輪山の麓には国内最古の神社と言われる大神神社《おおみわじんじゃ》があります。大物主大神《おおものぬしのおおかみ》が鎮まる神の山として信仰され、現在も登拝については申請が必要で、撮影が禁止などの厳格なルールが設けられています。

また、三輪山の山中には信仰の対象となっている磐座《いわくら》が点在し、神社の古い縁起書には頂上の磐座に大物主大神《おおものぬしのおおかみ》、中腹の磐座には大己貴神《おおなむちのかみ》、麓の磐座には少彦名神《すくなひこなのかみ》が鎮まるとされています。

私が大神神社を訪れたのは新型コロナ感染症の第六波直前の暮れも差し迫った令和三年一二月三〇日でした。参道沿いでは既に初詣の賑わいを見込んだ出店の準備が始まっていて、その間を参詣者が縫うように歩いていました。私は登拝の受付時間に間に合うようにタクシーを利用していたのですが、付近では既に渋滞も発生していました。

三輪山は標高四六七ｍです。麓の平坦なところの標高は七〇ｍなので比高差はおよそ四〇〇ｍです。奈良

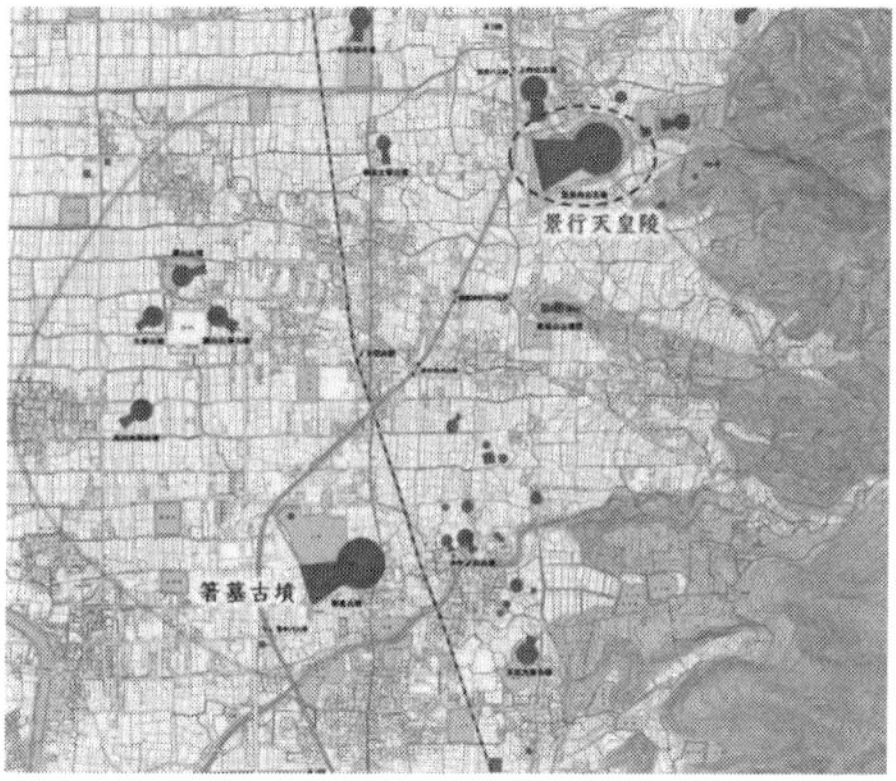

纏向遺跡
（桜井市纏向学研究センター web サイトより）

奥に見えるのが三輪山、手前は大神（おおみわ）神社の大鳥居

盆地を取り巻く山としては平均的な高さですが、遠望すると頂上から伸びる左右対象な山裾の傾斜が絶妙です。険しくもなく、かといって穏やかであると表現するのも悩ましいといった具合です。やはり、均整のとれた秀麗な山容との表現がふさわしいかもしれません。

受付を済ませると登拝についての説明を受けなければなりません。入山の心得では写真撮影はおろかスケッチもＮＧです。当然、草木、土、岩石の採取も禁止事項です。神聖さゆえに裸足で登拝される方々もいます。

12　三輪山と震岳《ゆるぎだけ》・彦岳の地質の類似性

登拝口の急な階段を登りきるとしばらくは緩い尾根沿いを歩きます。足元に散らばる白っぽい長石類を含んだ小礫や土の雰囲気から、この尾根は地質図通り花崗岩系の地質であることがわかります。しかし、最初の標柱がある「丸太橋」付近から地質が一変します。丸太橋の正面の大きな岩に目が留まりますが、その割れた岩肌の新鮮なところは暗緑灰色です。はんれい岩です。三輪山はマグマがゆっくり冷え固まった深成岩のうち、鉄分を多く含んでいる特徴を持つはんれい岩からできているのです。そして、山中にある磐座《いわくら》は全てはんれい岩の岩石や岩盤です。残念ながら、地質調査で使う携帯マグネットペンを持っていなかったので（持っていくつもりが忘れた）試すことができませんでしたが、磁鉄鉱を多く含んだ磁性を示す岩石であったかもしれません。

さて、景行天皇が八神殿を祀った熊本県山鹿市の震岳の頂に見られる岩石や岩盤は変はんれい岩です。隣の三宮を祀った彦岳は山体そのものが変はんれい岩からできています。変はんれい岩は名前の通りはんれい岩が地下の深いところで変成した岩石ですが、基本的な化学組成ははんれい岩と同じです。パッと見には専門家でない限り同じ岩石にみえます。硬さ、重さもよく似ています。そして、いずれの山も独立峰で、平地からの比高差は震岳が三九〇m、彦岳は三三〇mです。見る角度にもよりますが、どちらも左右対象の斜面が特徴です。さらに、これらの山を広く取り巻いている白っぽい地層は花崗岩系の岩石です。地質の組み合わせも三輪山と同じです。全くの驚きです。

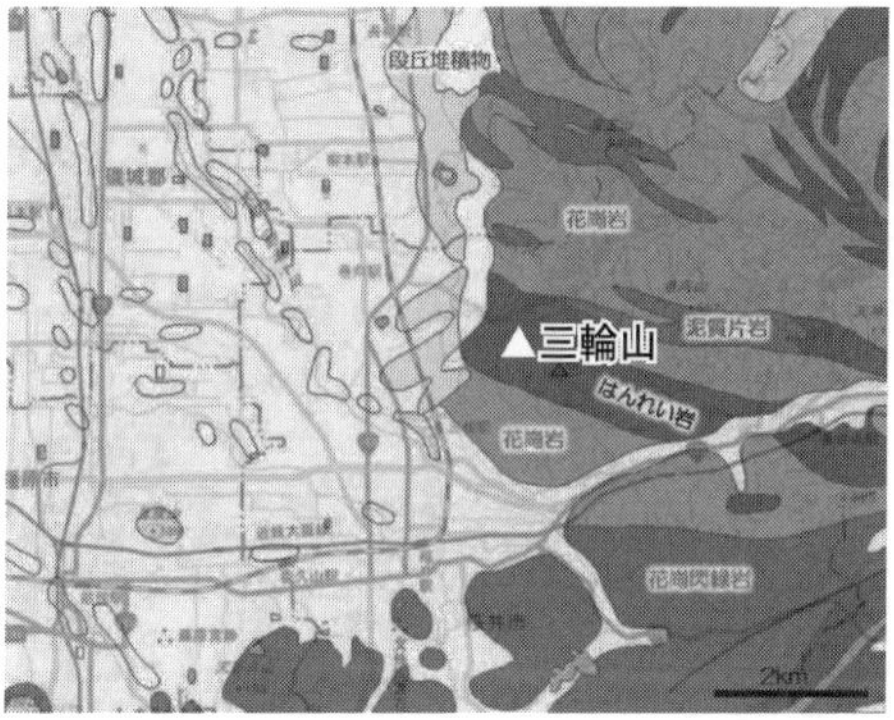

纏向の地質図
（地質図 Navi を利用して作成）

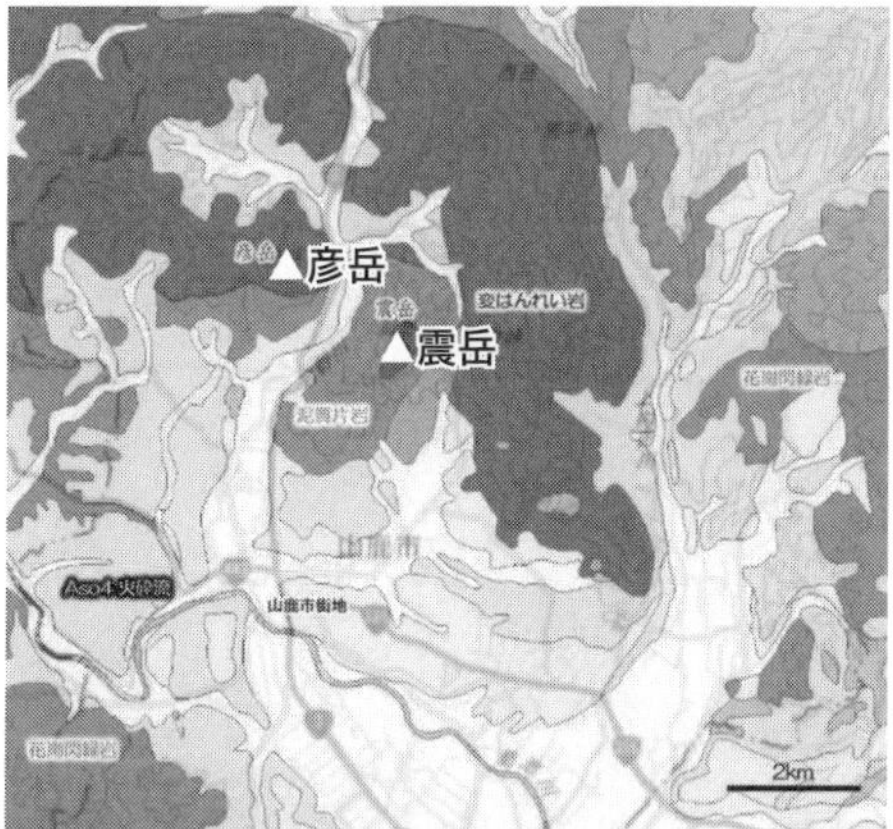

山鹿の地質図
（地質図 Navi を利用して作成）

ふるさとの纏向を発って数年が経過した景行天皇は、有明海から菊池川を遡ってこの地を訪れたとき、この地域の風景や大地を作る土や岩石を見てどのような思いを抱きになられたのでしょうか。

私ごとき浅学の人間が気付くレベルです。景行天皇の軍勢の中には優秀な侍臣達がいたはずです。彼らの所見や報告を聞いた景行天皇は、この地に特別な思いを抱いたに違いありません。

三輪山や彦岳、震岳の頂を形成する地質は、はんれい岩系の鉄分が多い特徴を持つ暗緑灰色の岩石からできています。鉄分を多く含むということから

日本の地質図　はんれい岩系の地質は僅か1.37%

種々の岩石の中でも重いという特徴もあります。この岩石は、マグマが深いところでゆっくり冷え固まってできたものですが、分布は極めて限られていて、日本全体の面積に対する比率は僅か一・三七%です。

つまり、はんれい岩はそれだけ珍しい岩石であって、その岩石・地質からできている山体そのものが古代の人々にとって特別なものと認識されたとしても不思議ではありません。

三輪山が神体山となったのは、その山容だけでなく構成される地質も深く関わっていたのではな

いでしょうか。

そして、三輪山とほぼ同じような地質の彦岳や震岳は、霊山としての資格が十分備わっていたことから、両山とも景行天皇に祀られたのだと思います。

山鹿地域の〝濃い〟景行天皇の伝説の大きな背景の一つは、ここまで説明してきたような、景行天皇の生まれ故郷である纏向と類似した地質であると考えられます。

纏向、三輪山山麓に広がる田園

13　三輪山の麓で鉄バイオマットを発見！

三輪山を下山し大神神社を後にしました。その日は寒波の襲来で北風を強く感じました。登拝中には僅かに雨も混じった時間もありましたが、大鳥居の下まで戻ると西の空は明るくなり天候の回復が期待できました。四泊分の荷物の入ったリュックが肩にズシリと重かったのですが、脚にはまだ余力が残っていました。

一旦国道に出ると車の少ない古い街並みが残る旧街道を進みました。参詣者で賑わっていた神社界隈とはうって変わって静かな道でした。

その旧街道沿いでは、卑弥呼の墓ではないかとされる古墳時代の初期に築造された箸墓古墳《はしはかこふん》が見られます。常緑樹に覆われた箸墓古墳を通り過ぎると視界が開けます。周囲に緩く傾斜した扇状地を利用して作られた田園が広がりました。

そして、ふと足下に目を向けると、アスファルト道路の横の水路の底が茶褐色であることに気がつきました。

心臓が高鳴りました。

水路の水中に生成している鉄バイオマット

よく見ると、流れに身をまかせて水草のように揺れていたのは、地質用語でいうところの鉄バイオマットでした。地中から出ている排水用の塩ビパイプの口もとは、さらに明瞭なオレンジ色となっていて、西日に照らされて美しく輝いてさえ見えます。

近年、民俗学や製鉄技術の分野では、古代の製鉄の始まりは弥生時代に遡るのではないかと強く主張されています。原料は、ここまで何度も紹介してきた鉄バクテリアによって生成した水酸化鉄が石化した褐鉄鉱です。褐鉄鉱は不純物を含むため融解温度が低く、それを鍛造すれば鉄器が製作できます。しかし、褐鉄鉱は品位が低く酸化腐食しやすいという特徴もあるため、考古学の遺物として残ることはまれなのです。遺跡が残っていないからと言って、製鉄が行なわれていなかったという証明にはならないというのが、民俗学や製鉄技術分野からの主張です。

地質技術者の目線やこれまでの自身の調査からは、古代の製鉄の始まりは褐鉄鉱を原料とした製鉄と考えるほうが自然のように思えてきます。

三輪山の西南麓には「金屋」という地名があり、付近の金屋遺跡からは前期縄文土器や弥生時代の遺物とともに、同層位から鉄滓や吹子の火口、焼土が出土しています。今回は訪問しませんでしたが、穴師坐兵主神社《あなしいますひょうずじんじゃ》には鉄工の跡が見られるといいます。

大和地方の人々が古代より三輪山に対して尊崇の念を抱いたのは、その秀麗な山容だけでなく水稲耕作に必要な水、その水から鉄器の原料である褐鉄鉱や、その供給元となった鉄分を多く含んだはんれい岩という特殊な山だったからではないでしょうか。

14　三輪山に祀られた敗れし神々

一方、三輪山に鎮まる神々は、大物主大神《おおものぬしのおおかみ》、大己貴神《おおなむちのかみ》、少彦名神《すくなひこなのかみ》です。

さて、ここからは神様たちの話になります。三輪山に鎮まる大物主大神、大己貴神、少彦名神の三柱の神は、一体どのような系譜を持った神なのでしょうか。

『古事記』では、大己貴神は、天照大御神《あまてらすおおみかみ》の弟もしくは同格的存在の須佐男命《すさのおのみこと》の六代目の子孫として記されています。また、日向の高千穂に邇邇芸命《ににぎのみこと》が高天原から天孫降臨する以前に、出雲で、さまざまな苦難を乗り越えながら少彦名神《すくなひこなのかみ》の協力を得て葦原中国《あしはらのなかつくに》を作った神と記されています。大物主大神《おおものぬしのおおかみ》は、少彦名神の神に次ぐ第二の協力者的な存在で、葦原中国の完成を願って三諸山《みもろやま》（現・三輪山）に祀られた神です。

しかし、せっかく苦労して大己貴神《おおなむちのかみ》たちが作った葦原中国でしたが、その繁栄ぶりを見計らったようにして高天原の神たちが国を譲るように迫ります。そして遂に、葦原中国は高天原の神たちの手に落ちます。このときの大己貴神たちの無念さはいかばかりだったでしょうか。

そして時代が下りヤマト政権が確立した第一〇代崇神天皇の時代のことです。

国内に恐ろしい疫病が流行ります。このとき、崇神天皇の夢に現れた三輪山の大物主大神のお告げによって、大物主大神の子孫にあたるオホタネコを探し出すと、オホタネコに大物主大神を祀らせました。すると、疫病は収まり、国に平和が戻りました。

大物主大神は、大己貴神とともに葦原中国を作った神です。言ってしまえば、ヤマト王権の前身にあたる高天原の神たちによる敗れし神で、繁栄を見せるヤマトの国に対して強い怨念を抱いていても不思議ではありません。

第一〇代崇神天皇の行動は、ともすれば日本史における祟信仰《たたりしんこう》のハシリのように捉えることもできます。

熊本出身の民俗学の権威で地名研究の第一人者であった故・谷川健一氏は名著『魔の系譜』の中

で、日本の王権を支えてきた影の部分を日本人の情念の歴史と捉え、死者、特に政治的敗者の怨念が、死後において生者を支配してきた様相を鋭く指摘したのでした。

しかし、敗者の死後において怨念を感じるのは実は生者です。裏を返せば無念の死を遂げた者に対する強い哀悼の情念が私たちの深いところに存在すると考えることはできないでしょうか。これこそが、私たち日本人に通底する本当の情念のように思うのです。この情念は、大災害で身近な人を亡くした方々が罪悪感を抱く気持ちの根源のようにも思えます。

15　震岳に祀られたのは先住者たち!?

第一二代景行天皇は当初から震岳に八神殿を祀る計画だったのではないでしょうか。

末広がりの「八」は、古来より神聖な数とされ『古事記』では「多数」を意味します。

また、「八神殿」を調べてみると、これは「天皇守護の神」と言われている神々を祀った神殿とされています。八神、すなわち、神産日神《かみむすびのかみ》、高御産日神《たかみ》、玉積産日神《たまつめ》、生産日神《いく》、足産日神《たる》、大宮売神《おおみやめのかみ》、御食津神《みけつ》、事代主神《ことしろぬし》を祀り古代日本において国家祭祀の中枢として神祇官が祭祀を司ってきた神殿であるとされ、現在においても宮中三殿のうち「神殿」において祭祀が行なわれているとされています。

つまり「八神」とは、天皇を守護する神という性格から、古代においてはヤマト政権や産声を上げたばかりの「日本」に安寧や平和をもたらす神々と受けとることができます。

伝説では景行天皇の祖父に当たる第一〇代崇神天皇が阿蘇大明神に「茂賀の浦」の平定を命じます。阿蘇大明神がほとりに立つと湖の底から八頭の大亀が現れ、俗説ではこの化け物を退治したとあります。また、別の伝説では、景行天皇は、「茂賀の浦」から現れた八頭大亀を誅してその霊を「八神」として祀りました。

これらの伝説は、まるで『古事記』における天地開闢神話の山鹿バージョンとも言える内容になっています。穿った見方をすれば、この物語は後世になって『古事記』や『日本書紀』に詳しい誰かが創作したものだと言うこともできると思います。

しかし、この伝説は、この山鹿・菊池地域に古代から伝わっていた原型となる出来事を示していると考える方が自然ではないでしょうか。むしろ、そのような考え方を持つことのほうが普通の感覚に近いような気さえします。

ところで、亀は古来より神聖な生き物として崇められています。亀は「霊亀《れいき》」「神亀《じんき》」「元亀《げんき》」のように年号にも使われています。また平安時代に取りまとめられた『日本三代実録』には肥後国について以下のような記録が残されています。

貞観一六（八七六）年に政治の中心施設である大極殿が火災によって焼失し、当時の清和天皇は自身の進退について悩んでいたところ、現在の菊池市旭志町にある奈我神社で白亀が捕まえられたことが大宰府を通じて朝廷に伝えられます。これを知った天皇は、白亀の出現は次の新しい天皇を祝うめでたい事が起こる前兆と考えます。そして、この一件が清和天皇の退位を促したといわれています。

亀は茂賀の浦に先住していた人々のトーテムであった可能性もあります。トーテムとは、特定の集団、「部族」、「血縁」に宗教的に結びつけられた野生の動物や植物などの象徴を指します。ちょっと違うかもしれませんが、プロ野球チームで例えれば、令和五年に優勝したのは「虎だよね」と言うようにです。

このように、亀は、化け物を指しているわけではないのです。むしろ、神聖さや尊崇の念、あるいは先住者の象徴を表現していると捉えるべきと思います。

16　先住者のふるさと

景行天皇は、この菊池川流域に伝わる古い歴史を当初から知っていたのではないでしょうか。

崇神天皇の時代、山鹿・菊池の地では先住の人々が彼らの文化様式で生活を営んでいたのでしょう。阿蘇大明神が「海神、吾を知れるや」と呼びかけたのは、先住民であった彼らがまさしく南方の海を渡ってきた海神族の流れをくむ人々だったからではないでしょうか。そして、阿蘇大明神や景行天皇が茂賀の浦で見た「火」というのは、鍛治・加工、あるいは褐鉄鉱を原料とした製鉄の燃えさかる炎だったのかもしれません。

古墳時代の末期、菊池川流域では装飾古墳の文化が花開きます。装飾に利用される鮮やかな赤色は、褐鉄鉱を焼くことでできるベンガラです。この全国的に見ても特殊だとされる装飾文化の背景は、その原料を生み出す資源、つまり鉄を含んだ地質とともに、褐鉄鉱に親和性の高かった人々の存在が考えられます。

学生のころ八重山地方を旅しました。ある離島の大潮の日、浜辺では海開きのお祭りが行なわれていました。大きな鍋を使った牛肉の鍋料理が振る舞われ、島人たちに混じってその郷土料理を頂きました。夜はある民家の宴に呼ばれて泡盛を飲みました。

そのときのことです。その宴で一緒に飲んでいた年老いた方から、ある物を頂きました。それは「鈴石《すずいし》」でした。長径が五㎝くらいの丸みを帯びたやや光沢感のある褐色の石ころは、その名のとおり手に持って耳元で振ってみるとコトコトと音を発したのでした。

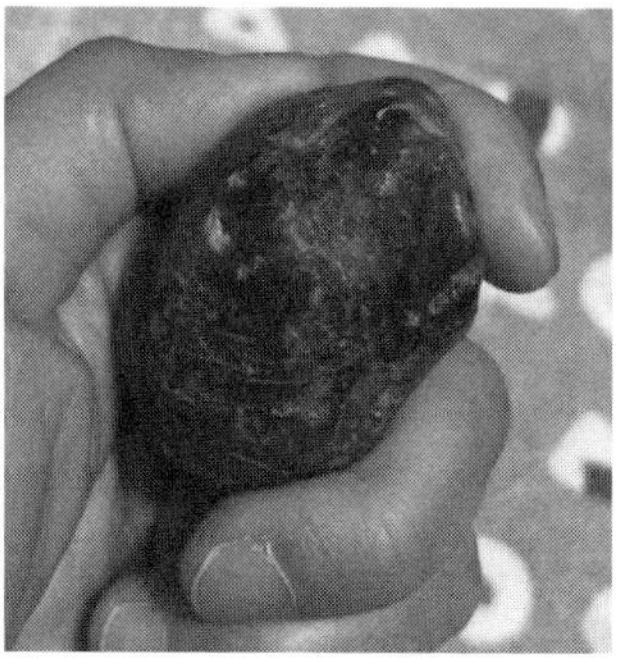

学生のころ八重山地方の離島を旅したときに古老から貰った鈴石

その古老から、これは君が持っておくべき石だと言われたような気がします。当時はまだ知識に乏しい学生で、頂いた石が何なのかさっぱりわかりませんでしたが、後に調べたところ鉄の酸化物が主成分で、鉱物として赤鉄鉱もしくは褐鉄鉱であることを知りました。その昔、海神族は西表島の鈴石も製鉄に利用したかもしれません。そんなことを考えながら、この石を眺めると、胸が温かくなるような不思議な気持ちになります。

やはり、景行天皇は、当初から霞岳の頂きに八神殿を祀る計画だったと思います。景行天皇の時代でさえ九州の土豪の一部はヤマト政権に対して恭順を示しませんでした。先々代の崇神天皇の時代はなおさらだったかもしれません。国内統一のためには示威行為だけでなく武力の行使も必要だったことは容易に察しがつきます。ヤマト政権に属さない勢力と激しい戦闘も引き続き起こっていたのでしょう。

17　破れし魂の行方と勝者の激情

『魏志』「倭人伝」をはじめとする中国の史書には、弥生時代の終わりごろにあたる二世紀後半の日本は「倭国大乱」といわれるような状況にあったことが記載されています。また、古代人の遺骨研究の分野では、北部九州の弥生人には激しい戦いを想起させるような傷跡を持つ人骨がかなりの頻度で検出されていることが報告されています。福岡県の大規模埋葬遺跡である筑紫野市、隈・西小田遺跡からは戦傷例が集中して出土していますが、付近の遺跡規模や戦傷人骨の出土状況から、戦闘の規模は数十人から数百人程度の集団戦であったことが考察されています。

このように考古学の見地からも部族間の激しい戦闘が行なわれたことをうかがい知ることができます。無念の思いで命を落とした古代の人々のことを思うと胸が痛みます。戦わなければならない義が双方にはあったはずです。勝者になることもあれば、敗者になることもあります。しかし、敗者になることはすなわち死を意味します。そして、勝ち続けた者の背後には無数の死屍が累々と積み重なっていきます。国内の統一とは、そういった多くの死や数え切れない無念の上に成り立っているとも言えます。

必死の思いで己の死をかいくぐり、最終的に勝者となった者は何を思うのでしょうか。真の勝利者にならなければ感じることのできない、内から湧いてくる激情があるように思います。

世の中には様々な勝負ごとがあります。勝者を目指す本当の意義や価値は、その激情を学べることではないでしょうか。

18 景行天皇の真意と国内統一

景行天皇は、この山鹿・菊池の地で多くの血が流されていたことは十分知っていたはずです。

『古事記』における高天原の神々をヤマト政権の前身とする北部九州の豪族と仮定し、安本美典氏が主張するように『魏志』「倭人伝」の邪馬台国を北部九州、福岡県の筑前町や朝倉市を中心としたクニあるいは連合国とすれば、当時、邪馬台国の南にあって邪馬台国と対立した狗奴国というクニは、肥後熊本であったことになります。また『魏志』「倭人伝」に書かれてある狗奴国には、狗古智卑狗《ククチヒク》という役人がいたことになっています。そして、狗古智《ククチ》は菊池の語源とされています。

つまり、ヤマト政権にとって、かつての山鹿・菊池地域は、仇敵の本拠地だったことになるのです。その後、ヤマト政権の前身勢力である神武天皇が軍勢を率いて国の統一を図るための東征を開始する頃には、狗奴国は彼らの配下にあったかもしれません。

いずれにしろ、北部九州の勢力と山鹿・菊池勢力の間では血で血を洗う争いがあったものと推察されます。そして、景行天皇は、その戦いに敗れし者、犠牲になった全ての人々を、神聖な人々、つまり八神として故郷に酷似した三輪山にならって、震岳の頂に祀られたのだと思います。

熊本には景行天皇の九州巡幸時の伝承や地名の説話が多く残っています。そして、多くの神社では神と崇められ、ゆかりの地では今なお尊崇を受けて語りつがれています。それがなぜかと問われれば、緊張した国際政治状況のなかにあって、未だ盤石とはいえない王権に不安を抱えつつ一部の敵対勢力との厳しい戦いの最中、これまで国の統一のために協力してくれた地元の土豪への感謝や無念の死を遂げた者達への哀悼の意を込めた、まさに巡幸と呼ぶにふさわしい行脚だったからなのだと答えるほかありません。

そして国の統一において、例え敵対勢力であったとしても義を尽くして死した者に対し、哀悼の念を持ち続ける思想こそが各地で尊崇を受けた最大の理由で、それこそがヤマトにおいて国の統一を果たした本当の理由だと思います。

しかしながら、国の統一という大事業を精神論だけで成し遂げるとは到底考えられません。そこには用意周到な戦略があったはずです。

19　鉄技術の違いが神武東征の真実⁉

『古事記』では、ヤマト入りを果たし橿原宮《かしはらのみや》で即位した神武天皇は、皇后として伊須気余里比売《いすけよりひめ》を迎えたと伝えられています。この皇后の父は大物主神《おおものぬしのかみ》、言わずとしれた葦原中国の神です。そして、その妻は勢夜陀多良比売《せやだたらひめ》です。また、『日本書紀』では、皇后として媛蹈鞴五十鈴媛命《ひめだたらいすずひめのみこと》と書かれています。名前に含まれる「たたら」からは出雲で盛んであった製鉄、〝たたら製鉄〟を思い起こさずにはいられません。

鉄は、紀元前三世紀ごろに青銅とほぼ同時期に大陸から伝わってきたと考えられています。伝来ルートは少なくとも三つあったといわれます。

①朝鮮半島から九州北部に伝わったルート
②中国沿岸から熊本地方に伝わったルート
③朝鮮半島から山陰地方に伝わったルート

そして、それぞれの鉄についての技術は、

①鉄鋌《てってい》と呼ばれる鉄素材を朝鮮半島から持ち込んでそれを鍛冶・加工する技術。
②中国の江南地方で王朝の目を盗んで行なわれていた、比較的低温でも製鉄可能な褐鉄鉱を原料とした技術。ただし腐食が早く良質な製品は望めない。
③砂鉄を原料としたいわゆる「たたら製鉄」の前身的な製鉄技術。高品質な鉄製品を作ることが

できる。

この鉄技術の伝播が正しいと仮定すれば、景行天皇の伝説、『古事記』、『日本書紀』、『魏志』「倭人伝」で語られた西日本の古代勢力は、それらが保有する技術によって以下のように整理できます。
①高天原のヤマト前身勢力（鉄鋌加工技術）
②茂賀の浦の狗奴国勢力（褐鉄鉱技術）
③葦原中国の出雲勢力（砂鉄技術）
そして、これらの勢力が持つ技術力の違いが、ヤマト前身勢力、すなわち神武軍の東征を駆り立てたと思うのです。

さて、そのわけを説明する前に、なぜ出雲勢力が「たたら製鉄」の技術を生んだのか、その背景はなんだったのか、地質技術者の目線で、次節で考えてみたいと思います。

20　たたら製鉄の背景と原子力資源探査

火山国である日本の土や岩石、特に火山活動に関連してできた岩石には鉄分が含まれることは、これまで指摘してきた通りです。そして、その代表格であるマグマが地中でゆっくり冷えて固まった花崗岩は日本の各地に分布しています。しかし、一見同じに見える花崗岩であっても、たたら製鉄の原料の砂鉄のもとなる磁鉄鉱の含有量については地域性があるのです。

これを見い出したのは、広島大学で鉱床学を専攻して工業技術院地質調査所（現・産業総合研究所地質情報センター）に勤務していた、当時四〇代の故・石原舜三博士でした。

博士については個人的な思い出があります。大学院の学生だったころ、中国で鉱床学の国際学会が開かれました。学会が主催する中国国内の地質巡検で石原博士とご一緒する機会がありました。既に博士は花崗岩研究の国際的権威になられていて、お会いした当時は北海道大学の教授でいらっしゃいました。博士の研究は若い頃の素朴な疑問からスタートし、その疑問を追い求めていく過程でアメリカ学派を論破するなどの業績を残していて、鉱床学を専門とする学生にとっては、既に伝説的な人物となっていました。ところがお会いすると自分が思っていたイメージとは全く異なり、落語家の鶴瓶師匠を彷彿とさせる風貌。気さくな人柄で、どこに行っても現地の子供に囲まれて人気者になるのでした。私もその子供たちの一人と思われていたかもしれません。「疑問はね〜、大事だよ〜」そんな言葉をかけて頂いた記憶があります。

さて、時は一九六〇年代、我が国は高度経済成長期にありました。発展を続ける経済を支えるため原子力は新しいエネルギーと期待されていた時期です。国は政策として原子力発電用の燃料となるウランの調査を国内で実施していました。博士はそのウラン探査プロジェクトで、全国の花崗岩地帯の鉱床の放射能調査とウラン鉱物の発見を担当していました。そしてウラン鉱物を含むモリブデン／タングステン鉱床の探査とその成因研究の中で、花崗岩は二つの系列に分けられることを発見しました。一つは磁鉄鉱が多く含まれる磁鉄鉱系列、もう一方は磁鉄鉱が少なく、かわりにチタン鉄鉱が含まれるチタン鉄鉱系列です。その系列は日本だけでなく、環太平洋地域やアナトリア地域の造山帯に分布する花崗岩にも当てはまりました。その後、この博士の発見は、国内外の花崗岩の研究や鉱床探査の分野に大きなインパクトを与えることとなり、海外でも非常に高い評価を受けました。そして、その発見のルーツとなったのが島根県の花崗岩に伴うウラン鉱物を含んだモリブデン鉱床だったのです。そうなのです、磁鉄鉱が多く含まれる磁鉄鉱系列の花崗岩が出雲にはあるのです。図に示すように磁鉄鉱系列の花崗岩は山陰の出雲地方に集中して分布しています。

なんと、古代の最先端技術の源泉となる磁鉄鉱資源と現代のエネルギーや軍事技術に転用可能となる原子力のウラン資源が同一地域に存在していたのでした。

日本列島における磁鉄鉱系列花崗岩類とチタン鉄鋼系花崗岩類の分布
（高杉哲一 2020）

たたら製鉄は日本独自のユニークな方法とされています。多くを語る必要はないと思います。出雲地方においてたたら製鉄が発展した背景は、原料の砂鉄のもととなる磁鉄鉱を多く含んだ花崗岩が、出雲地方、つまり葦原中国に広がっていたからです。

さて、もう一つ地質技術者の目線で指摘しておきたいことがあります。ヤマト前身政権の鉄に関する技術は、先に述べたように、鉄鋌《てってい》と呼ばれる鉄素材を朝鮮半島から持ち込んでそれを鍛冶・加工する技術でした。しかし、鉄挺を得るに当たって、その対価として大陸の王朝などには何を献上していたのでしょうか。

その一つとして「金」が考えられます。

ベネチアの商人マルコ・ポーロが獄中で口述した『東方見聞録』に「黄金の国ジパング」が記録されました。そして、この数行の文章が、のちの大航海時代のコロンブスをはじめとする冒険者に大きな影響をあたえたといわれています。学生時代に鉱床学を専攻して、なかでも「金鉱床」を研究対象にしたのは、コロンブスとさして変わらない動機からでした。なぜなら、当時、日本では金鉱床が相次いで発見されている時期でした。しかも世はバブル。このような浮かれた時勢に身をおく一人の若者が、その研究成果で「一攫千金」の夢を見ても不思議ではありません。

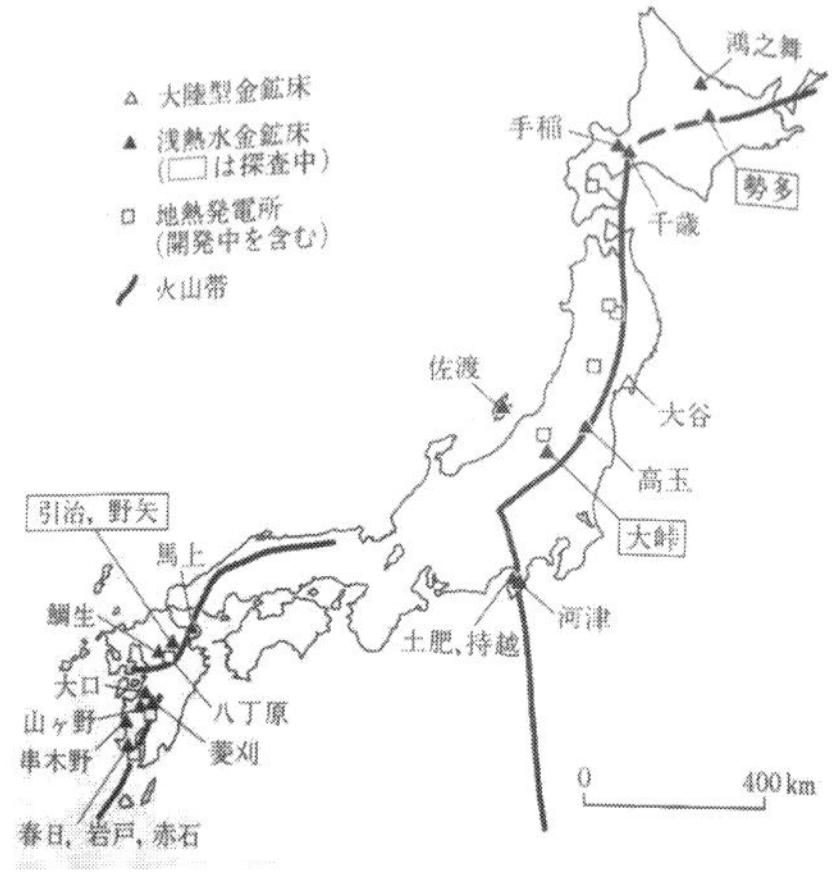

日本の主な金鉱床
（井澤『よみがえる黄金のジパング』1993年）

そして研究を進めるなかで、その若者は日本、特に九州に多くの金鉱床があるのを知ったのでした。

上図に日本の主な金鉱床を示します。見てのとおり九州には金鉱床が多く存在します。恩師井澤英二の著『よみがえる黄金のジパング』には九州の金鉱床の産金量として馬上（一三t）、鯛生（三六t）、串木野（五六t）、

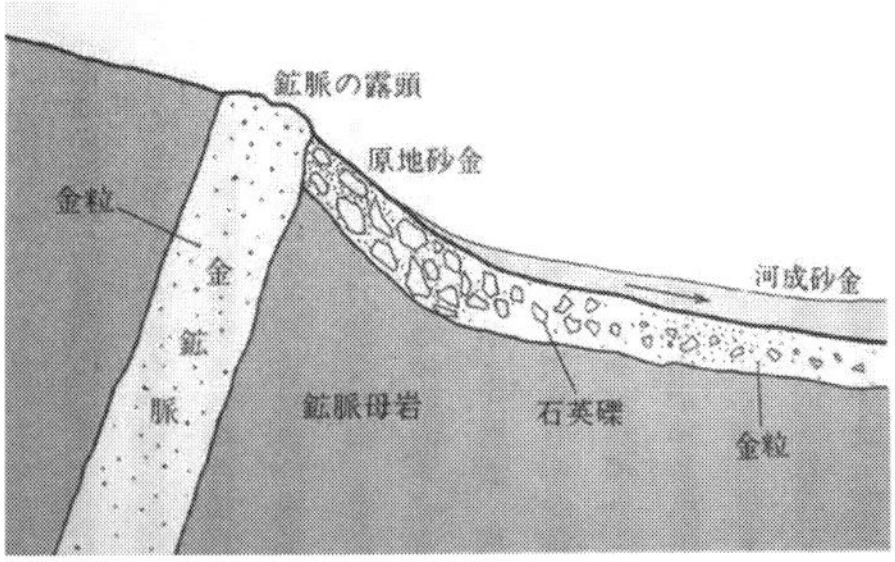

金鉱床と砂金鉱床の関係
(井澤『よみがえる黄金のジパング』1993年)

大口（二二t）、菱刈（二六〇t以上。開発当時から二〇二三年まで住友金属鉱山㈱が操業中）、山ヶ野（二八t）、南薩型金鉱床と呼ばれる春日、岩戸、赤石《あけし》は合せて（約二〇t）と書かれています。また次の図には金鉱脈と砂金鉱床の関係を示しますが、砂金鉱床は、金鉱脈より下流の川底などに形成されます。

ところで、古代には産金があったという記録や考古資料は存在しません。唯一『日本書紀』に第一四代仲哀天皇が政権に背いた九州の熊襲を征伐しようと皆で協議したとき、神の信託で、新羅こそ黄金、白銀を多く産する国であると告げられたことが書かれてあります。そして、このお告げが神功皇后の新羅遠征の伏線となっています。この記述は、四世紀末から五世紀初頭の度々政権に対抗する九州（熊襲）と朝鮮半島の緊張関係が投影されていて、そこには国と国の関係の一部として金銀などの鉱物資源の産地をめぐる争いが暗示されているようだと井澤氏は述べています。

では、ヤマト前身勢力が東征を始める前の弥生時代後期に、はたして国内には鉱物資源を巡る争いはあったのでしょうか。

21　争いの火種はやっぱり「金」だった⁉

熊本県と福岡県の県境にまたがる筑肥山地の山中にはかつて星野鉱山と呼ばれる金鉱山がありました。一説によれば、鎌倉時代の弘安二（一二七九）年に星野胤実が神託によって金鉱を発見したことが鉱山開発の始まりとされ、その歴史の古さから日本の金山発祥の地ともいわれています。

はたして、金鉱石の最初の発見は鎌倉時代だったのでしょうか。地質技術者の目線で、想像を膨らませてみます。

太古の星野川の河原で、中年と少年の弥生人二人が交わす会話の録音に見事成功しました！。


「っち、最近、マジやべぇ、もう全然採れなくなってしまったゼ！」

「しょうがないよ、だってこの砂金採りはもう何十年、いやひょっとすると何百年も前からここでやってるんだよ、じいちゃんの時代より古いって話しだよ」

「つくっそーっ！　なんでオレたちの代で採れなくなるんだよっ！　先代の連中だけが甘い汁吸ってたってわけか！　少しは残しとけってのっ」

「そう言ったところでしょうがないよ、祖先だってこの地を得るために、相当の犠牲を払ったらしいよ、血で血を洗うような、そりゃぁもう悲惨で凄惨な…」

「ふるい話はもういいって！　っあ～、ってか、ヒミコのアネゴにまぁた怒られっぞ、砂金がなきゃ鉄器は大陸からもらえねぇっしっ、祈祷しったたって、もうムリ〜〜っ」

「でもさぁ、この砂金のもとって、本当はこの山の奥にある、あの白っぽい脈みたいな石の中に入ってんじゃないのかなぁって思うんだよね、だって、あの白い石より上流じゃ砂金はとれないって昔からいわれてるしさ」

「バカかオマエはっ、入ってるワケねぇだろうが、あの石の中にピカリンって光る金の粒を見たことあんのかいっ⁉　あったってちっちゃすぎてどうにもならんだろうがよ、しかもあの白い石はなぁ、いろんな石の中でも硬さについちゃベストファイブには入るしろもんだぜ、ちょー硬ぇんだよ、だから掘るにも割るにもそれより硬い道具ってもんがいるんだよ、道具が。オマエ生意気言ってねぇで手ぇ動かせ。それとな、取り出すにはまた別の呪術がいるってぇ話だぜ、その呪術があればなぁ〜、あ〜呪術が欲しいのぉ〜、砂金が欲しいのぉ〜、もっと丈夫な鉄が欲しいのぉ〜」

「そのオヤジギャグもう聞き飽きたよ、今日は帰ろう、お父さん」


そして、この録音に成功した数ヵ月後、九州北部を未曾有の豪雨が襲いました。平地は洪水に巻き込まれました。そして筑肥山地では大規模な地すべりや崖崩れが発生し、少年が期待していた金鉱脈は土に埋もれてしまいました。そして、星野の金鉱床は、その次の発見まで一〇〇〇年の時を待たなければなりませんでした。事実、平成二四年の九州北部豪雨では星野川流域では地すべりや崖崩れ、土石流災害が発生しています。古代からこのような災害が起こっていても不思議ではありません。

というのは、とぼけた地質技術者の空想に過ぎませんが、神功皇后の遠征は、鉄器材料の交換品である九州特産の金の枯渇も背景にあったと考えるのはどうでしょうか。そして弥生時代後期の邪馬台国と狗奴国間の対立関係は、ひょっとすると星野鉱床の砂金を巡る壮絶な戦いの禍根が原因ではなかったのかと思えてきます。あくまで空想です。

22 ヤマト前身勢力の戦略⁉

北部九州のヤマト前身勢力は、農具、武具の鉄資源を自前で準備する技術を持ち合わせていませんでした。大陸からの鉄鋌の供給が途絶えれば窮地に追い込まれます。国力をつけ始めた葦原中国《あしはらのなかつくに》の出雲勢力と南の狗奴国《くなこく》、海を隔てているとはいえ背後の大陸勢力がいつ攻勢に出てくるかわかりません。三方ふさがった状態を打開するためにとった行動が、まず、出雲勢力の葦原中国の国譲りの交渉です。葦原中国には良質な鉄資源と技術がありました。戦争になれば双方が大打撃を受け、北は大陸、南は狗奴国に隙を与える結果となります。

そこで、ヤマト前身勢力が葦原中国の出雲勢力に対して持ち出したのが交換条件と新しいクニ作りのビッグプランです。当初は多少の示威行為もあったと思われます。しかし、出雲勢力の神々（人々）にとって、出雲大社の高層神殿の建設と、ヤマトという新しい土地に神として祀られるのは、何とも魅力的な話でした。

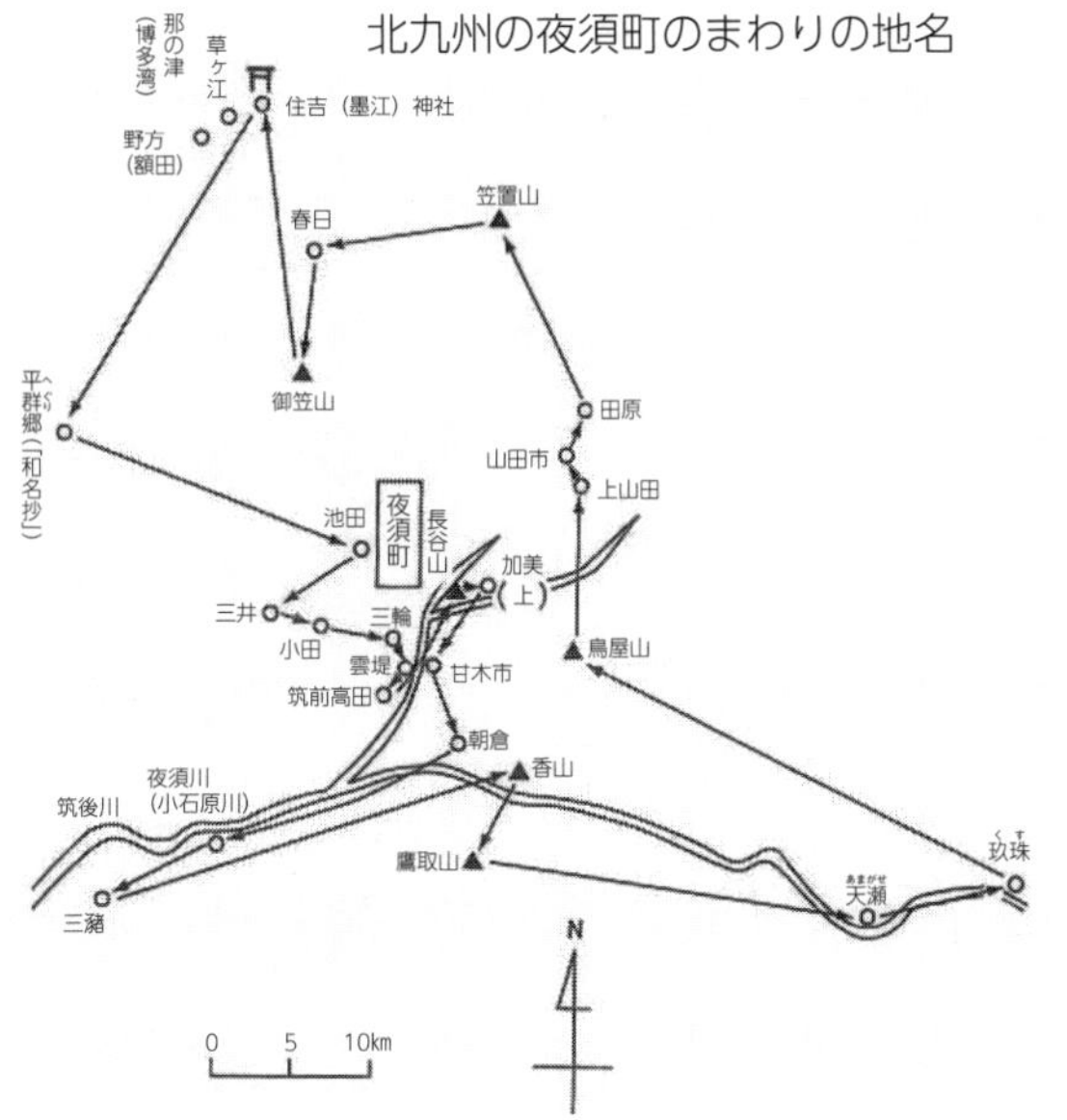

北部九州の地名と大和の不思議な一致（北部九州）安本美典「邪馬台国学」『熊本歴史叢書１遺跡からのメッセージ』（熊本日日新聞社、平成15年）

新しいクニは大陸からも離れていて征服されるリスクは格段に下り、盆地を取り巻く山々は天然の砦となるだけでなく、しかも列島のほぼ中央にあって次代に向けた関東や東北方面への勢力拡大の足がかりにもなりそうです。また、周辺の山々は花崗岩やはんれい岩で鉄資源もあります。さらに纏向周辺は扇状地形で豊富な水も期待でき、新しいクニ作りの中心部として全く申し分ありませんでした。

ただし、ヤマト前身勢力には譲れない一点がありました。それは、新しいクニ作りに際して、ふるさとの地名を採用するというものでした（図参照）。ひょっとすると、説明用のマスタープランには、既に「地名」があったのかもしれません。それは大陸の勢力に対して説明の簡略化を企図したものだったのかもしれません。

しかし、このプランを遂行するにあたって、ヤマト前身勢力と出雲の二つの勢力には決定的に不足していた技術がありました。

さて、ここから、想像力をフル回転させます。読者のみなさん、ついてきて下さい。ズル賢そうなヤマト前身勢力とおとぼけ気味の出雲勢力の代表者の二人が、近畿（ヤマト）攻略について謀議しています。

奈良県大和郷のまわりの地名

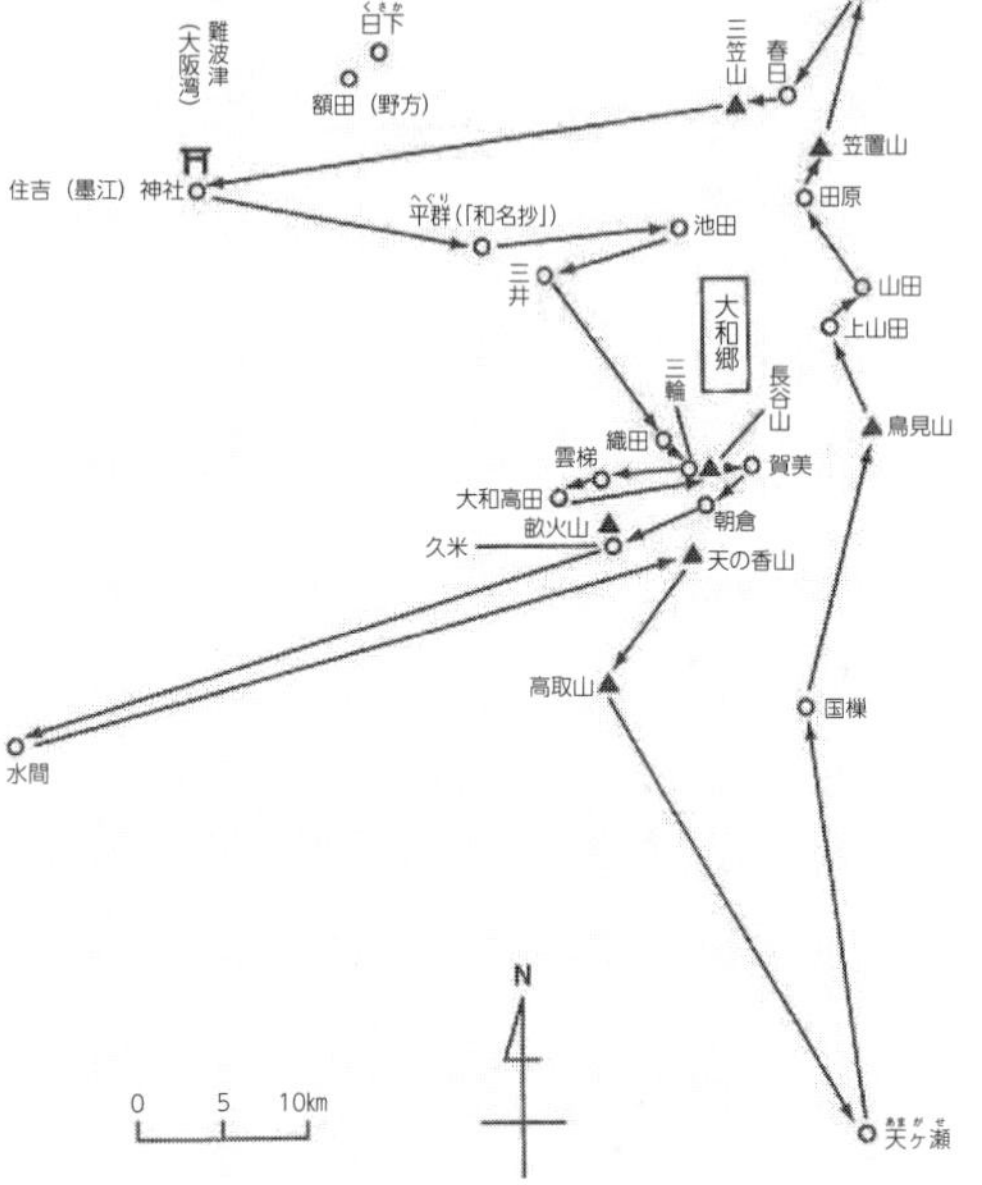

北部九州の地名と大和の不思議な一致（大和）
安本美典「邪馬台国学」『熊本歴史叢書１遺跡からのメッセージ』（熊本日日新聞社、平成15年）

葦原中国勢力の代表者「あのさぁ〜、そのプランは魅力的に思うわけよ〜、ホント。だけどさぁ、その新しいヤマトまでの交通手段はどうすんのよ、交通手段ん！　一人でのんびり行くわけじゃあるまいし、連れてくのは兵団ですよ、兵団ん。むこうに着いたら、一気に攻め落とさなくちゃいけないわけだしぃ〜、一気にぃ、問題はそこでしょ。それができなきゃ絵に描いたモチじゃぁあんっ⁉」

ヤマト前身勢力の代表者「まぁ、まぁ、まぁ、まぁ、落ち着いて、落ち着いて。考えてもみてくださいな、イズモの旦那ぁ、私たちが手を組めばぁ狗奴国の連中はグウの音もでませんって」
葦「それが何だってんだいっ？」
ヤ「えっ⁉　連中は元海神族ってのをお忘れなんですか？　連中に舟を作らせるんですよぉ、連中にやらせりゃぁ舟だってバンバンとばせますよ」
葦「ほうっ、なるほど。しかし材料はどうすんのよ。お互い鉄器作りで海っぺたの木は殆ど使いきってんじゃっ⁉　狗奴国だって同じっしょっ！」
ヤ「へっ、イズモの旦那、まぁ聞いて下さい。狗奴国の向こうっかわの日向の国には、まぁだ、たんまりと木が残ってるってぇ話ですよ」
葦「ぬぬぬっ、イケルかもっ！　でも瀬戸内の途中にはやっかいな吉備国《きびのくに》があるし、最近、マジでかいコフン作って威圧感ハンパないし、連中はどうすんのよっ！」
ヤ「ふっ、既に手は打ってますって。新しいクニではイズモの旦那たちを神に祀るって約束になってるじゃないですか。キビとの約束は、何かっていうと、連中のコフンデザインと祭祀マジックの採用っすよ、全国展開も視野に」
葦「うっわっ、ナイスじゃっ！　実はオレ、推しなんだよねキビのコフン、なんだっけあれ、ゼンプクコーエンフン？」
ヤ「前方後円墳」
葦「はい、はい、そうでした。ってかさぁ、新しいクニの代表者はキミコさんってのは既定路線だったけか?」
ヤ「ヒミコっす。ヒミコならキビもまんざらじゃなさそうだったんで、そこはイチオシでいかせてもらおうかと」
葦「やっぱヒミコさんレベルじゃなきゃまとまんないっしょ、その件は了解、了解。で、話はかわるけど、最近、オタクら大陸の政権に対してはどうなってんのよ」
ヤ「へっ、心配にゃおよびませんって。ちゃぁんと、たんまり、貢ぎもしてるんでそこは。こないだ遣いのもんが行って説明してきたらしいんですけど、新しい攻略プランを披露したら、景気付けに銅鏡やらなんやらどえらい土産を貰ってきたってぇ話です」
葦「マァジかっ! それで、今回の作戦名はっ? まさか、シン・ヤマト作戦っ⁉」
ヤ「へっ、イズモの旦那、ソレは、つまんね〜っす」

という会話がなされたのは全くの空想ですが、ヤマト前身勢力が考えた西日本統一の作戦は、出雲や吉備の勢力を懐柔しながらその威力で狗奴国を服従させ、新しい技術で作った武具と航海術で近畿地方(ヤマト)に乗りこみ、纏向を新都に据えてシン・国家を樹立するという短期決戦を目論んだ作戦ではなかったのでしょうか。

23　『三国志』制作の舞台裏⁉

一方、そのころ大陸の政権では、『魏志』「倭人伝」が記述された歴史書『三国志』の編纂が行なわれていました。想像力、マックスです。

極東アジア編纂課、担当課員「ちっ、参ったぜ、ッたくよぉ、倭国どうなってんだよぉ、聞かされた話だけじゃぁ、そのぉなんだぁヤマトってかぁ、このクニはどこにあるって書きゃいいんだ、新しいヤマトになったたって連絡はまだ来ねぇし、かといって聞かされたプラン通りにいくとも限らんしぃ、ん〜〜、課長！　この件、どうしますぅ？」

極東アジア編纂課長「え〜っ、オレに聞く〜っ？　ホント困るよなこの件は。ところで、この原稿の締め切りはいつだっけ？　え〜、明日なの〜、ちょっとちょっと、もっと早く相談してよ〜キミ〜。あ〜しょうがねぇ、部長に相談しよっ！」

編纂部長（**陳寿**）「まぁた君か、今度は何だね。…そりゃ確かに困りましたね〜…両論併記というわけにもいきませんしぃ…それじゃあこうしましょうか。どちらにも受けとれる表記ってのはどうでしょう。例えばぁ、位置関係で説明すれば従来のヤマト、距離で説明すれば今後期待される新しいヤマト、たぶん新しいヤマトが近いうちに成立すると思いますよ。あとの細かいところは宜しく頼みます。責任は私がとります。今のところ新倭国が脅威となる可能性は低そうですしね、じゃ、この件はそういうことで、いいかな」

極東アジア編纂課長「はい、わかりました、ありがとうございました（さすが部長、カッケー）」

歴史書の編纂部長（陳寿）様には是非責任を取ってもらいたいものです。おかげで歴史書が編纂されて一七二〇年が経過した現在も、「邪馬台国」の件に関しては決着がつかないというあり様です。

というのは全くの空想ですが、以上のように、とぼけた地質技術者の目線で古代史を紐解くと、前述してきたような歴史像が見えてくるのです。

古代史については確かな文献資料が少ないことや、かといって考古資料に頼っただけでは歴史の全体像の把握は難しいとされています。しかし、分析技術は日進月歩です。新たな文献や考古資料が発見される可能性は十分あると思います。古代史には百人百様の見方があると言われています。人間の想像力は無限大です。

24　景行天皇の御陵の前で

ヤマト政権が樹立して間もないころに造立されたとされる箸墓古墳を背にして、付近の水路でオレンジ色に輝く鉄バイオマットを見つけたとき、脳内に火花が散りました。

景行天皇の御陵

景行天皇のこと、古代史のこと、これまでほぼ一年を費やして学んできた知識が一気につながった瞬間でした。

古い記憶も蘇ってきました。私に見えた古代の歴史像は間違っているかもしれません。ですが、十分に満足できる結果を得たような気分でした。

水路でオレンジ色の鉄バイオマットを見つけた後、景行天皇の御陵にたどり着くまでの間のことはよく覚えていません。泣いたり笑ったり納得したりやっぱり悩んでみたり。

そして最後に湧いてきた感情がありました。

景行天皇の御陵の前に立ち、静かに手を合わせました。

「本当にありがとうございました」

正直な気持ちをお伝えしました。

第三章　阿蘇神話伝説をめぐる物語

1　阿蘇

景行天皇の伝説をめぐる旅は終わりを告げようとしていました。

年が明けたばかりの羽田空港の滑走路で、熊本行きの旅客機が離陸の態勢に入りました。ジェットエンジンの音がひときわ大きくなります。身体が座席に徐々に押しつけられ、ガタガタと続いた細かい揺れがフっと消えます。陸が遠ざかり、眼下には関東の街が広がっていきます。

飛行機の窓からゆっくり身体を離すと今回の旅をふりかえりました。

景行天皇の御陵を辞してしばらく歩くと、人気のない巻向《まきむく》駅からJR線に乗り京都に出ました。翌日は大雪の中、上賀茂神社と下鴨神社を参拝。以前から「加茂」には強い興味がありました。新幹線に乗り夕方には東京、半蔵門のホテルに到着。荷物を置いてすぐに外に出ると、元日の皇居ランの下見で内堀を一周しました。

元日は快晴、皇居周りを気分良く二周。昔、東京駅前のビル群の中で働いていたのは現実だったのだろうか。ふと、そんなことを考えていました。

ホテルに戻って着替えを済ませると、次に向かったのは横浜中華街。昼食を済ませ山下埠頭公園に行き、旅の最大の目的の一つである動くガンダムを間近で観覧。感動しました。夕刻は、息子が暮らす逗子へ。息子と食事をして焼酎を飲み、その晩は彼の部屋にそのままごろ寝。目覚めると節々が痛く、コインランドリーでの洗濯ついでに逗子海岸を散策。コンビニで買った遅い朝飯を咽喉に押し込み終わると早々と帰路へ。そして、今、自分は飛行機の中。最初に行った仁徳天皇御陵、応神天皇御陵の巨大古墳も思い出していました。

気がついたとき、窓の外には雪で覆われた真っ白な近江盆地と、それとは対照的に暗く映し出された琵琶湖が見え、まるで白と黒のモノトーンの夢の中にいるようでした。

次に目が覚めたとき、飛行機は高度を下げ始め着陸態勢の準備に入っていました。地上が少しずつ近づき、冬色になった黄褐色の阿蘇の草原が眼下に広がっていきました。

景行天皇が肥後で最後に巡幸されたのは阿蘇ということになっています。

『日本書紀』には、その国は野原が遠く広がっていて一軒の人家も見えなかったと書かれてあります。それは阿蘇外輪山に広がる草原を指すとされています。阿蘇の外輪山は古代から草原だったと認識されていました。

その草原で、景行天皇は阿蘇都彦《あそつひこ》、阿蘇都媛《あそつひめ》という二柱の神と会ったことから、この地が「阿蘇」と呼ばれるようになったといわれています。

2　阿蘇の草原

阿蘇山は、九州の中央に位置し、東西一八㎞、南北二五㎞の大規模なカルデラとそのカルデラ内に形成された中央火口丘群から構成されています。そして、中央火口丘群の高岳、中岳、根子岳、烏帽子岳、杵島岳が阿蘇五岳と呼ばれています。

現在、噴煙を上げているのは中岳火口です。活動が比較的に落ちついた状態で、警戒レベルが低い時には火口間近まで行くことができ、火口底のエメラルドグリーンの「湯だまり」を直接見ることもできます。

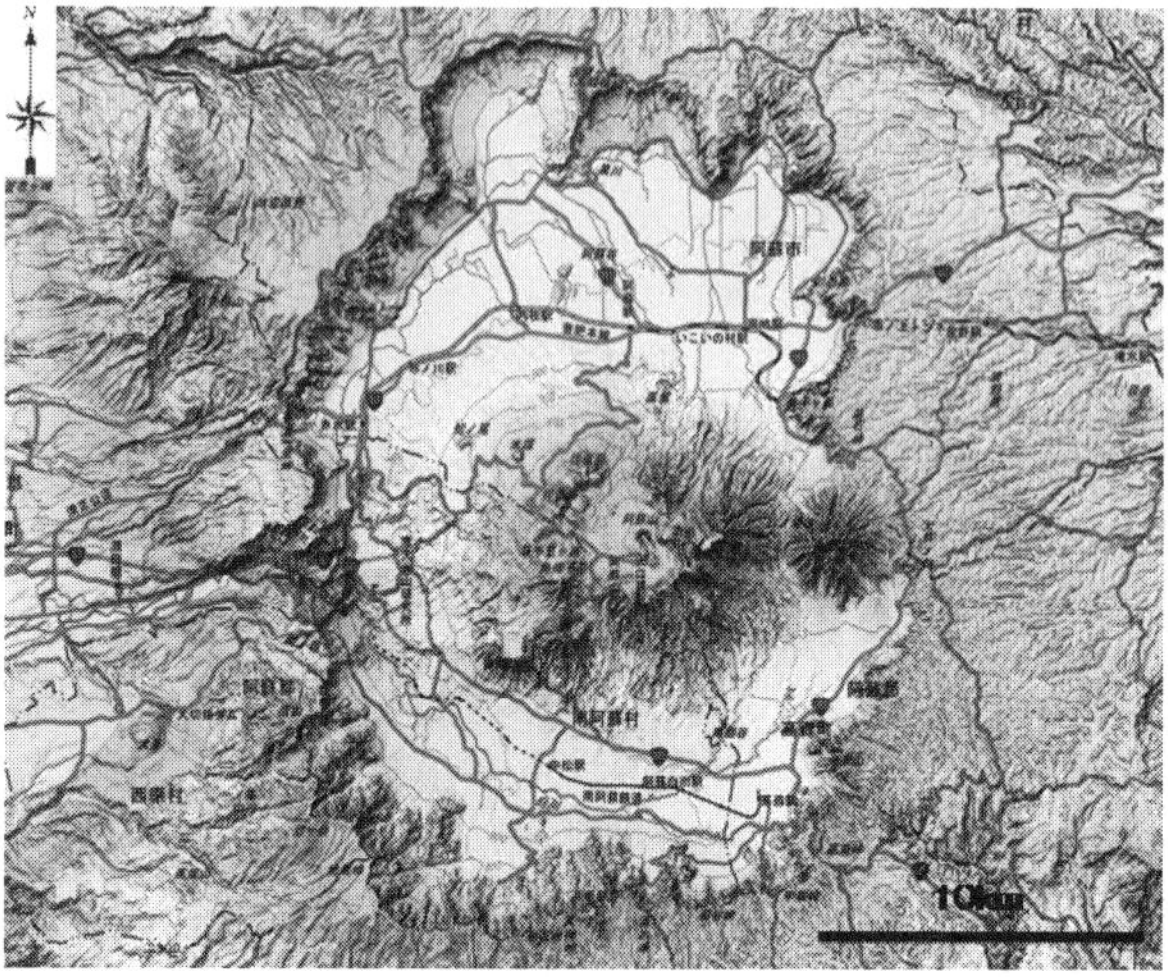

阿蘇カルデラ

阿蘇五岳のうち最も高いのが標高一五九二mの高岳です。「ヒゴクニ（肥後国）」と語呂合わせで覚えることができます。

また、カルデラ内では約五万人の人々の営みがあり、カルデラ周辺には広大な草原が広がっています。この草原は、手つかずの自然ではなく、野焼きや採草などの人々の生業によって維持されてきました。その歴史は一〇〇〇年以上に及ぶとされています。

さて、ここからはまず、阿蘇の草原の成り立ちを手がかりに阿蘇の歴史を紐解いていきたいと思います。

阿蘇の草原の歴史は一〇〇〇年以上に及ぶとされていますが、それには根拠があります。その一つに一〇世紀初めの平安時代中期に編纂された当時の法典である『延喜式』があります。『延喜式』は、全五〇巻、約三三〇〇条からなる律令の施行細則をまとめたものですが、巻二八の兵部（軍事関係）の項に「肥後国二重馬牧《ふたえのうまき》・波良馬牧《はらのうまき》」という地名が記されています。二重馬牧は阿蘇市車帰の二重峠付近、波良馬牧は阿蘇市西湯浦が有力視されていて、『延喜式』には以下の内容が書かれてあります。

「肥後の国の二重牧の馬は、もし他の馬より優れた馬があれば都に進上し、他は大宰府の兵馬及び肥後国その他の国の駅馬として常備するように」

馬はイネ科の草本類を好み樹葉類はあまり好みません。駿馬を育むための馬牧は、当然、草原であったのです。

このように阿蘇の草原は、先に示した『日本書紀』などの古代の文献資料からも、その当時から草原であったと認識されていたと考えられ、その歴史が一〇〇〇年以上というのは確実と考えられます。

しかし、それ以前はどうだったのでしょうか。どこかの時点で誰かが森林を切り開いたのでしょうか。草原の大地となっている土に注目してみたいと思います。

写真に示すように、草原の地表浅部には黒い土が見られます。このような黒い土は、九州中央部や南部に広く認めることができます。地質学や土壌学では「黒ボク土」あるいは「黒ボク土層」と呼ばれています。この名前は、黒くてホクホク（またボクボク）していることに由来しています。また、黒ボク土層の主な母材は火山灰などの風成塵ですが、黒く見える理由は、腐食（有機物）が集積していることがその主な原因とされています。ですので、この黒ボク土は九州だけでなく、関東、東北、北海道の火山地域にも見られます。また、近年の研究では黒ボク土層からは、腐食物質を吸着する性質を持つ多量の炭化粒子（活性炭）の存在が検出され、土層に取り残された植物珪酸体、花粉、炭素同位体存在比の記録などからも、その生成環境は草原的であったことが強く示唆されています。そして、主な黒ボク土層は、最終氷期が終了し温暖な気候へむかった約一万年前から形成されたことが明らかになっています。

草原直下の黒ボク土と鬼界アカホヤ火山灰

ところが、日本列島における約一万年前からの温暖な気候での植生は、照葉樹や落葉広葉樹などの森林が極相となります。ですので、黒ボク土の生成に関わる草原的環境が維持されるには、森林の破壊や阻害を考える必要があり、近年、その原因が人為である可能性が極めて高いと指摘されています。

一方、人々の歴史に目を向けると約一万年前は縄文時代の早期にあたり、湿潤温暖化によって人々の活動が活発になる時期と一致します。黒ボク土に関わる多くの研究者は、その生成に人々の活動が深く関わっていると確実視しています。とりわけ黒ボク土に含まれる「微粒炭」とよばれる炭化粒子はイネ科などの燃焼炭であることなどから、縄文人は長きにわたって野焼き・山焼きを行なっていたと主張する研究者もいます。そして、「微粒炭」を発見した山野井徹氏は、その著書『日本の土』の中で、黒ボク土は世界にも類を見ない「縄文文化の遺産」とまで言いきっています。

先に示した写真は、北外輪山の通称ミルクロード沿いでみられる黒ボク土層ですが、その真ん中あたりにオレンジ色が特徴的な火山灰の地層が挟まれています。これは鬼界アカホヤ火山灰と呼ばれる約七三〇〇年前に鬼界カルデラの大噴火に伴って噴出した火山灰です。これが黒ボク土層に挟まれているということは、つまり、黒ボク土層はそれ以前から形成されていたことになります。また、阿蘇では数万年におよぶ噴火活動に伴って降り積った火山灰の年代や層序が詳細に把握されていますが、それらとの関係性や土層中に含まれる植物珪酸体の分析によって、阿蘇の外輪山周辺は一万三〇〇〇年前からススキを主体とする草原的環境であったことが示されています。ススキ草原が始まる一万三〇〇〇年という時期は旧石器時代と縄文時代の境界にあたります。そして、阿蘇外輪山の一帯からは縄文時代の遺跡がこれまで多数見つかっています。

もう、多くを語る必要はないと思います。阿蘇に広がる草原的な景観の歴史は一万年以上に及ぶと考えられます。そして、そこに暮らしていた縄文の人々は、狩猟・採取を生業にしながらも、彼らに長じていた技術のひとつに「火」の取り扱いがあったことが想像されます。

阿蘇一帯における現代の野焼きは、放牧と採草のために草原を維持する目的で行なわれています。ただ、より安全に計画した範囲の野焼きを行なうためには、「輪地切り」と呼ばれる防火帯づくりを前年の夏から秋に行なうなど、前準備としての重労働が必要です。また、過去には、火入れの際に尊い命が奪われるという悲しい出来事も起こっています。そして近代以降、農畜産業の衰退などの様々な影響で阿蘇の草原は減少し続けています。

しかし、阿蘇の草原の減少に危機感を抱いた人々は、集い、協力して草原再生に取り組むようになりました。その取り組みの一つが草原保全を目的として設立された公益財団法人阿蘇グリーンストックの野焼き支援ボランティアです。登録ボランティアは県内外に約一〇〇〇名、二〇一九年度には延べ二三〇〇名が阿蘇全体の三分の一近くの牧野に派遣されています。

野焼きは毎年三月下旬の春先に行なわれています。筆者の住まいは熊本市東区ですが、自宅からは阿蘇外輪山を遠望できます。火入れが行なわれ、山肌が冬色の黄褐色から黒色へ変化していくその様子を眺めていると太古から続いている人々の「営み」を感じずにはいられません。と同時に、年に一度とはいえ灼熱の炎が、ごくごく僅かではあるものの黒ボク土層の形成のきっかけになっていることに驚きを隠せません。また、大げさかもしれませんが、野焼きに携わる人々には草原を守るという使命感とは別の「火の民」としての「業」すら感じてしまいます。

阿蘇の野焼きは、太古から地続きとなっている長い歴史を有した貴重な行為と言えるのではないでしょうか。おそらく、阿蘇の草原は、遠い将来においてもその時々の社会に即した方法と努力で守られていくのだと思います。

３　火の国の由来は

前節では阿蘇の草原と野焼きについて、文献史学や地質学の両面から捉えてみましたが、野焼きは太古から続いている「火」の歴史にほかならないことがわかりました。

ところで、熊本には「火の国」を冠した祭りや会社、料理店、高速バス、プロスポーツチームがあります。以前は遊園地もありました。年配の方であれば、一九七〇年代にＮＨＫの朝の連続テレビ小説で熊本を舞台にした『火の国に』が放映されていたことをご存知の方も少なくないのではないでしょうか。

このように熊本は「火の国」と呼ばれることが多いのですが、ここではその由来について触れてみようと思います。

熊本は古くは「隈本」と書き、一説に慶長一二（一六〇七）年、加藤清正の築城の際に改めたといわれています。そして、江戸期の城下町としての熊本が成立し、明治四（一八七一）年の廃藩置県によって熊本県が設置されました。これより以前の熊本県のほぼ全域は、律令体制下におかれた国名として肥後国《ひごのくに》と呼ばれていました。

一方、奈良時代の和銅六（七一三）年、元明天皇の詔により、諸国の産物・地形・古伝説や地名の由来などを記して撰進させたものに『風土記』がありますが、このうち、「肥前国風土記」や「肥後国風土記逸文」の中に「火の国」の記述が認められます。

『風土記　日本古典文学大系2』を参考に「肥前国風土記」の冒頭部分を現代語にしてみましょう。

肥前国はもともと肥後国と合わせて一つの国でした。

むかし、崇神天皇の御世、肥後国の益城の朝来名の峯に土蜘蛛の打猿《うちさる》・頸猿《うなさる》の二人がいて多くの人々を率いて天皇の命令に従わず帰順降伏せずにいました。

朝廷は、神武天皇の皇子である神八井耳尊《かむやいみみのみこと》の子孫の肥君《ひのきみ》を祖とする健緒組《たけをくみ》を遣わせて土蜘蛛を討ちとらせようと命じました。そして、健緒組はその命を受けて彼らをことごとく滅ぼしたのですが、消息を確かめるために八代郡の白髪山にたどり着いたときに日が暮れてしまいました。その夜のこと、空に不思議な火が現れるとそれは徐々に降下してきて山にあたると燃え上がりました。それを見た健緒組は驚き怪しみました。そして、健緒組は朝廷に参上して申し上げました。

「私どもは、恐れ多くも朝廷の命を受け、遠く西方の蝦夷（土蜘蛛）を滅ぼすにあたっては、武力を用いずとも彼らを自滅に追いやることができました。これは天皇の御霊威によって土蜘蛛を帰伏させ得たとしか思えません」また、そのときに見た怪しげな燃える火の様子についてもお伝えしたところ、崇神天皇は、「そのようなことは未だに聞いたことがない。火が降りてきた国であるならば火の国と呼ぼう」とおっしゃられました。

そして、天皇は健緒組の武功を讃えて「火君《ひのきみ》」という氏姓を与えてこの国を治めさせたことから火の国というようになりました。その後、この国が二つに分かれて肥前国（佐賀・長崎）と肥後国（熊本）になりました。

また、景行天皇の御世、景行天皇が球磨贈於（熊襲）を平定し筑紫の国を巡行した時のこと、葦北の火流れの浦より出航して火の国にお出でになりました。海を進んでいると日が暮れて暗くなり、どこに船を着岸させたらよいのかわからなくなってしまいました。するとはるか前方に火の光が見えました。

天皇は船頭にむかって「まっすぐ火の所を目指して進め」とおっしゃられ、その通りに進んでいくと岸に到着することができました。

天皇が「火が燃えている所は何と呼ぶ国なのか？　誰がこの火を燃やしているのか？」とお尋ねになると、お供をしていた土着の者が「ここは、火の国八代郡の火の邑(村)です。けれども、その火は誰が燃やしているかはわかりません」と答えました。

このとき、天皇は群臣にむかって「今、この燃える火は人が燃やしている火ではない。ここが火の国と呼ばれている理由がわかった」とおっしゃられました。

後段の景行天皇が見た火については「不知火《しらぬい》」の由来を説明するもので、この内容とほぼ同じものが、同時代に編纂された『日本書紀』の景行天皇紀一八年の条に書かれてあります。ただ、『日本書紀』では人が燃やす火ではないことを知った景行天皇が「火の国」と名づけていて、名付け親が崇神天皇ではないところが『風土記』の内容と若干違っています。

ちなみに、不知火は旧暦八月一日（八朔）の頃の風の弱い新月の夜に不知火海（八代海）上に現れる蜃気楼のことで、漁火が大気の光学現象によって異常屈折したものです。

どうやら「火の国」とは『風土記』に書かれた怪火がその由来のようです。一つは朝廷に対抗する勢力を健緒組が追いつめたときに夜空から降ってきた火でした。もう一つは、景行天皇（崇神天皇の孫）が見た不知火という、当時は怪火として認識されたもののようです。また、『風土記』では景行天皇がこの怪火を見聞し、祖父が名づけた「火の国」に納得したことをもって、その由来をことさら強調しているようにもみえます。普段私たちが使っている「火の国」の良いイメージとは違い、ここには何か不穏なものを感じてしまうのは私だけでしょうか。

ところで、火の国の「火」がのちに「肥」の字になったのは、編纂当時に発せられた諸国郡郷名著好字令によるものです。好字二字令、単に好字令とも呼ばれています。

それまでは旧国名、郡名や、郷名の表記の多くは、大和言葉に漢字を当てたもので、漢字の当て方も一定しないということが多く、そこで地名の表記を二文字で統一しようということで発せられたのが好字二字令です。さらに、漢字を当てる際にはできるだけ好字（良い意味の字。佳字ともいう）

を用いることになり、適用範囲は郡郷だけではなく、小地名や山川湖沼にも及んだとされています。

好字令が発せられたのは和銅六（七一三）年の第四三代元明天皇の御世で律令国家が完成をみた頃です。また同年には肥後国の初代の国司として道君首名《みちのきみおびとな》が中央より補任されると肥後国は大いに発展したといわれています。その頃の熊本は西海道のうち肥沃な国の一つであったことがうかがえ、このようなことから「火の国」→「肥国」→「肥（前）後国」というように国名の好字変換とともに肥前と肥後に分割されて統治されたのだと考えられます。

さて、これより遡ること約四〇〇年前の第一〇代崇神天皇や第一二代景行天皇の時代を想像してみましょう。

古墳時代前期のヤマト政権が発足して間もない頃です。ヤマト政権に帰順しない地方豪族が多数存在していたはずです。南九州では熊襲が反発を繰り返していました。また、九州中央では反政権の集団である土蜘蛛が活動していました。山鹿・菊池地方には、八つの光を放つ八頭大亀を景行天皇が退治したという伝説が残っています。そして何といっても、九州の中央には阿蘇があり、その周辺では野焼き・山焼きが一万年以上にわたって続けられていました。

現在、野焼き・山焼きを行なっていたことを直接的に示す証拠は、縄文・弥生の遺跡からは発見されていません。しかし、一万年以上という長きにわたる「火」との関わりの中で「火」についての周辺技術が蓄積されていたことは十分考えられるように思います。縄文土器についての最新の研究では、当時すでに油脂による燃料が使用されていた可能性が指摘されています。また、弥生時代の山鹿・菊池、阿蘇地方の遺跡からは「火」を使う鍛冶遺構が多数見つかっています。

このように考えると、『日本書紀』や『風土記』など奈良時代に編纂された史料の中で、「火の国」の由来を「怪火」に求めているのは、「火」を操ることに長けた反抗の勢力が、古い時代の肥後国に存在していたことの示唆ではないかと思えてきます。ひょっとすると、縄文人の血を引く「火の民」と、弥生時代に大陸からわたってきた金属を操る「鉄の民」との邂逅の舞台が、この地、火の国熊本だったのかもしれません。

4　阿蘇神社

前節では阿蘇の草原の歴史から「火の国 熊本」の由来について想像をめぐらせることができました。あくまで個人の想像として注意を促しますが、このような想像に立脚して阿蘇の広大な草原を再び眺めていると、また別の角度から阿蘇のことを深く知りたくなる気持ちになってきます。

次は全国的にも有名な阿蘇神社に触れてみようと思います。阿蘇神社といえば、平成二八年熊本地震の本震では、国の重要文化財に指定されている「楼門」が倒壊し、その痛々しい姿がニュースなどで映し出されましたが、震災から七年八ヵ月を経た令和五（二〇二三）年の年末に修復工事が完了し、往時の姿が完全に蘇っています。

さて、この阿蘇神社は、阿蘇の火山信仰と結びつき全国に五〇〇社ある「阿蘇神社」の総本社となっています。その起源は大変に古く、阿蘇山の活発な火山活動に対する恐怖と畏怖の念から、噴火口を神体とする火山神信仰がその始まりと考えられています。

『古事記』の成立より古いとされる七世紀前半の『隋書』倭国伝に「有阿蘇山、其石無故火起接天、俗以為異、因行禱祭」と紹介されています。読み方は「阿蘇山あり。其の石、故なくして火起こり、天に接すれば、俗以て異と為し、因って禱祭を行う」とされます。

これは、国外で日本の山について書かれた初めての例で、里人が噴火に対して祈祷や祭祀を行っているということも、日本における山の信仰の存在が記録された最初の例となっています。

その後、阿蘇地方の開拓に伴って、この地方を開拓した共同体の祖先神としての信仰が起こり、共同体の「族長の末裔」である阿蘇氏の祖先神を祀ったことが阿蘇神社の発祥と考えられています。

そして、この歴史ある阿蘇神社には祭神として全部で一二神が祀られていますが、主祭神となっているのが、健磐龍命《たけいわたつのみこと》です。

阿蘇神社の神系図によれば、健磐龍命《たけいわたつのみこと》は、神武天皇の第二皇子の神八井耳命《かむやいみみのみこと》の子とされ、初代神武天皇の孫にあたります。

5　健磐龍命《たけいわたつのみこと》

ところで、健磐龍命の「健磐」とは何を指すのでしょうか。

阿蘇神社第九一代宮司の阿蘇惟之氏が編者となっている『阿蘇神社』には以下のように書かれています。

健磐龍命という神名は何から生まれたか。「龍」は水を動かす力としても、「健磐」とは何か。これを推測させる貞観六（八六四）年の『三代実録』の阿蘇山異変は興味深い。記録は健磐龍命の神霊池の異変を述べるとともに、元来、妃神、阿蘇比咩神（あそひめがみ）の嶺にあった高さ四丈（約一二メートル）の三石神のうちの二石神が崩壊したという。この石神と記される大石柱こそ「堅岩立＝タテイワタツ」存在であり、「健磐龍」の神名の原型であろう。高岳（阿蘇比咩神嶺）は阿蘇五岳の主峯であり、最も高い。その嶺にそびえ立つ岩が、神聖な阿蘇の神の名となる条件に十分かなっている、といえる。

ただし、妃神がなぜ高岳の神とされるか。その神名比定地のはじめは、男神と女神を陰陽本来の形から、男神を高岳の「タテイワタツ神」、女神を中央火口（神霊池）の「アソヒメ神」と定めたとみられる。

しかし、しばしば中央に報告できる神の霊異は、活火山としての神霊池の火口現象であり、高岳には石神崩壊の他に、夜光現象が一例くらいであったことからみて、主神の比定地が入れ替えられたと推察される。そこで「タツ」を火口の水と噴煙にちなんだ「龍」の字に当てて、神名が定まったとされる。

引用が少々長くなりましたが、ザックリいうと、健磐龍命という神名は、阿蘇山主峰の高岳の山容と中岳の火口現象を合わせ持った名前であると考えられます。

阿蘇神社の神系図では健磐龍命は神武天皇の孫とされていますが、『阿蘇神社』では、その位置づけについては、六国史にもとづいて以下のようなことが示されています。

『古事記』では神武天皇の兄の「八井耳命《やいみみのみこと》」が火《ひ》の君《きみ》、大分《おおいた》の君《きみ》、阿蘇《あそ》の君《きみ》らの祖と書かれています。一方、『先代旧事本紀《せんだいくじほんぎ》』の国造本紀では、阿蘇国造《くにのみやつこ》について、崇神天皇の代に火の国の国造と同祖である八井耳命の孫、速瓶玉命《はやみかたまのみこと》が国造に任じられたと記されています。したがって、この二つの事柄から八井耳命と速瓶玉命の間の空白に健磐龍命が位置付けられたのではないかとされています。

また、阿蘇神社の北方約五㎞の手野地区には速瓶玉命を祭神とする国造神社があります。そして、阿蘇神社は、この国造神社と高岳を結んだ「聖なるライン」に位置し、このことは、阿蘇神社の主祭神である健磐龍命の神聖が「祖先神」と「火山神」の二面性を併せもっていることを象徴していると『阿蘇神社』では述べられています。

私もこの考えに強く同意したいと思います。ただ、いずれにしろ、「祖先神」としての阿蘇地方の開拓者は、古代のヤマト政権と強い繋がりを持っていたことが指摘できそうです。なぜなら、国造神社のすぐ横には上御蔵《かみのみくら》・下御蔵《しものみくら》古墳があり、その南方の低地には熊本県内で最大規模の長目塚《ながめづか》前方後円墳を含む中通《なかどおり》古墳群が散在しているからです（前方後円墳はヤマト政権との繋がりを示すものと考えられています）。

6　健磐龍命の伝説

阿蘇地方には、阿蘇神社の主祭神である健磐龍命を中心とする伝説が、地名起源の説話として多く存在しています。これらは総じて阿蘇神話伝説と呼ばれます。

また、阿蘇地方には阿蘇神社を中心とした様々な神事や祭祀が現在も執り行なわれていますが、その多くが農耕祭事に関係が深いという特徴があります。これは、阿蘇神社の主祭神の健磐龍命が農耕地の開拓の祖として祀られていることもその理由の一つと考えられます。

そして、阿蘇神話伝説の中で最も有名なものが、健磐龍命による開拓神話ではないでしょうか。「蹴破り伝説」とも呼ばれています。

伝説によると、健磐龍命は初代神武天皇の第二皇子・神八井耳命《かむやいみみみこと》の子で、神武天皇の孫にあたります。

神武天皇がヤマトに都を定めて間もなく、九州地方が騒がしくなりました。天皇は健磐龍命に九州平定を命じられ、日向の国から草部《くさかべ》を通って阿蘇へ下向しました。命《みこと》は、外輪山から西を眺めたところ、眼下に広がる湖をみて、ここを乾かせば稔り豊かな水田になるだろうと考えました。そこで、ここぞと思う外輪山を力いっぱい蹴破ろうとしましたがなかなか蹴破れません。どうしてだろうと調べてみると、そこは山が二重になっている所で蹴破れないのもそのはずです。この場所が現在の「二重峠」という地名の由来となっています。

命はよく調べなおしてその南側をひと蹴りすると、今度は谷が開けて湖の水は勢いよく西に流れ出しました。このとき、数多くの鹿が流れ落ちた所が「数鹿流ケ滝《すがるがたき》」と呼ばれています。そして、命の足の指先に付いた土が落ちた所が、阿蘇市黒川の「指塚」で、足先にかかった大きな土くれの落ちた所が、菊陽町津久礼《つくれ》となり、大きな土の塊が落ちて山となったのが熊本市の小山山、戸島山と伝えられています。

壮大な開拓神話の伝説であるとともに、熊本における地名説話の代表と言えるでしょう。命によって蹴破られた所は、外輪山が唯一途切れている場所で「立野《たての》」と呼ばれています。

さて、地質学的な側面から阿蘇カルデラの成因について簡単に説明します。カルデラは火山活動で生じた大きな凹地のことで、「大鍋」を意味するポルトガル語が語源です。東西約一八㎞、南北約二五㎞の楕円形でその規模は世界最大級とされています。過去四回の巨大火砕流噴火（約二七万年〜約九万年）によって地下に空洞ができ、地面が陥没してできました。カルデラ内には雨水がたまり、少なくとも過去に三度は湖が存在したことがわかっています。

また、立野の周辺は深い谷底になっていて、カルデラを水源とする白川が黒川と合流して西に向かって熊本平野に流れています。そして立野付近から伸びる白川中流域には、巨岩を含む砂礫層が扇状に広がって台地を形成しています。これはカルデラ湖の決壊に伴った大洪水によって運搬・堆積した地層です。

「立野」付近には平成二八年熊本地震を引き起こした「布田川断層帯」が通っています。布田川断層は宇土半島から益城町を通って南阿蘇村へ連なる活断層ですが、今回の熊本地震の発生によって阿蘇カルデラ内にまで伸びていることが分かりました。

阿蘇カルデラには過去に湖が存在していますが、湖水の流れ出しの原因は断層の活動であることが有力視されています。

ちなみに、健磐龍命は外輪山を蹴破った際に勢い余って尻もちをつきました。「余はもう立てぬのう」と言いました。「立野」の地名の由来だそうです。

7　阿蘇の鯰伝説

健磐龍命についての伝説は様々なものが語り継がれています。命の阿蘇カルデラの蹴破り伝説については前節で紹介しました。しかし、続きがあります。

命《みこと》がカルデラの西壁を蹴破った翌朝、命は一の宮手野の風追《かぜおち》に立ち一帯を眺めました。すると、西側の半分は乾いていましたが、眼下の手前半分は元のままです。よくよく見ると、ケオトシ坂（一の宮町中通）の松の枝に大きな鯰《なまず》の髭がかかり、尻尾は杵島岳中腹にはね上げて水を堰き止めていたではありませんか。命《みこと》は鯰をなんとか追い下そうとされますがなかなかうまくいきません。そこで鯰の鼻に大きな蔓《つる》で鼻ぐりを通し片隅の大岩に結びつけました。鯰がのたうちまわると、その尾は下野《しもの》の蛇ノ尾《じゃのお》にまで達したといいます。命《みこと》は、なおも鯰に向かって退去するように迫り、やっと鯰もしぶしぶ命令に従って退去していったそうです。退去するときにいやいやながらだったため、くねくね曲がりながら下っていったので、鹿漬川が蛇行しているのはそのせいであると言われています。

こうして湖水がひき、天ツ神の教え通りに稲作を始めましたが出来が良くありません。天ツ神に伺いをたてたところ、大鯰の祟りであることが分かりました。そこで、湖の精である鯰の霊を自ら手野に祀り、同時に鯰をとることを固く禁じられたのです。以来、阿蘇神社の社家の人たちは、今なお鯰を食べないといわれています。

阿蘇カルデラ内の北東には国造神社《こくぞうじんじゃ》があります。阿蘇神社の北に位置するため、通称「北宮」

国造神社の境内にある鯰宮

と呼ばれています。およそ二〇〇〇年の歴史を持つ古い神社の一つとされ、阿蘇開拓の祖・健磐龍命《たけいわたつのみこと》の第一子で速瓶玉命《はやみかたまのみこと》、妃神雨宮媛命《あまみやひめのみこと》、御子神高橋神《たかはしのかみ》、火宮神《ひのみやのかみ》の四神が祭神とされています。そして、拝殿に向かって右手には、人々が豊かになるために退いたといわれる「鯰宮」があって、鯰が祀られています。

また、別の伝承では、なかなか動かない大鯰に命《みこと》は思いあまって、鯰を上・中・下の三つに切ってしまったとあります。三つに切られた鯰は、湖水とともに、どっと押し流されていまの鯰（上益城郡嘉島町）に流れ着きました。それでその地が「なまず」と呼ばれるようになりました。流れ着いた鯰を大きなカゴに入れたら六つになりました。それでこの地を「六荷《ろっか》」と呼ぶようになったといいますが、いつのまにか「六嘉《ろっか》」と書き表すようになったというものです。

上益城郡嘉島町の「鯰」を訪れると加勢川の左岸側に鯰三神社があることに驚きます。正式には三社宮鯰三神社といいます。『嘉島町史』によれば、かつて鯰村には上社、下社、西社の三つの神社があったと書かれてあります。上社には四面大菩薩、下社には八幡大菩薩、西社には国祖大明神が祀ってあったものを習合したとあります。

これらの菩薩と神様は、時代が下ってから祀られたものと考えられますが、お宮の数が三つに切られた鯰に符合するのは大変興味深いと思います。原初は産土《うぶすな》の神、つまり、土地の精霊として祀られた場所ではなかったのでしょうか。

8　鯰祟りの原因

前節では阿蘇地方に古くから伝わっている鯰伝説を紹介しました。この伝説の中では鯰の祟りが語られる部分があります。せっかく水が引いたのに稲の出来が良くないのは鯰の祟りとして、手野地区に鯰の霊を祀ったとされます。

しかし、稲の出来がよろしくないというのは、本当に鯰の祟りだったのでしょうか。地質技術者の目線で考えてみましょう。

阿蘇カルデラの北側の凹地は阿蘇谷と呼ばれています。前章の「景行天皇伝説をめぐる物語」でも指摘してきたように、阿蘇谷の西側には褐鉄鉱の鉱床があり、現在も低温の温泉から褐鉄鉱の沈殿が生じています。当然、褐鉄鉱の鉱床では水稲栽培は困難です。

さらに、指摘しなければならないのが、阿蘇谷の一部の水田の下層には酸性硫酸塩土壌が存在していることです。

この土は、昔生えていたヨシなどの植物遺体を含んだ泥炭質の黒色をした土壌です。そのため、一見すると耕作に適した肥沃な土壌に見えます。しかし、一度表層にあらわれて空気に触れると

pH＝2～3の強酸性を示すのです。こういった土壌が表土に混入して強酸化すると水稲はあっという間に枯れてしまいます。

この不思議な土壌の生成メカニズムについて詳しいことは分かっていません。しかし、酸性化のメカニズムについては以下のような知見が得られています。泥炭質の黒色土壌中には微細な黄鉄鉱(pyrite:FeS2)や硫黄が含まれていて、これらが地表面付近の酸化的な環境で硫酸となり、これが含まれることによって酸性硫酸塩土壌へと変化するのです。

従って、酸性化を回避するためにはこの土を極力いじらないことが肝要なのです。

事実、熊本地震では、その強い揺れによって農業施設に被害が出ましたが、その後の復旧工事ではこの厄介な土が耕作土に混入しないように施工業者に対して指導が行なわれていました。触らぬ神に祟りなしとは、この土のことを指すのかもしれません。

健磐龍命とともにこの地に入って、水田開発を行なったのに、せっかくの水稲が突然枯れてしまったときの彼らの驚嘆ぶりはいかばかりだったでしょうか。彼らは、鯰の祟り以外、考えられなかったのではないでしょうか。

9　鯰が祀られている神社は他にも

阿蘇の国造神社の境内には鯰宮があり、下益城郡嘉島町には鯰三社があることは前節で紹介しましたが、熊本県内にはこの他に、鯰が祀られた、あるいは鯰の絵馬などが奉納されている神社が多数あります。そのうち、代表的な神社をいくつか紹介したいと思います。

〔乙姫神社（菊池市旭志《きょくし》姫井）〕

この乙姫神社の境内には高さ一・二ｍほどの鯰の石像が祀られています。とは言ったものの見方によっては男性シンボルそのものです。そして、それを乙姫様が抱いているという風情です。これは、子宝を願うサヤノ神（もしくは、さやんかみ）信仰の一つで生殖器崇拝の一つとされています。鯰は産卵の際に雄が雌の胴体に巻きついて雌の産卵を手助けするそうなのですが、そのような鯰の習性をモチーフとして子宝、子孫繁栄を願った石造として祀られたのだと考えられています。

乙姫神社の鯰の石像

また、この神社は阿蘇市の乙姫神社（祭神は若比咩命）の姉妹社とされ、その昔、乙姫様が難に遭ったとき、鯰に助けられたという伝承があり、鯰は神の使いと信じられ地域の人々は鯰を食べないと言われています。

〔遥拝阿蘇神社（人吉市上林町）〕

この神社は大同年中（八〇六～八一〇年）の創建とされる古い神社で、皮膚病にご利益があるとされます。写真に示すように拝殿には立派な鯰絵の奉納があり、御手水の水盤には鯰の石造が献魚されています。

先に紹介した阿蘇地方の手野地区の国造神社の境内に鎮座する「鯰宮」は、阿蘇神社系の鯰の宗社とされていますが、祭神が大鯰の霊ということで皮膚病「ナマズハダ」の治癒に霊験があるとされています。「アトピーが治りますように」とのメッセージが添えられた微笑ましい手描きの鯰絵も奉納されていて、鯰に対する御利益を信ずる人々の心をうかがい知ることができます。

この遥拝阿蘇神社も名前のとおり阿蘇系神社であることから鯰が祀られたと考えられます。

また、この遥拝阿蘇神社には次の言い伝えがあります。

この神社は、元は登り口の福川辺りにあったそうですが、ある時、洪水によって木神像一二体のうち一体が球磨川に流れ出て八代高田に流れ留まり、それを祀ったのが八代の遥拝神社だと言われます。

遥拝阿蘇神社には鯰絵が奉納されています

豊葦原《とよあしはら》神社（通称・遥拝神社、八代市高田）

『八代郡誌』によれば「天平宝字二年（七五八年）天地地祇十六柱を勧請し、神護景雲二年、阿蘇三座の神を合祀して村の氏神とす」とあり、阿蘇神社の流れをくむ古い神社です。

『八代郡誌』には、「征西将軍懐良親王、高田御所御在館の時、常に当社より吉野の行在所を遥拝せられ、社殿の修復を営み、随従の諸士に命じて石段四八段を献納せしめ給う。故を以って遥拝宮と称す」とあります。

豊葦原神社では鯰絵馬で御祈願できます

一方、『球磨神社記』によると、戦国時代、洪水で流され、杭瀬に引っかかった球磨遥拝大明神の御神体が、賀茂神社に祀られているのを知った相良公が田畑を寄付し、遥拝宮としたとあります。

そして、この神社のご利益としては美肌、皮膚病除が有名です。可愛いらしい鯰絵馬の奉納を見ることができ、「なまず信仰」に触れることができます。

「なまず信仰」は鯰を神の使いとした、健磐龍命の阿蘇の開拓神話（鯰退治の伝説）を起源とした信仰であると考えられます。

〔太刀緒《たちのお》阿蘇神社（玉名郡和水町大田黒）〕

この神社には神殿がなく、古墳と思われる小高い土山の上に立てられた大石が御神体となっています。神を祀った原初の古いしきたりを残す貴重な例であるとされています。由緒は明らかではないようで、遠い昔、この地に葬られた有力者が神として祀られ、長い間、この土地の鎮守の神として尊崇されて、後になって阿蘇神社が勧請されたと考えられています。

太刀緒《たちのお》阿蘇神社の鯰の石像

社名については、太刀緒社の記録に「当神社は、創建のとき、阿蘇神社の太刀の緒を分神として、これを地中に埋め、その上に大石を建て祭神としたことから、太刀緒の名がつけられた」とあります。また、以下のような「鯰の伝説」が伝えられています。

昔、神社の神職の家に、どこからともなくきれいな娘が突然訪れ、あした〝うの鳥〟という魚とりの名人が、神社の下の青池渕（和仁川の川渕）に魚をとりに来るので、その時、白鯰は絶対にとらないように名人に言って下さいと頼みました。社司は、その旨伝える約束をして、娘に赤飯をご馳走して帰しました。

翌日、娘の言ったとおり、〝うの鳥〟が魚をとりに来たので、社司はその名人に、この川渕にいる白鯰だけはとらないように言いつけました。

ところが、名人は社司の言うことを守らずに白鯰をとってしまいました。そして、とれた魚と一緒に白鯰も料理されて社司の家で食べることになりました。食膳に出された白鯰の腹から赤飯が一杯出てきたと言います。

これを見たみんなは、昨夜、社司の家に来た娘は、この白鯰の化身だったに相違ないと大いに驚きました。このあと、魚とりの名人は間もなく死んでしまいました。

このような伝説もあって、地域の人々は鯰を食べることを禁忌とする風習が残っていると言います。また、境内には鯰の立派な石造が奉納されています。

なお、この伝説と極めて類似したものが、菊池市北宮地区にも伝わっています。ちなみに、北宮地区には地名のとおり北宮阿蘇神社があり、この神社は菊地氏が活躍した時代（第一七代菊池武朝）、天授四（一三七四）年に勧請された彼らの氏神となっている由緒ある神社です。

〔辺田見若宮神社（上益城郡御船町辺田見）〕

第一三代成務天皇一三年に阿蘇惟人が阿蘇三神をこの地に勧請したのが創建とされています。この神社には二五〇年以上の歴史を持つ鯰伝説にちなんだ「通《とお》し物《もん》」と呼ばれる神幸式の例祭があります。

神社のウェブサイトからその鯰伝説を引用すると以下の通りです。

1732年御船川の大洪水で社殿もろとも御神体が流された。氏子達は大変心配したが9㎞下流の嘉島町犬渕に住む大鯰がお救い申し上げた。

氏子達は大喜びし早速御神体をお迎えに行くことになった。女だけで行くことになり女の足ならば時間がかかると餅をついてお迎えしようと準備にかかった。

しかし急にお迎えが男に変更になり餅をついていては間に合わないと蒸かしたもち米に色を付けてお供えしお祝いをしたそうである。

(現在の赤飯)

その事から今でも例大祭では餅ではなく赤飯をお供えしている。

神社周辺の氏子達は鯰を食べると罰があたるとして鯰を食べない。

皮膚病の「白なまず」は紙に鯰の絵を描き祈願後、鯰の絵を枕に敷いて寝ると治癒するともいわれている。

辺田見若宮神社

〔小島阿蘇神社（熊本市西区小島）〕

室町末期頃までは、この神社一帯はまだ海で、神域は離れ小島でした。嘉吉三（一四四三）年六月に大洪水があり、一体の御輿《みこし》が激流に流されてきたのを村人の弥七郎という人が発見しました。おそるおそるその御輿

小島阿蘇神社

を開けてみると、阿蘇二の宮（阿蘇都比咩命）の御神体でした。そこで村人たちは、御坊山（おんぼさん、標高二九ｍ）の山頂に社殿を建立して小島町の産土神《うぶすながみ》として崇敬するようになったと言われています。また、御輿が流れついたとき、その後ろに鯰がびっしりついていたことから、鯰が御神体をお守りしてきたと言い伝えられています。

このことから、小島阿蘇神社は「鯰の神様」とも呼ばれ地域の人たちは鯰を食べません。また、皮膚病にご利益があるとされ参詣する人も多いようです。鯰絵馬が奉納されています。

〔その他の神社〕

この他、文献などで確認できる「鯰信仰」や「鯰伝説」、「鯰の祭」と関連がある県内の神社には以下のものがあります。

山出神社の鯰塚（上益城郡甲佐町白旗）、五郎丸神社（山鹿市久原）、大津山阿蘇神社（玉名郡南関町）、年禰神社（菊池郡大津町室）、古田阿蘇神社（八代市坂本町西部）、平川《ひらこう》阿蘇神社（球磨郡相良村四浦西）、上川阿蘇神社（球磨郡相良村川辺）、二宮神社（球磨郡錦町木上東）、青井阿蘇神社（人吉市上青井町）、井口八幡神社（人吉市井ノ口町）、上島四所神社（上益城郡嘉島町上島）、六嘉神社（上益城郡嘉島町下六嘉）、日奈久温泉神社（八代市日奈久上西町）。

また、明治九（一八七六）年に起こった神風連の乱の烈士中核の一人で健軍神社（熊本市東区）の祠宮でもあった緒方小太郎は、四国の松山監獄で服役中の手記『獄の憂草』で獄中食の鯰は食べなかったと記しています。

10　地震と鯰

前節では、熊本県内の鯰と関係のある神社を紹介しましたが、このような神社は、全国のいたるところに同じように創建されているのでしょうか。

先に紹介した神社名から察することができるように、鯰に関係した神社は阿蘇系の神社に多く見られます。そして、このような神社は、阿蘇系の神社が多い熊本県は当然ですが、福岡県の阿蘇系神社にも認めることができます。

二〇一八年に出版された『鯰考現学』では、全国一二〇社の鯰に関係のある寺社が紹介されていますが、このうち、熊本県が二二社、福岡県が二二社の合計四四社が紹介され他県を圧倒しているのがよくわかります。

そしてこのように、阿蘇系神社に鯰信仰がよく見られるのは、鯰が神の使いであるという阿蘇神話に根ざしているのが大きな理由と考えられます。また、福岡県や佐賀県には、神の使いである鯰が鞍を背に置いて、そこに神や人を乗せて助けるといった「鞍置鯰」信仰の神社があるのも特徴です。伏見神社（福岡県那珂川市）、大森宮（福岡県福津市）、豊玉姫神社（佐賀県嬉野市）、與止日女《よどひめ》神社（佐賀県佐賀市）があげられます。

一方、現代の私たちが鯰から連想するのは「神の使い」などではなく、一般的には「地震」ではないでしょうか。

二〇一六年の四月に、熊本では二回の震度七を記録する「熊本地震」が発生しました。私は、震源に近い熊本市の東区に住んでいますが、本震では震度六強の揺れを自宅の寝室で経験しました。

その夜は、二日前の前震の揺れで散らかった部屋の片付けが終わり、市内に住む親族全員の無事も確認できたことから、一族みんなで夕食を共にしてお酒も随分すすんでいました。

そして本震は寝静まった午前一時過ぎに私たちを襲いました。

その揺れは、前震で感じた揺れとは全く異なったもののように感じました。私は地質技術者なので、当然、熊本には「布田川断層帯」という活断層が存在していることは以前から知っていました。また、当時は、熊本の地質特性について、県内在住の土木技術者向けの研修会で講師をつとめていて、その講義では「布田川断層帯」沿いは「地震の巣」になっていることを示しながら、近い将来に大きな地震が起こる可能性も紹介していました。

ですので、前震の揺れを感じたとき、この揺れはまさに「布田川断層」が動いているのだとそう確信すると同時に、この揺れを経験できたことは地質技術者にとってある意味幸運なことではないかと思ったくらいでした。

しかし、本震で経験した震度六強の揺れは、理屈では説明できない恐怖を私の心に深く刻みつけたのでした。

本震の強い揺れで身動きを完全に奪われた私の脳裏には、得体の知れない怪物が我が家を鷲掴みにして振り回している姿がありました。その後も震度五程度の余震に何度も襲われました。それらは遠方から地鳴りを響かせながら近づき、大きな揺れとなって私たちを驚かせ続けました。私はまるで地中に住む巨大な生き物がヒドイ揺れとともに自分の足下を通過していくような感覚に囚われていました。その揺れの度に鼓動が強まるのでした。熊本では依然として余震が起こっていますが、実のところ、最近まで、弱い揺れであっても鼓動が強くなるという本能に抗うことはできませんでした。

このように、個人差はあるかもしれませんが、これまで経験したことのないような強い揺れを体験すると、理性では計り知ることができない、えもいわれぬ恐怖や不安が心の深い所に植えつけられるのではないでしょうか。

そして、私たちが地震から鯰を連想するのは、何らかの理由を見つけ、強い揺れから生じる恐怖や不安を退けるための空想の一つではないかと思いました。ただ、調べてみると、地震から鯰を連想するのは、安政二（一八五五）年におきた安政江戸地震の後に、大量に刊行・販売・流布された「鯰絵」と呼ばれる錦絵（浮世絵版画）の影響とされています。

安政江戸地震後の大混乱下では、名所絵や役者絵・美人絵などの商品が売れず、地本問屋にとって業界存亡の危機でした。そこで、幾つかの版元は「地下深くには鹿島大明神の『要石《かなめいし》』の力で抑えられた地震鯰がいて、時に地震鯰が暴れると地震が起こる」という伝説を基に、地震で混乱する江戸の世相を巧みに風刺した「鯰絵」を企画したところ、これが爆発的な人気を博したというのです。

そして、これらが近代以後の出版物などにも引き継がれ「地震といえば鯰」という今日の連想になったと考えられているようです。しかし、逆説的に考えれば、「鯰絵」が爆発的な人気を博した背景というのは、私たちにとって理解の及ばない領域の畏れや恐怖に何とか対処したいという欲求が根底にあったからだと思います。

私は当初、鯰に関係する神社が熊本に多いのは、熊本地震を経験したせいもあって、古代からの地震の伝承がその背景にあるのではないかと思いました。事実、熊本の鯰に関連のある幾つかの神社は、まさに「布田川断層帯」に沿って建立されています。

このように断層活動に関連して建立されたと考えられる神社が福岡県にあります。

福岡県の耳納山地の北側山麓には、「水縄《みのう》断層帯」と呼ばれる活断層が、久留米市合川町から同市田《た》主丸《ぬしまる》町を経てうきは市に至る約二六㎞の長さで東西に伸びています。久留米市内の遺跡調査から水縄断層帯の最新の活動は、天武天皇七（六七九）年の筑紫地震である可能性が指摘され、筑紫地震はマグニチュード六・五〜七・五の規模と推測されています。『日本書紀』には「幅二丈（六メートル）、長さ三〇〇〇余丈（一〇キロメートル）の地割れ」が生じ、家屋の倒壊が多数あったことが書かれています。

そして、この「水縄断層帯」に沿って多くの神社が建立されていますが、それらは地震による地割れや災害の鎮めを願ったものとされています。

このうち、田主丸の森山地区には田主丸阿蘇神社があります。森山地区では、昔から旱魃になったときに神社で雨乞いの祈願を行ない、駒ヶ渕に神社の使いである白鯰が姿を現すと雨が降りだして村人を救ってくれたといいます。もし、村人が鯰を食べるようなことがあると願いは聞き入れられないので鯰は食べないといい、この雨乞いの祈願は戦前まで行なわれていたとされます。また、巨大な白鯰が住んでいると信じられている駒ヶ渕の左右の岩のズレは、地震時の断層の活動によって生じたものとされています。

森山地区に阿蘇神社が勧請され、鯰を神の使いとしたのは地震神・鯰への敬虔な祈りの心が地域の人々にあったからと考えられています。

また、規模の大きい地震の前触れとして、生物の異常行動、地質・物理的異常現象などを宏観異常現象と呼びますが、中でも地震の前の鯰の異常行動は古くから知られています。このことは平安時代末期の『今昔物語集』以降の様々な時代の古文書の中に、自然災害・天変地異（洪水・地震）・国家大事変の予兆を示す動物として描かれていることからも分かります。さらに、人々に災いや恵みを与えたり、神仏の使いであるため食べてはならないという禁忌も記されています。このように、古くからの文書による記載や伝承も、現代に引き継がれている鯰信仰の根底にあると思われます。

11　国造神社と阿蘇神社

前節で紹介したように、鯰に関係した神社は九州、特に熊本、福岡に多く見られ、それらの多くは健磐龍命を祀る阿蘇系神社であることを紹介しました。また、鯰の見た目や特性に基づいて創出されたと思われるご利益として、皮膚病除けのほか、雨乞いの祈願や安産祈願、地震災害除けも含まれることを示しました。さらに、伝承のいくつかには「お姫様（阿蘇津比咩、豊玉姫、淀姫）」或いは「若い女性」に関係があり、その物語で鯰は、「神使い」としての霊魚の側面を持ち合わせるという特徴を見いだすことができました。

ここからは原点に戻って阿蘇神話伝説の「鯰」について考えていきたいと思います。しかし、その前に、鯰宮がある国造神社と各地の阿蘇系神社の総社である阿蘇神社についておさらいをしておきたいと思います。

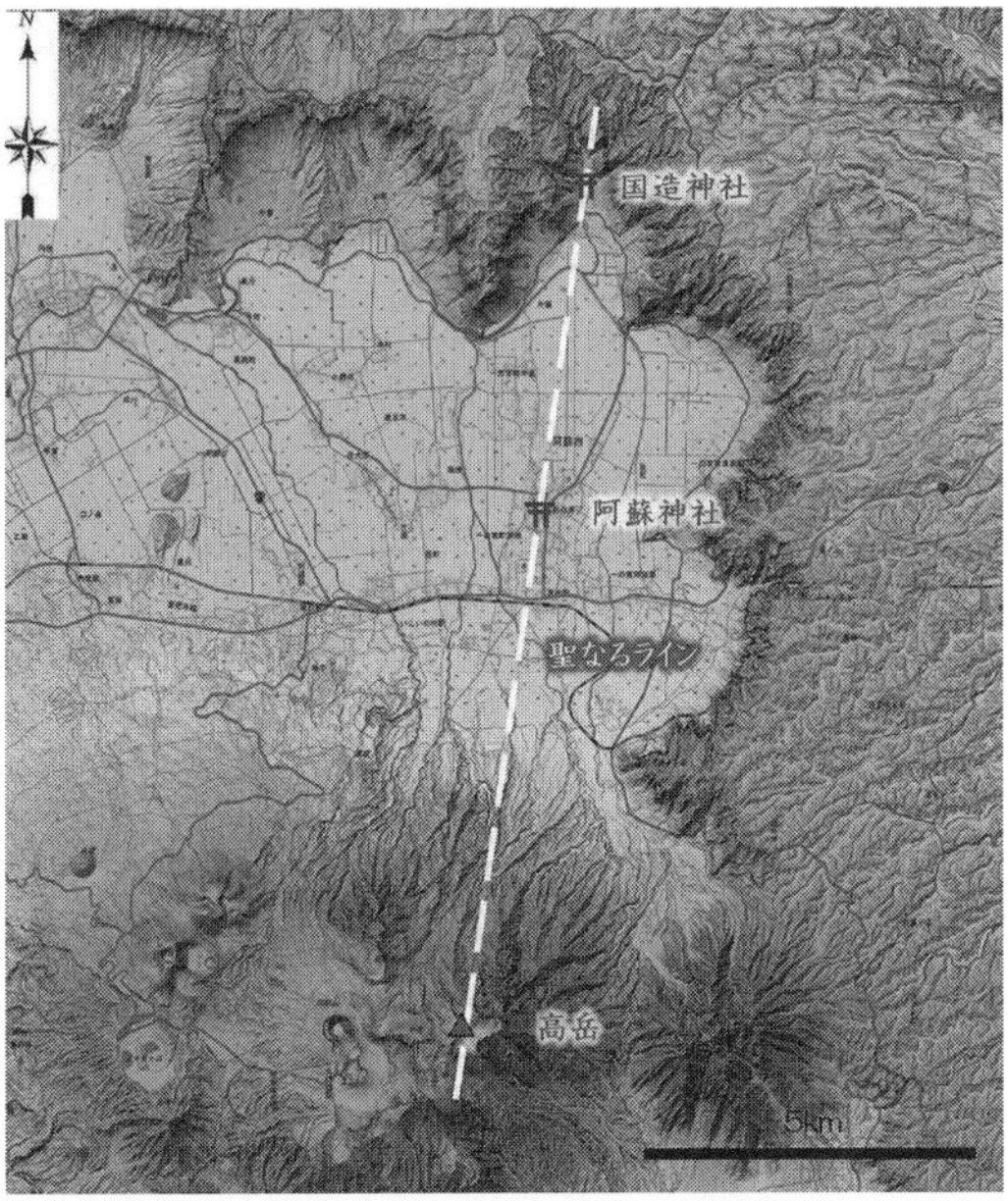

高岳、阿蘇神社、国造神社を結ぶ聖なるライン

まず、位置関係ですが、国造神社と阿蘇神社は阿蘇カルデラの北側に広がる阿蘇谷の東側に造立されていて、その南には噴煙をあげる中岳をはじめとした中央火口丘群がそびえています。この中央火口丘群の最高峰は高岳（標高一五九二ｍ）ですが、この高岳と阿蘇神社、国造神社は「聖なるライン」と呼ばれる一直線の上に位置しています。

そしてこの「聖なるライン」の最も北側に

鎮座するのが国造神社で、そこは阿蘇北外輪山の南斜面の手野地区の奥に当たります。集落には宮川と呼ばれる清流が流れています。

阿蘇神社の主祭神は健磐龍命ですが、国造神社の祭神は速瓶玉命《はやみかたまのみこと》です。この速瓶玉命（国造神）は、阿蘇神社の神系図では健磐龍命の御子とされています。また、速瓶玉命の御子の惟人命《これひとのみこと》（彦御子神）が阿蘇神社宮司の祖とされています。

国造神社の由緒によれば、第一〇代崇神天皇の朝に阿蘇初代国造と定められ、景行天皇一八年阿蘇国造の神としてお祀りされた歴史ある古い神社であるとされます。また、平安期の延長五（九二七）年に編纂された『延喜式』に肥後国式内社四座（健磐龍命神社、阿蘇比咩神社、国造神社、疋野神社）中の一つとして記載されています。

また、阿蘇神社が鎮座する宮地地区と国造神社が鎮座する手野地区の両地区には、それぞれ国造神社が阿蘇神社の元宮（発祥の地）とする伝承が残っています。

そして、これを裏付けるようにして、神社のすぐ横には国造神夫妻の墳墓とされる上御倉《かみおくら》古墳、下御倉《しもおくら》古墳という六世紀中頃の横穴式石室を持つ古墳があります。また、付近一帯には熊本県内で最大の前方後円墳の長目塚古墳を含む十数基の古墳群からなる中通古墳群があり、これらは当時のヤマト政権との強い結びつきを示しています。

一方、阿蘇神社は高岳と国造神社の線上にあって、その位置関係から「火山神」と「祖先神」を祀る二面性を併せもった神社と考えられています。つまり、阿蘇山の活発な火山活動に対する畏怖の念から噴火口を神体とする火山信仰が起こり、次に国造神社がある手野地区に阿蘇谷の開拓に伴った共同体の祖先神（開拓神）が祀られ、「族長の末裔」である阿蘇君（阿蘇氏）がこれらを融合させて、高岳と国造神社の線上に健磐龍命を祀ったのが阿蘇神社の発祥ではないかと考えられているのです。

そして中世にいたり、阿蘇君の系譜を持つ阿蘇氏が台頭し、阿蘇神社を中核とした司祭と阿蘇郡の領主を兼ねる阿蘇大宮司家として、菊池氏と並んで肥後国内に勢力を広げました。一二世紀頃になると支配地域の拡大に伴って、他の地域の豪族が祀る神々が阿蘇神社の神系図に組み込まれ、甲佐神社、健軍神社、郡浦神社などの有力神社が阿蘇神社の摂社になったとされます。また、中世の後期になると在地勢力として成長した武士たちが、肥後一の宮である阿蘇神社を領内に勧請し、また江戸時代の村々でも鎮守の神として阿蘇神社を勧請しました。そうして広がった阿蘇神社の摂社・末社は江戸時代までには、その分布を形成して現在にいたり、県内では四六一社、熊本県を除く九州には四八社、九州以外の全国には一四社が数えられるようになったとされています。

このようにして、多くの阿蘇系神社が熊本県を中心に中世から江戸期にかけて広がっていきました。阿蘇系神社の祭神は、当然、健磐龍命（阿蘇大明神）ですので、命が主人公となっている阿蘇神話伝説もセットになって広がったと考えられます。

しかし、現在把握されている鯰に関係した阿蘇系神社の数は、摂社・末社の総数に対して一割にも達しません。阿蘇神社の歴史や神威を考えると、もう少し多くてもいいような気がします。この少なさについては、まだ考える余地が残っているようにも思えます。

12 「鯰」が指すもの

阿蘇神話伝説に登場する「鯰」は一体何を意味し、何を指すのでしょうか。

『古事記』、『日本書紀』ではヤマト政権に対抗する勢力については蔑称が与えられていて、例えば、土蜘蛛《つちぐも》、打猨《うちさる》、熊襲《くまそ》、蝦夷《えみし》など動物の名が使われています。

阿蘇神話伝説に出てくる「鯰」は、当然、魚類の鯰を表しているわけではありません。健磐龍命が率いるヤマト政権、もしくは政権の息がかかった新興勢力の対抗群勢を表していると考えられます。前章の「景行天皇伝説をめぐる物語」でも少し触れましたが、「鯰」は対抗勢力のトーテムの可能性があります。

中国の後漢時代（弥生時代末期）の歴史書の『後漢書』の「倭伝」には次の一文があります。

會稽海外有東鯷人　分爲二十餘國　以歳時來獻見云
「会稽《かいけい》の海外に東鯷人《とうていじん》あり。分かれて二十余となる」

文中の「会稽」とは中国浙江省紹興県の南東にある会稽山のことで、一説に「鯷」とはナマズのことを指すとあります。

民俗学者の故・谷川健一氏はその著『古代史ノオト』の中で、

「この東鯷人は、ナマズをトーテムとする人種と解することができる。それらの住む国が不明とされているが、強いてそれを我が列島に求めるとするならば、九州の阿蘇山の周辺において他にはない」

と述べています。

また、村崎真智子氏が著した七〇〇ページ以上におよぶ大著『阿蘇神社祭祀の研究』では、国造神社の境内に建立されている鯰宮（鯰社）について、以下のように述べられています。

「結論から言えば、私はこの鯰社（に祀られる鯰）こそ、国造神社成立以前の手野（ひいては阿蘇谷全体）の土地の主、すなわち地主神みたいな、神社以前の土着神、おそらく土地の精霊であると思う。（中略）つまり、鯰社（宮）こそが国造神社が成立する以前の本来の阿蘇谷の土地の主（土地の精霊）だったのではないだろうか。その鯰を祀った聖地に阿蘇谷を開拓した共同体のシンボルとして「国造神社」が成立したのではないかと考える。なお、現在阿蘇神社の阿蘇家と旧社家（おそらく氏子）も鯰は食べない。私はこれは鯰は阿蘇神社（阿蘇家）のトーテムではなく、阿蘇家が滅ぼした阿蘇谷の本来の土地の主として、阿蘇家が慰撫し、祀らなければならない存在であるからと思う。鯰は阿蘇家にとり、畏れ慰撫しなければならない存在であり、食べるなんてとんでもないわけである」

引用が長くなりましたが、鯰宮（鯰社）に祀られる鯰は、阿蘇谷の開拓者となったヤマト政権と深い繋がりのある勢力によって、退去を余儀なくされた若しくは滅ぼされた先住者たちを意味していると考えられます。そして、先住者たちが鯰として祀られたのは、やはり、鯰が彼らにとっての精霊だったからだと思います。あるいは、彼らは鯰を「神の使い」として信仰する民だったのかもしれません。

阿蘇神話伝説の前半は健磐龍命の蹴破り伝説の地形説話で、後半は湖の主である鯰との対決物語です。そして、この物語の最後に、湖の水が引いた後の稲の不出来の原因は、この地を追われた鯰の祟りによるものだったので、鯰が祀られるようになったという話が付け加えられています。

この最後の部分を文字通りに受けとめると、阿蘇における鯰信仰は一見すると祟り信仰のように思えます。

しかし、鯰信仰は阿蘇谷を追われた先住の人々に対する哀悼の表出がその始まりだったのかもしれません。また、この地を去っていった彼らに対する感謝の念もあったのかもしれません。私はそのように理解したいと思います。

13　阿蘇谷の弥生時代の先住者

阿蘇カルデラの北側の阿蘇谷には、弥生時代後期後半の狩尾遺跡群や下扇原遺跡からは多量の鉄器類が出土しています。鉄器類だけでなく鉄器生産の痕跡、鍛治遺構も数多く発見されています。これらの多量の鉄器類、鍛治遺構の発見は、日本の弥生時代の鉄器研究に大きな影響を与えました。しかし、これらの遺物が出土した鍛治工房を備えた集落は、忽然と姿を消すのでした。弥生時代終末期に向けて急激に縮小して、古墳時代を迎える頃には集落も鉄器生産の動きもほとんど見えなくなっていると報告されています。そして、このことは阿蘇谷の歴史を考える上で大きな課題として残っています。

実は、阿蘇谷の東側の地域では有史以降も度々の洪水や土砂の流入が起こっていて、古代の人々が活動した当時の地盤面が埋れている可能性があります。昭和五六（一九八一）年の西岳川の河川改修工事の掘削によって当時の水田面の四m下の所から古墳（道尻古墳）の石室が発見されています。

平成二四年七月九州北部豪雨は、阿蘇地域に甚大な被害をもたらしましたが、当時の被害状況からも埋没や土砂の堆積が昔から度々起きてきたことは容易に察することができます。そして、このような堆積作用が発掘調査や発見を阻んでいて、弥生時代後期から古墳時代前期にかけての阿蘇谷の動向を不明瞭にしている原因の一つと考えられます。

しかし、現時点の考古学の成果に従えば、弥生時代後期から古墳時代前期にかけて遺跡の分布が西から東へ遷ったとの印象が拭えない状況にあるようです。

ただ、これらの考古学の成果を補完するものとして、阿蘇神話伝説を持ち込むと理解しやすいように思います。

つまり、弥生時代後期まで栄えていた鉄製品の製作に長けていた在地勢力が、ヤマト政権と関わりの深い勢力に置き換わっていったのではないかと考えてみるのはどうでしょうか。

14 阿蘇谷の古墳時代

これまで何度も紹介していますが、阿蘇谷の東側の地域には熊本県内で最大の前方後円墳の長目塚古墳を含む十数基の古墳群からなる中通古墳群のほか、迎平古墳群、西手野古墳群がありま す。このうち墳長一一一・五mで最大規模を誇る長目塚古墳は、古墳時代の中期に築造されたものですが、石室からは被葬者の一体分の頭蓋骨が出土していて、昭和三七（一九六二）年の当時の報告書では、人歯の状態から被葬者は三五歳くらいの女性であると鑑定されています。石室からは鉄刀が二振、束になった鉄鏃が二組、複数の刀子や鉄斧、銅鏡、玉類などが発見され、これらの九種四五一点が熊本県の重要文化財として指定されています。

長目塚古墳は昭和二五（一九五〇）年の河川改修工事によって取り壊され、現在は東岳川の左岸に後円墳を残すのみとなっていますが、古墳は古くから阿蘇神社の所有地で、出土品も阿蘇神社の所有となっています。

当時の調査は、東岳川と鹿漬川の合流部付近で発生していた度重なる災害の対策工事の一環で行なわれた河川改修に伴って実施されたものです。また、この発掘調査は、文化財保護制度や体制が未確立な時代において、先人が遺してきた古墳に対する所有者と住民の畏敬の念、調査員の執念、工事計画側の配慮が複合して実現された、戦後熊本における文化財保護の出発点として、たいへん意義深いものとして評価されています。また、出土品の数からもわかるように、長目塚古墳は未盗掘で、石室内の状態が埋葬当時の姿を留めて発掘さたことも高く評価されています。

長目塚古墳

石室からは鉄刀が二本出土しています。石室は東西に長く、これらの鉄刀は被葬者を挟むように南北両側の壁沿いに並んで発見されました。被葬者は東を枕にし、鉄刀の刃先は足側を向いていました。

昭和三七（一九六二）年の報告では、北側の鉄刀は全長九〇㎝、刀身幅三・二㎝、南側のものは全長一〇八㎝、刀身幅三・四㎝とされています。刀身には鞘の一部と考えられる木質が付着していて、副葬時には鞘に納められていた状態であったとされています。

また、鉄刀の刃先の奥、つまり被葬者の足元の両側には四〇

〜五〇本で束になった鉄鏃が配置されていました。鉄鏃は主に二種類あり、北側では長頸柳葉鏃、南側では短頸片刃鏃でした。

そして、近年の研究では、このような武具の特徴や構造の検討結果から、これらは五世紀前半頃の畿内の工房で作られた鉄製品とされています。また、これら鉄製品や須恵器、埴輪の特徴から、被葬者はヤマト政権との深い関係が指摘されています。

15　古墳から出土する鉄製副葬品の意味

五世紀といえば、古墳時代の中期にあたり、近畿地方で大規模な古墳が築造された時期にあたります。大阪府堺市の百舌鳥古墳群の大仙陵古墳（仁徳天皇陵古墳）や同府羽曳野市の古市古墳群の誉田御廟山古墳（応神天皇陵古墳）が有名です。そして、この頃の古墳の特徴となっているのが副葬品です。

古墳時代の前期（三世紀後半〜四世紀後半）の副葬品には、鉄刀などの武具も認められますが銅鏡など祭祀的なものが主流とされています。一方、古墳時代の中期（四世紀後半〜五世紀）には鉄製品主体の武具等へ変化していて、これにともなって被葬者の性格も司祭者的な指導者から軍事政治的な指導者へと変化したと考えられています。

また、近年の研究では、古墳時代前期の鉄製武器は「ヤマト政権ブランド」として規格化され、各地域勢力に配布して威信財の共有による連携が図られたと考えられています。そして、古墳時代中期ごろには地方勢力に対する強制力を備えた軍事組織が形成されと考えられています。

地方勢力との連携や軍事組織の形成に必須なのは、当然、それを実力として示す武器の所有と生産技術の保有に他なりません。特に、鉄製武器の生産には高度な技術が必要とされます。

熊本県和水町（旧菊水町）の江田船山古墳からは国宝となっている銀象嵌銘大刀が鉄製甲冑や金・銀・金銅製装身具と共に出土しています。この銀象嵌銘大刀は、五世紀の長大な銘文と鳥・魚・馬形文様を施した大刀で、当時の政治・社会や世界観を伝える文字資料として、日本古代史における第一級の史料とされています。

そして、大刀の背（棟）の部分には、以下の銘文が銀象嵌されています。

台天下獲□□□鹵大王世奉事典曹人名无（利）弖
八月中用大鐵釜并四尺廷刀八十練（九）十振三寸上好（刊）刀
服此刀者長壽子孫洋々得□恩也不失其所統作刀者名伊太（和）書者張安也

『図説日本史通覧』（帝国書院、二〇二一年）の書き下し文は、

「天の下治しめす獲「加多支」鹵大王の世、事え奉る典曹人、名は无（利）弖、八月中、大

鉄釜并に四尺の廷刀を用いて、八十たび練り、(九)十たび振つ。三寸上好の(刊)刀也。この刀を服る者は長寿にして、子孫は洋々、□の恩を得る也。其の統ぶる所を失わず、刀を作る者、名は伊太(和)、書く者は張安也」

となります。

また、東京国立博物館の解説パネルの現代語訳では、

「ワカタケル大王(雄略天皇)が天下を治めておられた時代に、文章を司る役所に仕えた人、その名はムリテが、八月に、精錬用の鉄釜を用いて、4尺(約1m余り)の立派な大刀を製作した。八十回、九十回に至るほどに丹念に打ち、また鍛えたこの上もなく上質の大刀である。この大刀を身に着ける者は、長寿を得て子孫が繁栄し、恩恵を受けることができ、その支配地を失うこともない。命じられて大刀を製作した者の名はイタワで、銘文を書き記した者は張安である」

となっています。

現代語訳については資料毎によって若干の違いはありますが、この銘文のうち、「獲□□□鹵大王」は埼玉県の稲荷山古墳出土の鉄剣銘と同じ「獲加多支鹵大王(第二一代雄略天皇・四五六年～四七九

年）」とする説が今のところ有力で、被葬者とヤマト政権の深い関係をうかがわせます。

ただ、ここで注目したいのは、銘文中の「八十練」「（九）十振」の文言であり、稲荷山古墳の鉄剣の銘文にも「百練」と記されていることです。この文言は、文章の前後からもわかるように作刀技術である「折り返し鍛錬」を示すと受けとめられています。そして、これらの有銘刀剣は、雄略天皇の宮がある大和地方の厳選された鍛冶工房で作刀されたと考えられています。

16　鉄製武器作製の意味するところ

鋭い武器や鋭利な刃物を作製するには、まずは、適度な炭素を含有したまとまった鋼が必要となりますが、そうした鋼の素材を作るのにも高度な技術が求められます。ただ、この鋼素材からそのまま鋭利な刃物や武器が作られるわけではありません。鋼に含まれる不純物を絞り出したり、成分を均一にしたりしてさらに高質（最適な硬さと粘り強さ）なものとしなければなりません。そして、この鋼素材を高質化する方法に「折り返し鍛錬」があります。

これは、鋼素材を加熱して鉄槌で打ち延ばし、適当なところで素材中央に切れ目を入れて二つ折りにし、再びそれを加熱して叩き締めながら伸ばし、また叩き締めるということを繰り返すといった、まさに鉄を叩き鍛える作業です。

また、江田船山古墳鉄刀の銘文の分析から、旧暦八月に「焼入れ」が行なわれ、その時期に「焼入れ」したのは日本における技術的必然からとする研究があります。「焼入れ」は切れ味を鋭くするために適度に加熱した刀身を水中で急激に冷却する作業を指しますが、上述したような「折り返し鍛錬」や「焼入れ」などの刀鍛治に必要不可欠な基礎技術が古墳時代中期頃には成立していたと考えられます。

そして、この基礎技術こそが「倭国」から「ヤマト」、そして「日本」という一つの国家へと変貌を遂げることができた源泉ではないかと考えられます。

17　熊本（肥後）地域における前方後円墳出現の順番

これまで、何度も紹介していますが熊本は弥生時代後期まで鉄器類の生産が盛んに行なわれていました。それは阿蘇山を中心とした白川や菊池川流域に鉄器を出土する集落や鍛治遺構の分布密度が日本列島で最も濃いといわれているほどです。

しかし、近年の研究では、これらの生産活動が古墳時代の前期には継続していないことが指摘されています。また、この時期には多くの環濠集落が終焉を迎え、白川中、上流域では集落さえあまりみられなくなることが報告されています。

つまり、弥生時代後期の鉄器生産に精通していた人々の系譜が、古墳時代の始まりとともに途絶えてしまったと考えることができます。

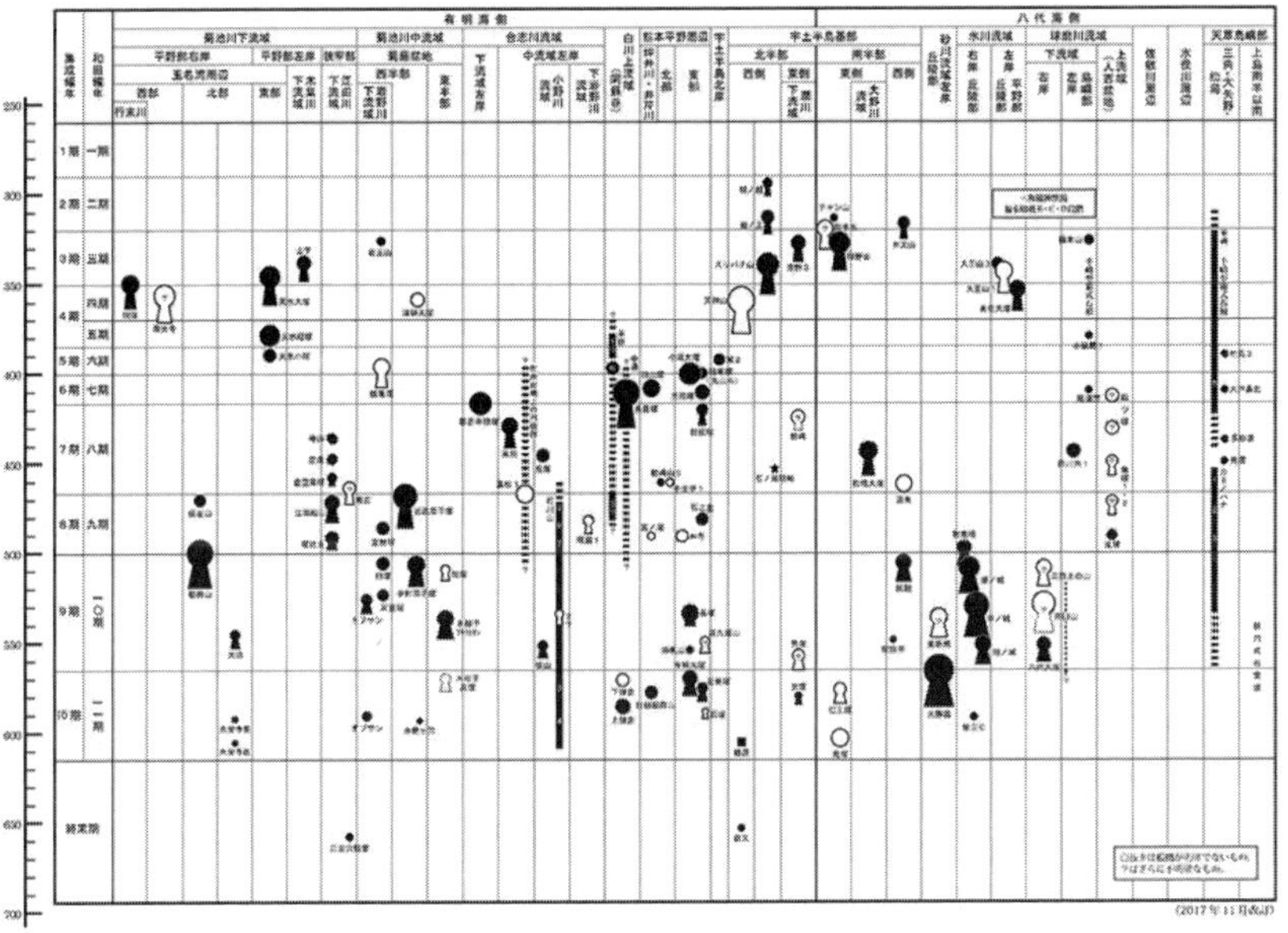

熊本県地域における首長墓系譜（杉井健、2018年より）

一般に、古墳時代の前期は、奈良盆地を拠点とするヤマトが、銅鏡（三角縁神獣鏡）などの司祭色の強い威信財の配布を通じて繋がった地方勢力との連携や連合的な関係であったと考えられています。そして、地方における前方後円墳はヤマト政権内での政治的地位を反映したものではないかと考えられています。

だとすれば、弥生時代に水稲栽培に適していた場所で人的活動の隆盛を見せていた阿蘇地域や山鹿・菊池盆地において、その系譜を持った勢力とヤマト政権との間に良好な関係が築かれていれば、古墳時代前期にこれらの地域に前方後円墳が築造されて何ら不思議はありません。

ところが、熊本における前方後円墳の出現は、奇妙なことに弥生時代は劣位であった宇土半島基部の地域となるのです。その前方後円墳の代表は宇土市松山町にある向野田古墳です。

向野田古墳では、昭和四四（一九六九）年に朱色に塗られた舟形石棺の中から三〇代後半～四〇代の女性の人骨が発見されました。地域首長墓とみられる前方後円墳の埋葬施設から、完全なかたちで人骨が検出されることは非常に珍しく、貴重な発見とされています。また、石棺内からは鏡三面のほか、碧玉製車輪石という腕輪やヒスイ製の勾玉、ガラス小玉などが出土し、石棺外には鉄刀や鉄剣、ヤリ、鉄斧などの武器類が置かれ、これらは、「肥後向野田古墳出土品」の名称で国の重要文化財に指定されています。

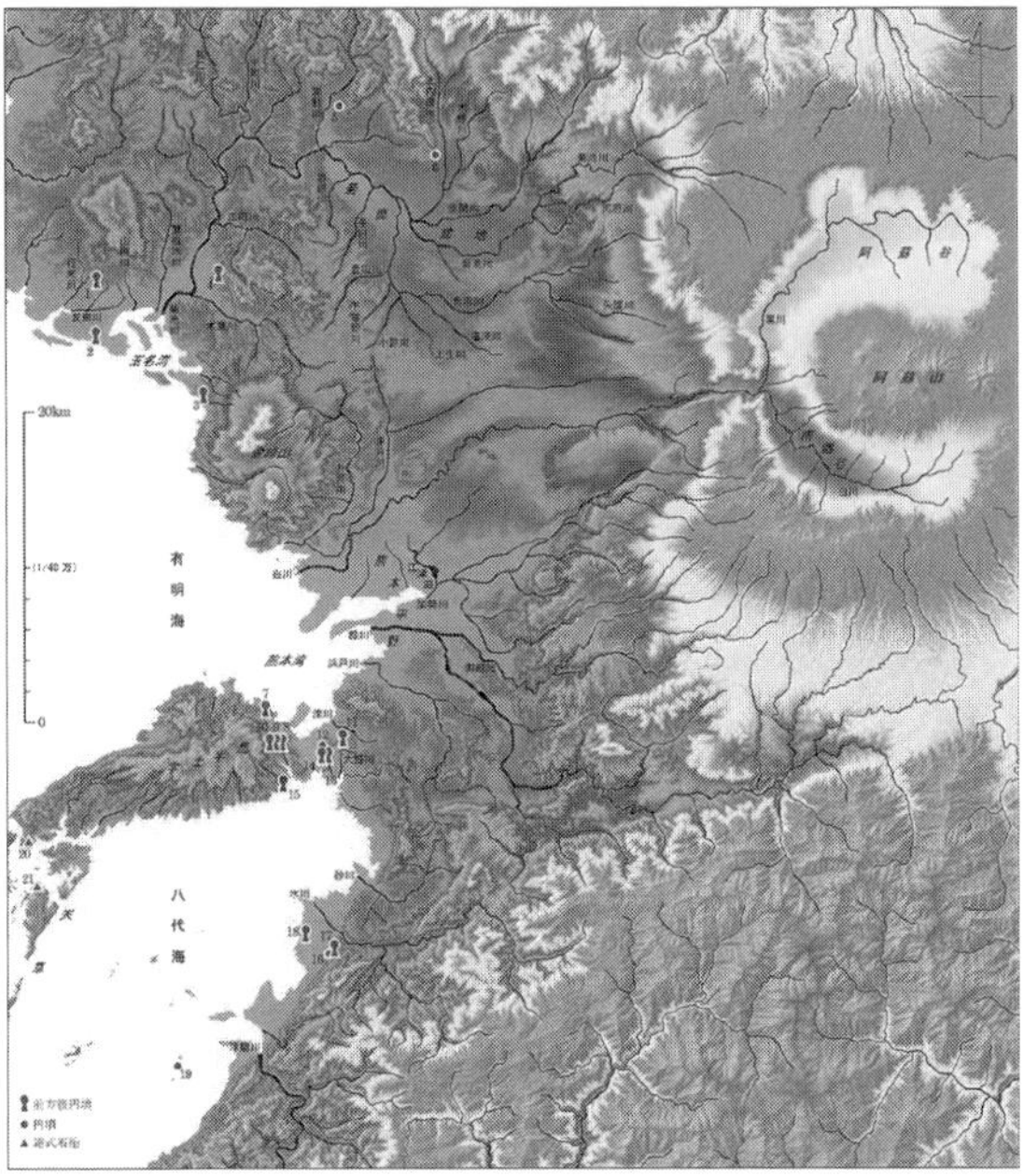

熊本県地域における主要前期古墳の分布
（杉井健、2018 年より）

もちろん、古墳時代中期になれば阿蘇地域や菊池川流域に前方後円墳が出現しますが、水稲栽培に適した広い平野を持たず弥生時代には人的活動も比較的に低調だった宇土半島の基部に前方後円墳の出現が始まったというのは、歴史の勉強を始めた（景行天皇のことや健磐龍命の伝説について理解を深めようといろいろ調べ始めた）当初は随分不思議なことに思えました。

しかし、自身の得意分野とする地形や

地質の視点を持って、おのれの足で宇土半島基部の前方後円墳を巡ったところ、一つの光明が差してきました。

現在、宇土半島基部の前方後円墳は植生や樹木に覆われその姿を見ることはできません。しかし、これらの古墳はいずれも小高い丘陵地の頂部にあります。そして宇土半島基部の、その昔は海辺であっただろう低地の田畑に立って、植生や現在の建物を排除した状態を仮定して周囲の丘陵を眺めて想像の両翼を広げると、古代の人々が見ていた世界が見えてくるのです。

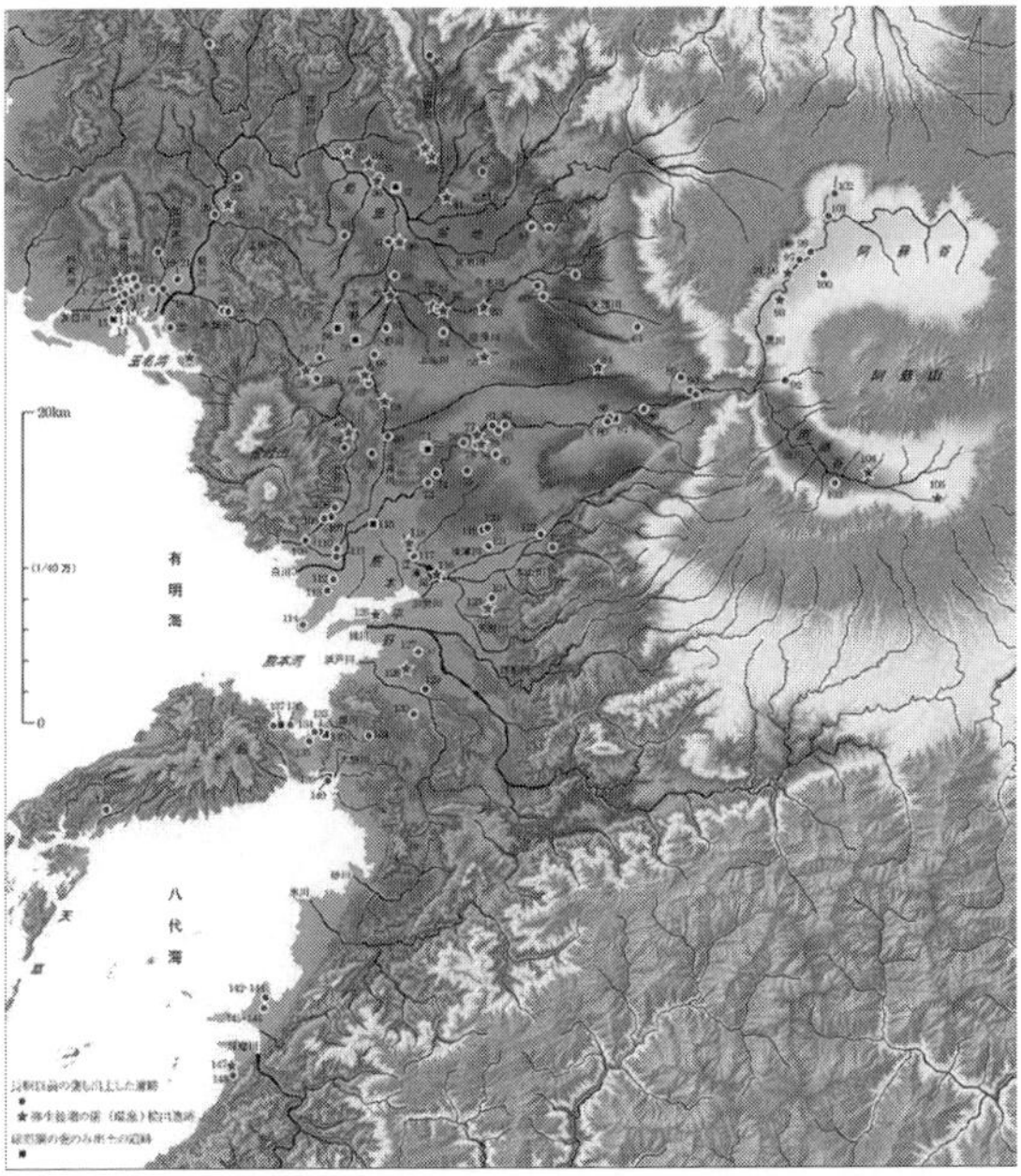
熊本県地域における弥生時代後期から古墳時代前期にかけての主要集落の分布（杉井健、2018 年より）

宇土半島基部の小高い丘陵地の頂部に、「ヤマト」を誇示するかのようなランドマークとしての古墳が、燦然と輝いてその姿を現すのです。そして、九州というやや広い視点で宇土半島基部を見ると、そこは有明海と八代海の境界であると同時に、天草諸島から島伝いに陸域に至る交通の結節点となっています。現代の高速道路でいうところのジャンクションに相当するのです。つまり、交通の要衝というわけです。地質学的には、古墳時代の初期には宇土半島の基部は既に陸化していた可能性がありますが、満潮時には岸から船を引いて行き来できる程度の水路が残っていたとしてもおかしくはありません。付近の低平地を歩くとそう思えてきます。

また、この宇土半島の基部は「馬門石（まかど石）」または「阿蘇ピンク石」と呼ばれる阿蘇溶結凝灰岩の産地にもなっていて、このピンクの色調を帯びた石材は、古墳時代には瀬戸内から畿内にかけての特に有力な権力者の棺に用いられていたことがわかっています。

当時のヤマト政権は、九州での勢力拡大と維持のために、交通の要衝や重要な石材の産地となっている宇土半島基部を先んじて押さえ、古墳時代の始めに、政治的な意図を持ってこの地域に前方後円墳を建造したのではないかと強く思ったのでした。

この地域の被葬者は、九州中南部の反ヤマト勢力（熊襲）に対する防衛の最前線に立ったヤマト寄りの首長またはヤマト政権内の派遣高官だったのかもしれません。ひょっとすると彼らは自分たちの権限を利用して一種の通行税のようなもので冨を築いたのかもしれません。

ただ、これらのアイデアは私の浅学に由来する早合点の可能性が極めて高い恐れがありました。ですが、近年の熊本の古墳についての学術研究を探索したところ、類似した考察がなされた研究成果を見つけることができました。嬉しくて思わず膝を打ちました。

しかし、この考えだけで弥生時代後期の鉄器生産に精通した人々の断絶を説明するのは困難です。視点を変える必要があるのではないかと思ったのでした。

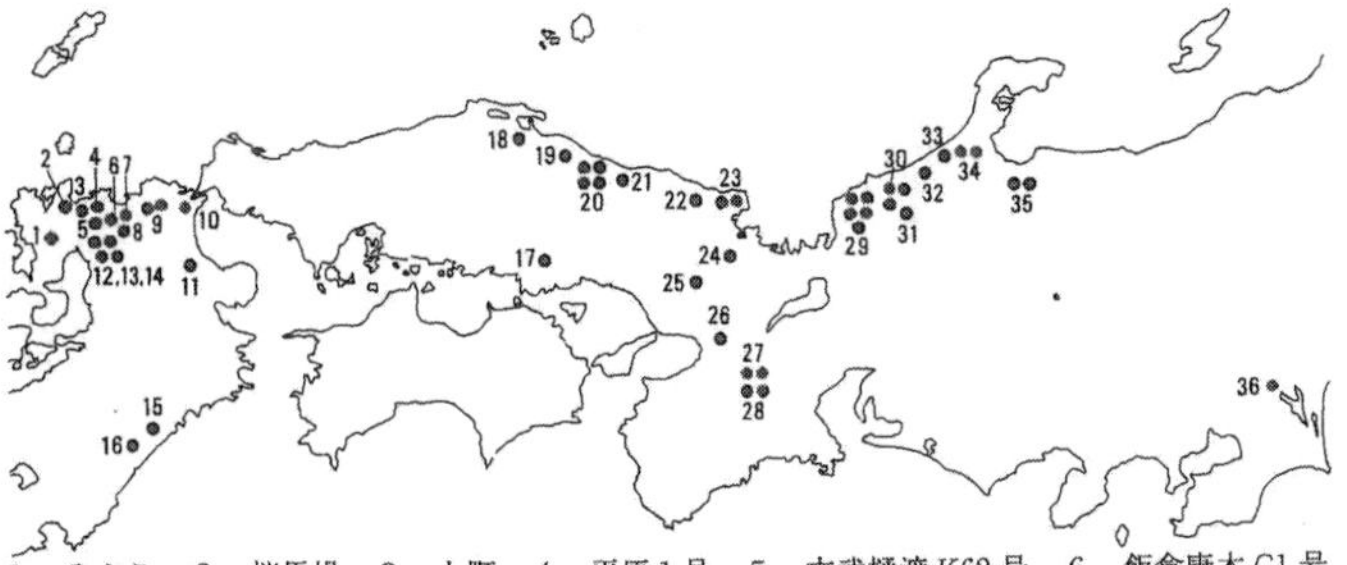

1．みやこ　2．桜馬場　3．上町　4．平原１号　5．吉武樋渡 K62 号　6．飯倉唐木 C1 号
7．丸尾台　8．仮塚南　9．汐井掛　10．郷屋　11．穴ヶ葉山　12．横田　13．三津永田
14．二塚山　15．東平下１号　16．川床 B49 号　17．みそのお５号　18．宮山Ⅳ号
19．阿弥大寺 11 号　20．宮内第１　21．門上谷１号　22．妙楽寺 4A2 号　23．左坂
24．岩谷１号　25．内場山　26．崇禅寺　27．中山大塚　28．ホケノ山　29．原目山
30．乃木山　31．袖高林１号　32．寺井山６号　33．東荒屋ナカサイ　34．七野　35．杉谷
36．原田北

弥生時代の鉄刀の分布
（豊島直博『古代刀剣と国家形成』2022 年より）

18　鉄製刀剣の出現と地域性

弥生時代の後期、菊池川・白川流域そして阿蘇地域は、こと鉄器生産については日本列島では他を圧倒する勢いを示していました。しかし、近年の研究成果を加味すると異なった側面が見えてくることに気がつきます。

弥生時代中期の中頃になると日本に鉄製刀剣が出現し始めます。そして中期後半には北部九州を中心に出土量が増加し、地域性が現れるとされます。

鉄製刀剣には、双刃の鉄剣と片刃の鉄刀と素環頭（把頭《つかがしら》が環になっている鉄刀）の三種類があります。また、これらの刀剣は鋭利な刀身と手で握る把《つか》で構成されますが、このうち鉄剣の把については材質や構造の違いによって五種類に、鉄刀の把は四種類に分類されます。

このように、弥生時代の鉄製刀剣は刀身や把の構造から分類されています。そして最新の研究では、この分類に基づいた出土遺跡の分布図が作成されていて、その分布図や刀剣の特徴から、作成の編年や地域間の関係、刀剣の流通について考察されています。その代表となる研究書物、豊島直博氏が著した『古代刀剣と国家形成』では、全国の出土遺跡を刀剣の種類に分けた分布図が示されていますが、そこで示されている遺跡名を全て数えると一七五遺跡に達します。そしてその多くが北部九州から山陰地方に分布していることがわかります。

また、多くの鉄製武器の剣身や刀身の大部分は大陸よりもたらされたもので、それらの茎(なかご：把との接続部分)の一部改変や把の装着は国内の特定の工房で行なわれ、さらにそれらが各地に配布されたのではないかと考察されています。そして、その製作地の候補地の一つとして北部九州が有力視されています。

熊本は弥生時代後期の遺跡において出土量の豊富さから鉄器類の生産が当時は本邦一ではなかったかといわれている地域です。しかし、本書に掲載されている鉄製武器の出土遺跡は僅か四遺跡です。鉄刀に至っては皆無となっています。不思議です。

熊本は鉄器類の出土数については本邦一を誇るのに、こと刀剣を主とする大型の鉄製武器は殆ど出土していないのです。これは、一体どういうことなのでしょうか。

たまたま、発見されていないということでしょうか。いや、そうではないでしょう。やはり、弥生時代後期になっても大型の鉄製武器の流通は熊本にまで達していなかったと、そういうことなのでしょう。しかし、それは何故なのでしょうか。

いくつかの可能性が考えられますが、その前に、熊本で出土する鉄器類のおさらいをしておきたいと思います。

国指定文化財データベースによれば、山鹿市の方保田東原遺跡からは石包丁形鉄器、鎌、穂摘具などの農具、斧、鑿《のみ》、鉇《やりがんな》などの工具のほか、鏃、剣、釣針が出土したとされています。ただ、公表されている画像を見る限り、これらの鉄製品はこぶりなものが多いという印象をうけます。

また、阿蘇谷には弥生時代の遺跡があり、既に多くの研究報告がありますが、そのうち「下扇原遺跡から出土する鉄製品」（『小野原遺跡群』熊本県教育委員会、二〇一〇年）では、一五二二点におよぶ鉄製の出土物があったことが報告されています。そして、このうちの五〇六点について実測図とともに器種の分類表が示されています。この五〇六点の出土物のうち、四〇％程度にあたる二〇七点は鍛冶関連の小鉄片類です。簡単に言ってしまえば作りカスや破片です。残りの二九九点は、鉄製品として出土していて、武器（鉄鏃、短剣など）七六点、工具（鉇、刀子、穿孔具など）一九四点、農具（摘鎌など）二七点、漁具（釣針）二点に分類されています。武器には短剣が二点記載されていますが、刀身は一〇㎝未満です。

このように、熊本で出土する鉄製品を見ると、小ぶりなものが多いという特徴に気がつきます。自前の「武器」も生産されているようですが、その鉄鏃や短剣の大きさから狩猟レベルの民具に過ぎないのではないかと思えてきます。現代の武器類で例えたとしても小火器レベルではないでしょうか。

ところで、弥生時代後期は、「倭国大乱」と呼ばれる時代で、北部九州では殺傷人骨の出土が多数報告されています。これらの人骨の検討から一部は鉄剣や鉄刀などの鋭利な武器の使用が想定されています。また、実験考古学の結果でも、弥生時代の弓矢だけでは軍事的効果を得ることは難しいとされ、より効果的にとどめを刺すには鉄剣や鉄刀を用いる必要があったとされます。ただし、鉄剣・鉄刀の出土状況から、これらは首長クラスの社会的ステータスを表象する威信財であり、特定階層で流通していた鉄製武器として所有されていたと考えられています。一方、共同体内の一般構成員は弓矢などの軽武装であったとされます。

これらのことから、弥生時代後期、菊池川流域や阿蘇地域に暮らす鉄器生産に精通していた人々は、筑肥山地を挟んだ北部九州の首長クラスの大型鉄製武器を介した高次元での交流はあまりなかったことが考えられます。阿蘇地域からは海外製のガラス玉などの装飾品が出土していて民生部門の交流についてはある程度の広がりを持っていたのでしょうが、政治・軍事的な交流は乏しかったことが指摘できます。根本的な民族性の違いがあったのかもしれません。

弥生時代後期の大乱の背景は、一説には、鉄素材や鉄製品の輸入ルートを巡る西日本の首長同士の争いとされています。この頃、北部九州や山陰地方の勢力は、殺傷能力の高い鉄刀などの武器に高い嗜好性があり、これが後の古墳時代になって急速に発達する鉄製武器や農具の生産の萌芽になったと考えられます。

当時の大型武器の多くは舶載品であったとされますが、各勢力においては、これら武器の素材となる鉄塊を得るために、製鉄や精錬の技術を得ようと凌ぎを削っていた可能性は十分考えられます。

そして、日本列島でその技術導入もしくは開発に成功したのが後のヤマトの勢力ではなかったのでしょうか。

こうして手に入れた「武力」の差を背景に、ヤマトの勢力は、まずは弥生時代後期から古墳時代の初期には劣位だった宇土半島基部の地域を支配下におき、南北から挟みうちをするように、熊本の菊池川流域や阿蘇地域の先住勢力を排除、もしくはヤマトの勢力に組み込んでいったものと考えられます。

また、古墳時代に入ってそれまで隆盛を見せていた鍛冶遺構が忽然と消えたのは、可能性の一つとして、それまで行なわれていた当地の鍛冶技術の陳腐化が考えられます。北部九州勢力による鉄素材の輸入ルートの遮断かもしれません。あるいは、ヤマト勢力に組み込まれてしまったがために、彼らの新しい鍛冶技術の開発や集約を目的に、鍛冶工人たちが別の地域へ集団移転させられた可能性も考えられます。

しかし、唐突な話になりますが、熊本地震の激しい揺れを経験し、阿蘇谷で生じた地震に伴った地質事象を間近で見た私は、別の可能性も指摘しておかなければなりません。

19　強い地震に対する私たちの観念と理解

震度六強に達する揺れを経験した私の心には、地震の揺れに対する強い恐怖心が植え付けられました。地質技術者として、その強い揺れの理由は十分理解していましたが、その時に感じた恐怖を容易に拭い去ることはできませんでした。熊本ではしばらくの間強い余震も続きました。一部の方々は揺れを嫌って、熊本を離れるということもありました。

地震が起こると地面が広範囲に揺れ、時には地面には割れ目や段差ができます。場所によっては地面から泥水が噴出し、海辺では大波が押し寄せてきます。現代人は地震というものを知識として知っています。しかし、理屈を知らなかった古代の人々は、地震に伴う様々な現象をどのように感じ、どのように理解しようとしていたのでしょうか。

狩尾地区で発生した段差を伴った亀裂

私たち日本人は「八百万の神」という言葉に代表されるように、無数の神々に彩られた世界に生きているという世界観をもち、古来、人間も自然の一部として捉えられてきました。そして様々な自然災害は「荒ぶる神」によるものと考えられてきました。

私たちは災害に遭遇したとき、大自然の脅威とともに自然に対する不可抗力を強く意識し、理不尽な出来事を納得するために、何らかの理由を求めずにはいられません。そして、私たち日本人は、災害に伴った不幸を目の当たりにしたとき、それを神のみぞ知る「運命」として受け入れざるをえない強い傾向を示すとされています。この災害観は「天運論」と呼ばれています。

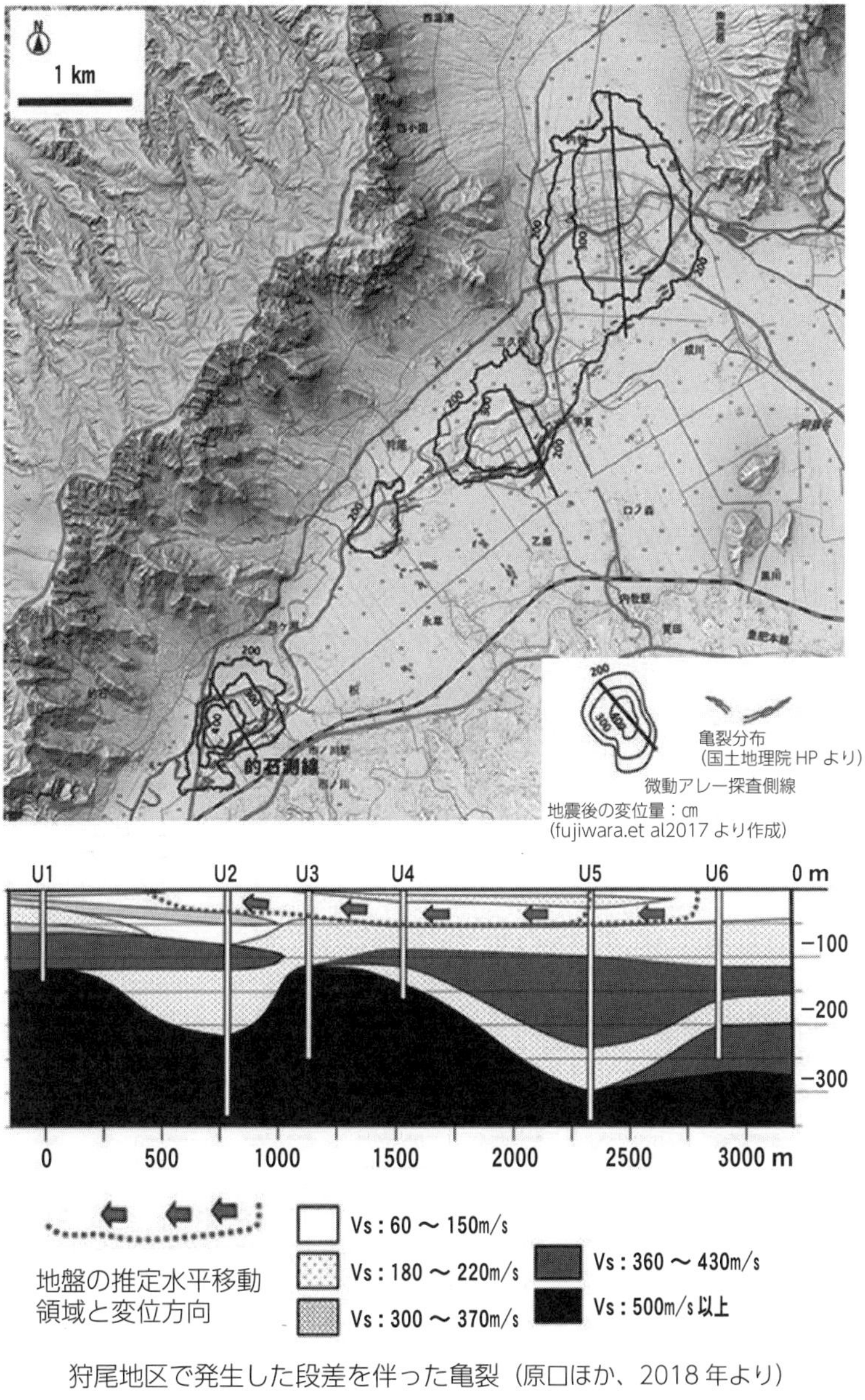

狩尾地区で発生した段差を伴った亀裂（原口ほか、2018 年より）

一方、私たちは「天譴論《てんけんろん》」と呼ばれる災害観も持ち合わせているとされています。天譴論とは、天が人間を罰するために災害を起こすという考え方で、もともと、災害（地震）は、「王道に背いた為政者に対する天の警告」とみなす古代中国の思想でした。ただ、歴史人物に限らず近代、現代における著名人の一部も、震災の後に天譴論を披露していることが知られています。このように、天譴論は古代から現代にいたるまでその内容に違いはありますが、天災は神々が私たち人間を戒めるために起こすという観念が私たちの内面にはあるのではないかとされています。

さて、熊本地震では、その発生の原因となった「布田川断層帯」が阿蘇カルデラ内の西部にまで延びていることがわかりました。しかし、この断層の動きとは直接的に関係のない大きな段差や亀裂が阿蘇谷の西部地域に広く発生したことは一般には知られていません。ですが、私は災害の緊急調査で現地を訪れた際、落差一m以上の大きな段差を目の当たりにして大変驚いたのを憶えています。そして、これらの亀裂群の発生によって、阿蘇市は住宅や道路、ライフライン、農地に甚大な被害を受けました。

後の調査で、この亀裂群は、大規模な帯状の陥没に関連して形成されていることが判明しました。そして、様々な調査と解析によってその原因は、九〇〇〇年前の湖に堆積した軟弱地盤の地層が、堆積したときの構造に規制されて深度六〇m付近を境に一～二㎞四方の範囲が北側に水平移動したことによって生じた引張亀裂であることが明らかになりました。そして、この帯状陥没による災害の復旧にあたっては、前記の調査・研究成果が地域の住民に丁寧に説明され、後の復旧工事の検討にも生かされました。

このように、現代においては、地質事象やその発生のメカニズムが明らかにされ、専門家ではない一般の方々にもそれらは共有されます。そしてこれらの科学的な成果は住民の方々の不安や心配を和らげたり、あるいはそれらを取り除くことに役立ちます。

20　二〇〇〇年前の熊本地震

ところで、前述した阿蘇谷で発生した帯状の陥没は、次図にも示すように弥生時代の主要な遺跡の分布箇所と重なります。

鉄器類が多量に出土した下扇原遺跡の隣に位置する小野原Ａ遺跡では、平成一四年の発掘調査で「断層」が検出されています。報告書では、断層が走る方向は東西で約三〇ｍにわたって確認され、垂直方向のずれが約一二〇㎝、水平の方向が約二〇㎝とされています。そして、火山灰層序や土器年代などからその「断層」ができた地震の発生時期は今から約二〇〇〇年前と推定されています。

ただ、この小野原Ａ遺跡で検出された「断層」は、前記の帯状陥没に伴った亀裂群との位置関係や変位の大きさから、約二〇〇〇年前の地震のときに形成された帯状陥没に関連した亀裂群の一部である可能性が高いと思います。また、的石地区の宮山遺跡では北東―南西方向に伸びる約六〇ｍの地割れが検出されていますが、この地割れも前述のメカニズムによって生じた地震の影響と考え

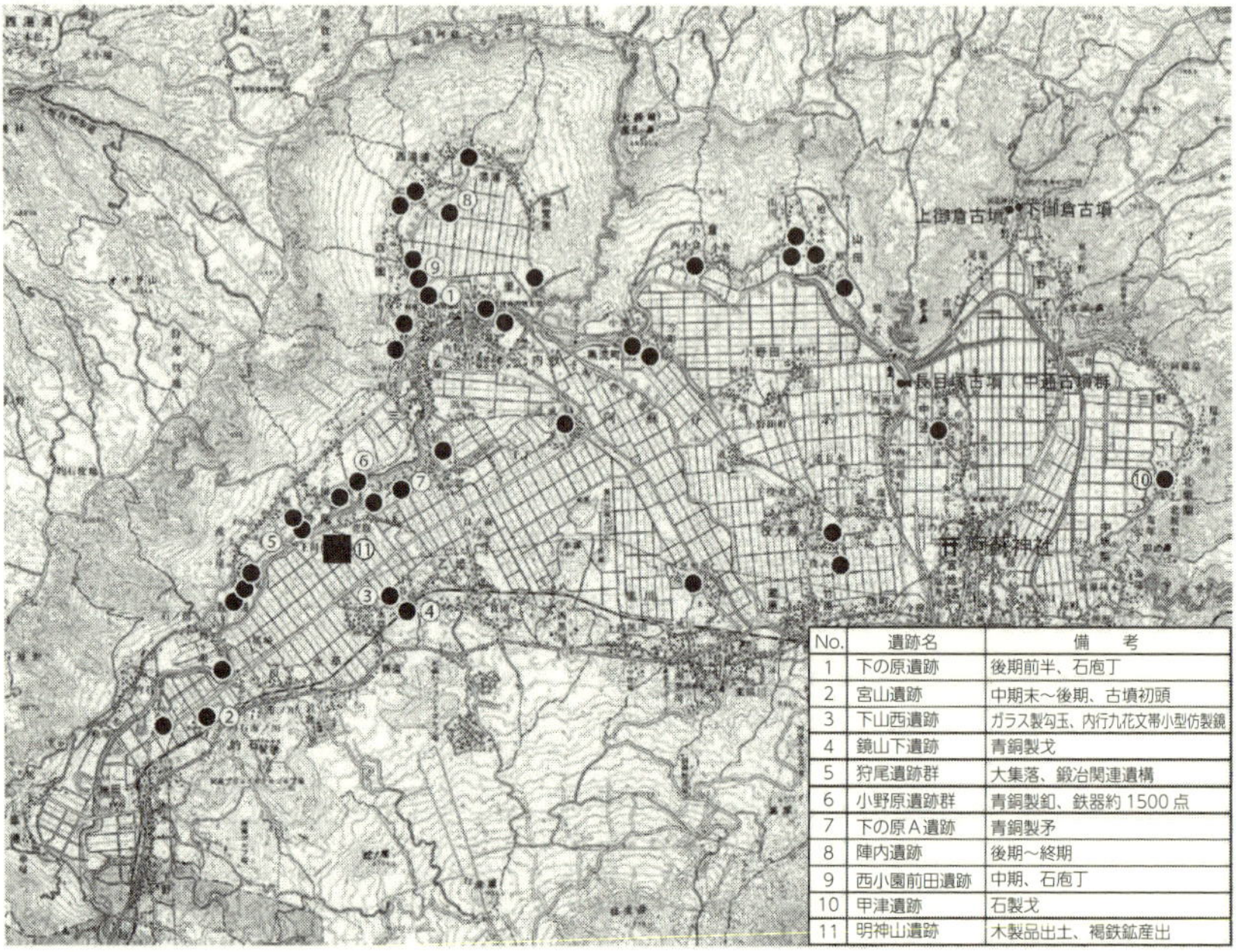

No.	遺跡名	備　考
1	下の原遺跡	後期前半、石庖丁
2	宮山遺跡	中期末～後期、古墳初頭
3	下山西遺跡	ガラス製勾玉、内行九花文帯小型仿製鏡
4	鏡山下遺跡	青銅製戈
5	狩尾遺跡群	大集落、鍛冶関連遺構
6	小野原遺跡群	青銅製釦、鉄器約 1500 点
7	下の原Ａ遺跡	青銅製矛
8	陣内遺跡	後期～終期
9	西小園前田遺跡	中期、石庖丁
10	甲津遺跡	石製戈
11	明神山遺跡	木製品出土、褐鉄鉱産出

阿蘇谷における弥生時代の主要な遺跡

（『下の原遺跡』2012 年、阿蘇市教育委員会）

られます。

しかし、二〇〇〇年前頃は弥生時代後期にあたり、当時の人々にこの地質事象の詳しい成因について知る術はありませんでした。当時の人々は現代に生きる私たち以上に強い恐怖を感じ怯えすくんだに違いありません。自分たちが暮らす居住地に、突然、一m以上の段差を伴う亀裂や地割れが発生し、生命を脅かすような事案も発生したと思います。変位の規模から熊本地震と変わらない程度の地震だったとすれば、その当時も余震は頻発していたことが考えられます。

そして当時の人々が、この凶禍を生んだ大地を呪われし場所として忌み嫌ったことは容易に察することができます。また、この地を離れたいと思った人々も多くいて、実際に行動にうつした人もいたであろうことは、熊本地震を経験した私たちにとっては、当然のことのようにさえ思えてきます。

弥生時代の後期に鉄器生産に精通していた人々が暮らしていた集落が忽然と姿を消したのは、ここまで説明してきたような激しい揺れや地盤の変形を伴った地震による影響が背景にあったのかもしれません。そして、この考えは、考古学の研究者間においても大きな可能性の一つとして議論され始めています。

平成二八年熊本地震では、「布田川断層帯」沿いで右横ずれの地表地震断層が出現し、多くの地点でトレンチ調査や研究が行なわれ、「布田川断層帯」の活動履歴が明らかになりました。そして、平成二八年熊本地震の一つ前の地震は、概ね二二〇〇～一九〇〇 cal BP[※]とされ、小野原A遺跡で検出された亀裂の発生時期の重複などから、一つ前の活動は熊本地震と同様に強震動を伴った地震であったことが確実視されています。また、詳しい記述は無いものの、布田川断層帯に近接する上益城郡嘉島町の弥生時代の二子塚遺跡からは噴砂跡が検出されている報告もあります。

熊本では約二〇〇〇年前の弥生時代後期に、大きな地震が起こったことは確実のようです。当時、熊本の阿蘇地域や白川・菊池川流域には多くの集落があり人々の営みがありました。しかし、大地震によって、一時的ではあったにせよ、その暮らしに大きな変化が生じたことは想像に難くありません。集落の活力低下や弱体化も起こっていたと思われます。そして、それはこの地域を狙う新しい勢力にとっては、進出の格好のきっかけになったのではないでしょうか。しかも、熊本に暮らす

※^{14}C 年代測定法による西暦 1950 年を基準とした年代で、この年から何年前かを表わす

当時の人々は、鉄剣や刀剣などの殺傷能力の高い武器を所有しておらず、北部九州の勢力との間における高次な政治的繋がりは乏しい状態でした。つまり、弥生時代の後期、熊本の各勢力は地震という災害に見舞われて、安全保障が極めて低下した状態に陥っていたのが実情だったと考えられます。

この状態を、勢力の拡大を狙う者たちが見逃すはずはありません。彼らは絶好のチャンスと捉えて、新しい技術で作った鉄製の武器や農具を持ち込んで入植を図ったのだと考えられます。そして、彼らこそが近畿で力をつけた勢力、つまりヤマト政権ではなかったのでしょうか。

ところで、日本で最古とされる古典の『古事記』や史料文献の『日本書紀』の中から約二〇〇〇年前に起こった一つ前の熊本地震のことを見い出すことはできません。

『古事記』は元明天皇の和銅五（七一二）年、『日本書紀』は元正天皇の養老四（七二〇）年に編纂された資料です。このことを考えると、編纂された当時より約七〇〇年前に起こった九州地方の地震の記述が無いのは仕方がないことと思います。

ちなみに、日本の文献に残る最初の地震記録は、『日本書紀』の允恭天皇五（四一六）年の畿内で発生した地震です。「五年秋七月丙子朔己丑、地震」との記載があります。

一方、『古事記』は、皇位継承やそれにまつわる人間関係の物語が主体で、具体的な自然現象の記載は『日本書紀』に比べると少ない印象です。しかし、三巻からなる『古事記』のうち、上巻の神話の特定部分については、地殻変動に基づくと考えられる地表における諸現象が、神々の行為・

行動や心的葛藤の描写に相応しい比喩として表現されていると指摘されています。例えば、須佐男命が高天原に向かうシーンの「上天時山川悉動國土皆震」との表現がその代表格になるようです。

いずれにしても、日本列島に人々が暮らしはじめたのは、少なくとも一万年以上も前であるのは確実です。そして、その頃から既に我々の祖先は多くの地震を経験していたはずです。しかし、『古事記』や『日本書紀』における神話部分に地震のことが書かれていないのは、当時の人々が地震を意識していないのではなく、ヤマト政権の成立時期の前後に大きな地震があまりなかったことを意味しているのかもしれません。

21　阿蘇地域の古代史復元

学びはまだ不十分ですが、近年の考古学や地質学の研究成果、民俗学からの視点を踏まえて、阿蘇地域の古代、弥生時代後期から古墳時代中期の歴史を復元、想像してみたいと思います。

弥生時代、菊池川・白川流域や阿蘇地域には鉄製品の加工に長けた人々が各地に集落を築いて彼らの生活様式で暮らしていました。阿蘇地域では褐鉄鉱を原料としたベンガラが生産され、これを交易品とした交流が盛んに行なわれていました。彼らは鍛冶・加工だけでなく褐鉄鉱によって製鉄も行なっていたかもしれません。外輪山一帯では古くから野焼きも行なわれていて火の扱いにも長けていました。彼らの祖先は、大陸南方の沿岸部や中国の江南地方から渡ってきた民で、いわゆる海神族であるとともに古くは「火の民」の系譜を持つ人々でした。その一族は菊池川・白川流域そして阿蘇地域に根を下ろしていきました。阿蘇に根をはった一族は、「鯰」を神使いとする人々でした。菊池川流域の人々は「亀」だったかもしれません。

やがて弥生時代の後期にさしかかると、北部九州では各集落やクニの間で対立が始まりました。彼らの主なふるさとは大陸内部や朝鮮半島でしたが、北部九州では離合集散を繰り返しながら、対立が深まると場合によっては、集団同士の戦闘に発展することもありました。

一方、筑肥山地を挟んだ北部九州の勢力と南側に位置する熊本の勢力の間には高次の政治的な関係は希薄でした。当然、対立した時期もあったと思います。

ところが約二〇〇〇年前、熊本では布田川断層沿いで大地震が起こりました。元来、断層沿いというのは、特に活断層沿いはその直線的な構造から往還や街道になりやすいという地形的な特徴があります。そして、そのような往還沿いには宿場などができるように、古代においては集落が形成されていたと考えられます。布田川断層沿いの往還にもそのような集落がいくつか形成されていて、当時そこに暮らす人々は阿蘇と同様に「鯰」を神使いとする人々だったと推測されます。

ところが、二〇〇〇年前の激しい揺れとともに大地は裂け、山は崩れ、低平地で泥水が噴出しました。地面の沈み込みも起こり、沿岸部では津波が発生していたかもしれません。そして被害は断層近くの往還沿いの集落で顕著でした。

約二〇〇〇年前の弥生時代の人々は、全てのものに神霊が宿り神々とともに生きるアニミズムの世界観の中で生活を送る人々でした。熊本で起こった大地震を「荒ぶる神」の怒りと感じたのは当然でしょう。

阿蘇谷の西部地域では、激しい揺れとともに彼らが営んでいる集落には大きな段差や裂け目が集中的に発生しました。

「ナゼ、自分たちの集落にだけ、このようなことが起こるのか⁉」

人々は、恐れ慄いたに違いありません。眼前には噴煙を上げる阿蘇山が聳えています。人々が、荒ぶる神の次なる怒りを阿蘇の爆発として考えても何ら不思議ではありません。余震は引き続いています。多くの人たちが慣れ親しんだ集落を後にしたのだと思います。それは、一時的な避難だったのか、新天地を求めた集団移動だったのかはわかりませんが、これによって鍛治やベンガラ生産で栄えた阿蘇谷の集落の勢いは一気に低調へ向かったのだと思います。

最近の活断層の研究によって、熊本では約二〇〇〇年前に大地震が起こったことが明らかになりましたが、火山学の研究では、この約二〇〇〇年前の地震に関連した比較的規模の大きい噴火活動が起こったとされる証拠は今のところ見つかっていません。この観点からすると、大地震の後の阿蘇地域は平穏な時期が続いていたと考えられます。一部の人々はこの地に留まり細々とした営みを続けていたのかもしれません。ただ、大多数の人々は断層からやや離れた菊池川流域へその活動の場を移していきました。南へは球磨川を遡り人吉盆地に向かった人々もいたかもしれません。

菊池川の中流域には、茂賀の浦と呼ばれる湖が縄文時代は広範に広がっていましたが、弥生時代になるとその範囲は縮小して水稲栽培に適した低平地へ変わっていきました。面積が小さくなった茂賀の浦の周囲にはいくつかの大きな集落ができ、そこへ阿蘇谷の人々も合流して狗奴国と呼ばれるクニが作られました。狗奴国には菊池の語源となる狗古智卑狗《ククチヒク》と呼ばれる指導者がいて、邪馬台国と対峙していました。

その後、北部九州から高千穂を経由して日向から東征した勢力が、近畿地方の大和においてクニを開きました。古墳時代に入り、ヤマト政権は威信財や鉄でできた農器具の配布によって近隣の主な豪族と連携を図りながら勢力の拡大に努め、熊本（肥後）ではまず交通の要衝である宇土半島基部を政権の一部に組み込み、次いで菊池川流域や阿蘇地域を支配領域にしていったと考えられます。

ヤマト政権のこのような一連の動きの中で、阿蘇地域を治めるために政権の高官、つまり皇統の中心に近い人物が送り込まれたことは十分考えられることです。もちろん、一人であったはずはありません。彼に仕える侍臣たちや一般の人々も一緒だったはずです。そして、彼らの入植によって阿蘇谷の新しい開拓と歴史が始まったのだと思います。

22　阿蘇神話伝説の背景

阿蘇神話伝説は、ヤマトから下向した神武天皇の孫とされる健磐龍命が、カルデラに溜まった湖の水を流すために西側の外輪山を蹴破るところから始まります。地質学的にも外輪山の西側で決壊が起こり、この原因は布田川断層帯の活動によるもの考えられています。

健磐龍命たちに相当するヤマトの人々が阿蘇の地にやってきたときには、既に湖水は引いていました。そして、そこには僅かではあったかもしれませんが先住の人々の営みがあり、彼らの間では口碑として三〇〇年前の大地震の話が伝承されていたと思われます。

健磐龍命の蹴破りの物語は、おそらく今から約二〇〇〇年前の大地震がモチーフになっていると考えられます。

伝説の続きでは健磐龍命は湖の主であった鯰に退去を迫り、鯰はしぶしぶとそれに従ったとされています。また、別の伝説では命は鯰を退治したとされています。

これは、健磐龍命に表像されるヤマト政権が、先住の人々に対して行なった政策を物語ったものと考えられます。

ヤマトの人々は最新の鉄器でできた武具や農具を所持していました。先住の民は、これに抗うことはできなかったでしょう。この地を去った人々は白川を下って行きました。無念の思いだったはずです。下流域の嘉島町には鯰と呼ばれる地区があり、そこには鯰三神社があります。また、御船町の辺田見地区には鯰信仰の篤い若宮神社があります。さらに有明海に近い熊本市西部の小島地区には「鯰の神様」と呼ばれる小島阿蘇神社があります。球磨川沿いや人吉盆地にも鯰を信仰する阿蘇系の神社が分布します。これらの鯰に彩られた神社の存在は、「鯰」を神使いとした人々の営みの残り香のように思われます。

一方で、阿蘇谷を新たに拓いたヤマト政権に近い人々は、この地を去った先住の人々を神として祀りました。それが国造神社の境内の一画にある鯰宮です。阿蘇谷に入った新しい人々は、この地を無念の思いで離れていった先住の人々のことを思い偲んだのだと思います。「鯰」が祀られたのはそのためだと思います。

23 鬼八伝説

阿蘇地域にはもう一つ有名な伝承が残っています。「鬼八」の話です。

健磐龍命は弓を射ることを何よりも楽しみにされていました。ある日のこと、命は家来の鬼八を従えていつものように的石《まといし》に向けて弓を射られていました。その矢を拾って持って戻るのが鬼八の役目でしたが、一〇〇本目は面倒になり足で拾って蹴返しました。これに怒った命は逃げる鬼八を追いつめると、鬼八の首をはねたのでした。鬼八は死に際に「死んだら天に昇って霜を降らせ、五穀に害を与えるだろう」と言いました。それからというもの阿蘇の民は霜害に苦しめられたため、命は鬼八を神として祀るからと許しを乞いました。すると、鬼八は「斬られた首の傷が痛むから温めてほしい」と言ったので、命は霜宮を建てて鬼八を祀り、火焚きの神事が始まりました。

以来、阿蘇市の役犬原《やくいんばる》の霜神社ではこの神事が行なわれています。この神事は毎年八月一九日、御神体を神社近くの「火たき殿」の二階に安置して、階下の土間から「火たき乙女」が昼、夜をとおしてたき火で温め、これを六〇日間続けるとされています。コロナ禍の間は、この神事は中止になっていたようですが、この火たきには、鬼八が痛むともらす首の傷を温める意味が込められているといわれています。

霜神社

この伝説に登場する鬼八は、この地に残っていた先住者を意味するのではないかとする説がある一方、この伝説は、宮崎県高千穂地方に伝わる鬼八の伝説がオリジナルではないかという議論があります。

高千穂神社は、古くは十社大明神と呼ばれ、神武天皇の兄の三毛入野命《みけぬのみこと》を主座に妻子六柱が祀られていて、今なお親しみを込めて十社さんと呼ばれています。『日本書紀』では、三毛入野命は東征の際、熊野の海を進む途中で暴風雨にあい、浪頭を踏んで常世国に行かれたとありますが、高千穂の伝承では再び高千穂に戻り里を荒らすなどの悪行をはたらいていた鬼八を退治したとされます。鬼八には美しい妻がいましたが、三毛入野命に奪われたうえに鬼八の身体は首、体、手足にバラバラにされて埋められました。殺されたはずの鬼八が一夜にして息を吹き返したからです。埋葬された場所は「鬼八塚」と呼ばれ、高千穂町内に首塚、胴塚、手足塚と三ヵ所に別れて存在しています。高千穂神社では旧暦の一二月三日に鬼八の霊を慰撫するために「猪懸け祭り」が行なわれています。なお、高千穂を訪れると興梠姓が多いことに気がつきますが、一説には彼らが鬼八の子孫であるとされています。鬼八はヤマト政権に対しては逆賊にあたりますが、地元ではあふれる好意をもって遇されています。

24 逆賊が祀られるという不思議

阿蘇地方と高千穂地方の鬼八伝説を紹介しましたが、これらはいずれもヤマト政権側から見た異族討伐の説話です。ただ、ここで私が注目したいのは、国造神社で祀られる「鯰」と同様に、蛮族や逆賊でもあり征伐はされるものの鬼八が結局は神として祀られるということです。伝説では鯰は水稲が枯れるという祟り神、鬼八は霜害の祟り神となっていて、彼らの霊を鎮魂・慰撫することで、同地に生きる人々の安寧を願ったのでした。そして、それらは現在も執り行なわれている神事にもつながっています。

前章の「景行天皇伝説をめぐる物語」では、古墳時代の初期に熊襲の征伐の折に山鹿・菊池地方に巡幸してきた景行天皇が、茂賀の浦の主であった「八頭大亀」の霊魂を八神として震岳の頂上に祀ったことを紹介しました。

鯰、鬼八、八頭大亀の伝説は、つまるところ、ヤマト政権の異族征服の歴史を象徴的に語っている説話です。そしてこれらの説話では、退治や征伐された彼らの遺念を鎮める主な理由が、祟りとされる自然災害から農作物を守ることや地域に暮らす人々の安寧を願うこととして描かれています。しかし、これらの物語を通して、征伐された異族や先住者に対する政権側の哀悼の気持ちを汲みとることができると感じるのは、私の独り善がりでしょうか。

そして、このような哀悼の念が当地に残された人々の心に安定をもたらすとともに、これによって生まれた心理的な安堵感が新しい支配層との良好な関係性の基礎になったのではないかと思うのです。

日本には古くから「御霊信仰」あるいは「怨霊信仰」があります。

『ブリタニカ国際大百科事典　小項目事典』では以下のような解説があります。

死者の霊がたたることを恐れるところから生じた人の霊に対する信仰。死霊に対する宗教観念は、採集文化の段階からすでに広く分布している。日本でも特に災難によって死んだ者、現世に恨みをいだきながら死んだ者などに対しては、そのたたりを恐れて特別な葬法や供養法を用いる風習がすでに古墳時代から行われていた。奈良・平安時代になると、流行病の発生や天災なども貴族間の勢力争いに敗れて死んだ者の霊のたたりであると信じられるようになり、それらの霊を祀ることが盛んになった。桓武天皇の同母弟で皇太子であった早良（さわら）親王は、延暦４（７８５）年廃嫡され淡路島に流されて死んだが、その後しばしば疫病が発生したため、その怨霊をしずめるために同13年に京都御霊社が創祀されたのがその最初といわれる（以下略）。

しかし、非業の死を遂げた人々の霊が祟りを起こすかもしれない、あるいは既に祟りを起こしているという観念だけで、その霊を祀るものなのでしょうか。確かに、私たちの内面には怨念を恐れる心の動きがあります。しかし、その恐れが表面化する以前に、私たちの心には、亡くなられた人々に対して哀悼の情が自然に湧きあがってくるのではないでしょうか。

この哀悼の情念が、敵・味方であれ、等しくその霊を祀るという根源であるように思うのです。これは日本人独特の感性なのかもしれません。

八頭大亀、鯰、鬼八とセットになっている討伐された者たちを祀ったという伝説は、いずれもヤマト政権の発足後の間もない時代であることも指し示していて、これは政権発足の正統性を企図した後世の「後付け伝説」という見方もできなくはありません。また、このような神話や伝説は、政権の卓抜した民心操作の一環であると結論付けることも可能かもしれません。

しかし、約二〇〇〇年に及ぶ我が国の王朝（皇統）の連綿性や古代人のアニミズム的な世界観を鑑みると、討伐された者を神として「正式」に祀るという行為は、やはり尊く崇高であるとともに、この行為は多くの人々に共感、崇敬されたように思えてなりません。

25　十拳剣《とつかのつるぎ》で殺された神さま

さて、ここまで阿蘇神社を紹介し、そこに祀られる神々の伝説について様々な学説や地質事象をもとに、弥生時代末期から古墳時代にかけての阿蘇の古い歴史について想像をめぐらせました。さらに想像を膨らませてみましょう。

弥生時代末期の阿蘇の先住者は、鍛冶やベンガラの生産に精通した人々でした。当時も野焼き・山焼きは続いていました。その人々は縄文人の血を強く引く「火」の周辺技術に長けた人々、つまり「火の民」であったと言ってもいいかもしれません。そこに鉄製武器や農具を持ったヤマトの人々が入ってきました。ヤマトの人々は大陸からわたってきた「鉄の民」を祖先とする弥生人です。阿蘇では「火の民」と「鉄の民」の邂逅がありました。そこに大きな争いはなかったのでしょうか。新しいクニ作りのため、生みの苦しみぐらいはあったはずです。

そして、ここで思い起こされるのが『古事記』『日本書紀』に描かれている日本神話の国生み、神生みの物語です。

神話のなかで、日本列島の「大八島《おおやしま》」を創ったとされるのはイザナギ（男神）とイザナミ（女神）の二柱です。この二柱は「国生み」で日本の島々を創ったのち、続いて「神生み」を行ないます。

「イハツチビコノカミ」（石土毘古神）は石や土の神、「アメノフキオノカミ」（天之吹男神）は屋根葺の神、「ワタツミノカミ」（綿津見神）は海の神など、自然や暮らしにまつわる一七柱が生まれましたが、火の神である「ヒノカグツチノカミ」（火之迦具土神）を生んだとき、イザナミはその火に焼かれて苦しみながらも神を産み続けて最後に死んでしまいます。

嘆き悲しんだイザナギは、その怒りのあまり、生まれたばかりのヒノカグツチを斬り殺してしまいます。そのときに振るったのが「十拳剣《とつかのつるぎ》」です。「十拳剣」とは拳が一〇個分の長さの剣という意味で神話の随所に登場しますが、その剣によって殺されたカグツチの血からはタケミカヅチノヲノカミ（建御雷之男神）など八柱の神が現れ出ます。また、その亡骸からは八柱の山の神が生まれました。

このカグツチが剣によって殺害される物語については様々な解釈ができそうです。しかし、この話が、イザナギとイザナミが国土を作った後の物語とすれば、その続きは、そこに暮らす人々を創造するのがスジのように思われます。そういう観点から神産みの物語を読み返すと、カグツチという火の神が剣によって殺されるというのは何かの暗示ではないのかと思えてきます。そうです、ここまで個人の想像として紹介してきた「火の民」と「鉄の民」の邂逅とその結末が描かれているのではないかと思われるのです。

一方、『刀剣の歴史と思想』を著した酒井利信氏は、この物語を古い火に対する畏怖の信仰を最先端文明である剣によって断ち切ったことを表す神話である、と解釈したうえでさらに、剣で切られたことにより血がまわりの岩群に飛び散ってさまざまな神々が生まれる描写については、作刀過程における鋼を真っ赤に焼いて槌で鍛えたときに火花が飛び散る様を表現しているものと解釈しています。武道家の立場からみれば、首肯できる素晴らしい解釈だと言えます。

しかし、神話を考えた当時の知識層には、剣に対してそれほどマニアックな意識はなかったように思います。むしろ、過去から伝承され続けてきた日本創世の産みの苦しみを腐心して神話化しようとしたのではないでしょうか。

火の神であるカグツチは「火の民」の象徴、そして剣は新しい技術を持った「鉄の民」の象徴と解釈すると、「火の民」は「鉄の民」に屈してしまうものの、そこからは新しい神々、すなわち剣の力を得ることでさらに強くなった人々が誕生したように見えてきます。

日本神話に描かれている神産みの物語は、産みの苦しみを描きながら、その実本当は過去から伝わってきたクニ作りの難しさの物語を反映させたものではないでしょうか。

神産みの物語には続きがあります。妻の死を諦めきれないイザナギは黄泉の国へ向かって妻を取り戻そうとしますが、様々な困難が待ち受けていて結局は妻を連れて帰ることができませんでした。そして地上に戻ると汚れた体を清めるために禊を行なうと、また多くの神々が生まれ最後に顔を洗うと、アマテラスオホミカミ（天照大御神）、タケハヤスサノヲノミコト（建速須佐之男命）、ツクヨミノミコト（月読命）の三柱が生まれました。

ここには、挫折や衝突、裏切りや恨みがありながらも結局はそれらを乗り越え、融和、融合し、さらに洗練されて新しい協力関係が築かれる様が表現され、最後に日本創世にとって重要な人物が誕生したことが描かれているのではないかと思います。

ところで、『日本書紀』や『古事記』では政権に反発する人々のことをしばしば「土蜘蛛《ツチグモ》」と表現しています。火の神はカグツチ（迦具土）です。どちらにも〝ツチ（土）〟が付いているのが印象的です。歴史書を編纂した当時の知識層が、「火の民」を色濃く残す人々のことを反抗勢力であると認識していて、あえて蔑称に〝ツチ〟を用いたとするならば、それは神の名前の一部であることからすると、そこには逆賊と言えど彼らに対してある種の敬意が払われていたことが読み取れるのではないでしょうか。あくまで個人の感想に過ぎませんが、そういうふうに考えると古代の知識層に親しみを感じることができます。ちなみに、体から八本の足が生えている生き物といえば、そう、蜘蛛ですね。

26　日本神話の起源って⁉

さて、ここまで本書を読んで頂いた我慢強くも鋭い方なら、お気づきのことと思います。

「ってかさぁ、八頭大亀の伝説ってぇのは、シンプルにカグツチ神話の焼き直しじゃね？」

「それを言うなら、ヤマタノオロチ神話のほうがゲキ似だっつうの、ガチに！」

確かに、そうかもしれません。熊本県北に伝わっている八頭大亀の伝説は、江戸期に吉田神道の卜部（吉田）兼敬が創作した『八頭大亀本記《やずおおがめほんぎ》』が元となっている可能性が高いと考えられます。そして、この卜部兼敬が神道家としての知識を存分に発揮して日本神話を模倣したと考えてもなんら不思議なことではありません。

大亀の〝八〟の頭と退治された後に〝八〟神として祀られるくだりは、カグツチの血から八柱、亡骸から八柱の神が生まれるというところに類似性がみられます。スサノヲノミコトに十拳剣で退治されるヤマタノオロチには八つの頭と尾があります。

しかし、以下のような状況も想像できます。

七世紀終わりの国史編纂局の古事記課に勤務する二人の若手課員が居酒屋で何やら話し込んでいる様子です。

「うちらが取り組んでいる今度の歴史書って、ヒエダさんとこに先祖代々伝わってるって話が元ネタですけど、実際のとこ、その信憑性ってどんなもんなんすかねー」

「さぁなぁ、俺たちの仕事は、とにかくヒエダさんが覚えてるって話を他の氏族の資料も参考にしながら先ずは文字に起こすことだからなー、信憑性っていわれると辛いよなー、最近読んでみた氏族の資料もなんだかウソっぽいしなー」

「でも、いずれそこが問われるような気がするんですよねー、たとえ、完成して朝廷のお墨付きをもらっても、うるさい人っているじゃないですかぁ」

「そりゃ仕方ないよ、全ての人に納得してもらうことなんてどだい無理なことだしぃ」

「でもですよ、国産みの部分はいいとして、そのあとの神産みの話はヤバイっしょ！」

「えー、どこが？　ファンタジックでいいんじゃね？」

「センパイ、そりゃマズイっしょ、そんな簡単に言ったら」

「俺なんてあのくだりはカミポロなんて呼んでるぜ、カミサマがポロポロ生まれてくるし」

「何言ってんすか！　そこは問題じゃないっすよ」

「え、ドコが問題だっつぅの？」

「カグツチが殺されるところですよ、剣でクビチョンパっすよ、しかも父親が我が子を！　虐待どころの話じゃないっすよ、マジで。後世に残る話としては、ちょっとマズイんじゃないかって、そう思うんですよ、これが世にでたら日本人は野蛮人扱いされるんじゃないかって」

「で、それでどうするんだよ、ヒエダさんの昔話を改竄でもしようってか？」

「いや、そんなことは考えてないですよ、ただ自分はヒエダさんに確認したいだけなんですよ、なんていうか、これは勘なんですけど、ヒエダ家には伝来の史話のほかに、その根拠となる別の話が伝わってるんじゃないのかなって…」

一週間後、また同じ店で、例の二人がテーブルを挟んで話し込んでいます。

「で、どうだったんだよ、」

「一応、オオタ局長に許しをもらって、ヒエダさんには非公式でいろいろ話を聴くことができたんすけど、なんていうか、結構、生々しいんですよ」

「なんだよ、もったいぶらずに、話してみろよ」

「センパイ、内緒ですよ、他の課員にも」

「わかった、わかった、だから早く話せよ」

「センパイ、肥後国って知ってるでしょ」

「あー、知ってるよ、最近、調子乗ってる国だろ、連中、海外（百済）寄りなんだよな、外からの技術導入とかで儲けて肥え太ってんだよな、クニの名前まで変えてよー、ウワサじゃ、こないだの白村江の戦いで負けたあと、難民も相当受け入れてククチ（キクチ）に城まで作らせたらしいぜ、その昔の磐井の乱じゃぁひよってやがってヒーヒー国なんて言われてたのによ！」

「火の国ですよ、でも自分が聞いたのは、そんなことよりももっと古い時代の話なんですよ、神武天皇がヤマトにやってくるよりずっと前の話なんですよ」

「そんなに古い話なのか⁉　で、なんなんだよ、いったい」

「我々って、どちらかっていうと大陸よりの人間じゃないですか、漢字、鉄作りに酒作り、どれも大陸から学んでるし、顔カタチも向こうの人たちと似てるじゃないですか。けどヒエダさんが言うには、元々は、我々と違う連中が先にこの国には住んでたって話なんですよ」

「それは聞き捨てならんな～」

「最近、各地で開発が進んでるでしょ、そしたら時々、土の中からワケわかんないものが出てくるらしいんですよ、一応、焼物には間違いないらしいんですけど」

「それって、せっせとコフン作ってた時代のハニワかなんかのクズじゃね!?」

「そうでもないらしくって、ほかにも、すっげーデカい動物の骨が見つかったりすることがあったりで、朝廷が密かに情報収集してるって話なんですよ」

「マジかっ!」

「それで、つい半年前のことらしいんですけど、火の国の茂賀の浦ってところから、巨大な亀の甲羅が出てきたって、地元じゃえらい騒ぎになったんですって…」

「ヤッバっ!」

「まあ、すぐに箝口令がしかれたらしいんですけど、朝廷では、この巨大亀が昔の火の国の支配者だったんじゃないかって主張する神祇官《じんぎかん》もいたりで」

「まさか、そんな化け物が…んなことを国史に書いてたら馬鹿にされっぞ(笑)」

「いや、ですけど火の国って、もともと怪火で有名なわけで、山を一気に焼く術に長けてたヤツらがいたり、一説には連中との戦いでは火を使われて相当な痛手を受けたって話ですよ…だけど中には友好的な連中もいたり…実のところ、当時はかなり分業化が進んだ小部族の社会集団だったって、そんな分析もあるんですよ」

「へー、なんか見えてきたぜ、そういう古い時代の社会のあり様をそれっぽく説明しようってのが〝神話〟ってことなんだな、つまり分業された専門集団＝神って構図なわけだ、んでもって抵抗した連中は化け物あつかいってか、なるほど」

「ま、ヒエダさんはそこまでハッキリは言わなかったですけど、我々はそういう多様な人たちとの融合の産物かもしれないって話なんですよ」

「んじゃなにか、ひょっとするとオレの中にも〝火の民〟の血が流れているかもしれないってことか⁉」

「かもしれませんね、センパイ、〝火遊び〟が好きですもんね！（笑）」

この会話の一〇〇〇年後の江戸時代、吉田神道の総領である卜部（吉田）兼敬が『八頭大亀本記』を記しました。兼敬は、律令時代に設置された国家祭祀の機関の中で、最も位の高い神祇管領長上と呼ばれる神祇官の後裔にあたる人物です。そして、国史編纂時に火の国の大亀支配説を唱えたのが、国家祭祀のトップの神祇管領長上であったとかぁ、なかったとか。八頭大亀の伝説は、実は吉田家に先祖代々伝わっていた秘話だったのかもしれません（笑）。

第四章

相良家史話と天皇家をめぐる物語

1　人吉・球磨地方の大王神社と相良家

前章の最後は、脱線気味に日本神話にまで触手を伸ばし、想像の斜め上を突っ走ってしまいましたが、ここからは、もっと身近な伝説や史話に目を向けていこうと思います。それらの物語から、さらに私たち日本人の観念に迫ることができるかもしれません。

ところで、熊本県内には、討伐された者を「正式」に祀ったことが縁起となって創建された神社が他にもあります。

山田大王神社

人吉・球磨地方の古社・古刹巡りをすると「大王神社」という不思議な名前が付いた神社がいくつかあることに気が付きます。それらのうちの代表とも言えるのが、近年、日本遺産に認定され国指定重要文化財にもなっている「山田大王神社（霊社）」です。祀神は平河次郎藤高です。神社は球磨郡山江村山田地区にあり、中世の時代に創建されたと伝えられています。

それを伝える文献は、元禄一二（一六九九）年に相良藩内（二五〇余）の神社を調査しまとめ上げた『麻郡神社私考』で、それによれば、この神社は正安年中（一二九九年～一三〇二年）、山田城主の永留（永富）左近将監長滋の創建とされています。

神社の案内板には以下の記載があります。

平河氏は、桓武天皇皇子、良峯安世の末孫と称し、相良長頼が人吉庄の地頭に補任される十八年前、（一一八七）に源頼朝より領土安堵の下文を貰い、錦町木上（荒田）の岩城を本拠として、球磨郷、永吉庄を支配した中世の豪族である。

平河氏は球磨郷二〇〇〇丁のうち永吉庄（須恵、深田、木上、川、山田、万江）三〇〇丁を支配していたが、相良長頼がその末年、平河氏が謀反を起こしたということで、これを木上の血敷原において殲滅したという。

そして後年、平河一族の霊を弔うため、かつて領有していた球磨川以北の土地に霊社を建てたのである。

記

一、荒田大王神社（平河義高）錦町木上荒田
二、横瀬大王神社（義高長男　盛高）多良木町黒肥地横瀬
三、山田大王神社（義高次男　藤高）山江村山田味園
四、深田大王神社（義高三男　師高）あさぎり町深田
五、平川大王神社（義高四男　重高）錦町木上平川

人吉・球磨地域の文化を語るときの重要なキーワードが「相良家」であることに異論をはさむ人はいないと思います。

文化庁が認定する制度の一つに「日本遺産」があります。これは地域の歴史的な魅力や特色をストーリー化して日本の文化・伝統を国内外に発信することを主な目的とした認定制度ですが、「日本遺産　人吉球磨」のストーリーの題は、「相良七〇〇年が生んだ保守と進取の文化」となっています。相良家の歴史が人吉球磨の文化に深く関わっていることがよくわかります。

さて、人吉相良家の歴史は、治承四（一一八〇）年に源頼朝の命により遠江国の相良荘から御家人・相良頼景が肥後国多良木（球磨郡多良木町）に下向したことに始まります。そして、子の長頼は人吉荘（人吉市付近）の地頭となり、以後、多良木系は「上相良氏」、人吉系は「下相良氏」となりました。鎌倉時代には人吉荘の半分が北条得宗領として奪われたり、蒙古襲来などの出来事がありましたが、比較的に平穏な時代でした。しかし、建武の新政（一三三四年）に始まる南北朝の内乱では上相良氏は南朝方、下相良氏は北朝方となり、一族である両相良氏が互いに争うことになります。そして、文安五（一四四八）年に下相良氏の家督相続をめぐる内紛で、相良氏の庶家であった山田城主・永富長続が人吉城に入城し、上相良氏やこれを支援した国人たちを次々と滅ぼし下剋上によって相良宗家を簒奪して相良姓を名乗り一一代の城主となって球磨の統一を果たしたとされます。この一件以降、相良宗家は上相良氏や下相良氏ではなく庶家・永富相良氏の血脈となり、郡外にも勢力を伸ばしていきます。この間にも一族内の争いは繰り返し起こりますが、一八代・義陽のころには薩摩、大隈、葦北、八代、天草にまで勢力を展開しました。しかし、戦国時代の末期、南九州の強大な島津氏が北上するに及び、相良氏はこれに抗し切れず島津氏の傘下に入ります。豊臣秀吉の九州征伐に対しても島津軍として参戦して敗れはしましたが球磨郡の旧領は安堵されました。以来、江戸時代を経て明治維新まで相良家はその命脈を保ったのでした。

相良七〇〇年の歴史を急ぎ足で概観しましたが、鎌倉時代から動乱の戦国時代、近世そして近代にいたるまでこのような一族が領主として没することなく生き残った事例は全国的にも極めて稀なこととされています。しかし、相良家の七〇〇年に及ぶ長い歴史の中には、一族にまつわる謎が残っているのも事実です。

その一つが先に紹介した「大王神社」です。

「大王神社」という名前そのものについては以前から知っていましたが、特に興味を持ったのは景行天皇の事績を訪ねまわり始めた令和二年の秋頃でした。その年の七月、人吉・球磨地方では豪雨災害があり、災害復旧のための仕事で人吉・球磨地方に行く機会が多かったこともあります。現場や打ち合わせに行ったついでに、事前に調べていた景行天皇ゆかりの神社を見つけて参詣していたところ、各地で「大王神社」なるものにも目が留まったのでした。

人吉・球磨地方には景行天皇の足跡を意味すると思われる「天子」と呼ばれる地名や神社が数多くあることは先の「景行天皇伝説をめぐる物語」で紹介しました。

諸説ありますが、「天子」とは天命を受けた子として国土と民を治めるという思想から元は中国の王朝の皇帝を指すものでしたが、中国の影響を受けて日本では天皇を表すものとして使用された呼称の一つです。一方、「大王」も天皇を指し、これは七世紀頃までの古代ヤマト政権の首長（王）の称号だったとされています。

このようなことから、当初、「大王神社」は、景行天皇ゆかりの神社並みに、天皇家と深く関わりのある神社ではないのかと思ったのでした。

しかし、「大王神社」を訪れて、その縁起に触れてみると天皇家との関わりは思ったほどではなく、逆に何故このような「大王」という大仰な名前にしたのか不思議に思ったのでした。

神として祀られている平河氏は、相良氏に滅ぼされた一族です。大王神社が創建された理由は彼らの霊を鎮めるためのものでした。これを知ったとき私は少々驚きました。何故なら、この創建の由縁が、山鹿・菊池や阿蘇地域でみられた先住者を討伐した後に彼らを祀るという様式によく似ていたことに加えて、このような謂れを持つ神社が身近なところに存在し、しかも神社の本殿は天文一五（一五四六）年の建立で往時の姿が現在まで保たれてきたことを知ったからです。往時の姿を留めているということは、それはすなわち、権力による庇護もさることながら、そこには篤い信仰が存在していたことを意味します。特に、地域（球磨郡山江村山田地区）の人々にとっては心の拠りどころとなる重要な施設であったに違いないと思われます。

一方、相良氏側にとって在地勢力を滅ぼしたということは人吉・球磨での相良氏の歴史の始まりを意味し、「大王神社」はそれを世に知らしめるための建立であったと考えることができます。まるで相良氏による人吉・球磨バージョンの天地開闢の物語のようにも思えてきます。

2　大王神社と相良家の謎

そこで、「大王神社」のことをもっと深く理解しようと、郷土史研究家が著した書籍や近年発表された相良氏の研究論文を読んでみました。すると、鎌倉の初期に平河氏と相良氏の間に交戦の史実は確認できないということや、相良氏宗家を簒奪した相良庶家の長続の家系については不明な点が多いことがわかりました。

江戸時代に編纂された『南藤蔓綿録』に示されている永冨氏の家系図では、人吉荘に下向してきた長頼の長男である頼親の子の頼明が山田城主・永冨氏の始祖となっていて、その九代目が長続となっています。しかし、長続の祖先に当たる頼親という人物は一次史料では確認できないとされています。また、頼親は、後に宗家を奪取した永冨氏が、その正当性を示すために創造した「正史」上の登場人物ではないかと近年の研究では強く指摘されています。

つまり、研究成果からは長続の相良氏としての血統については懐疑的にならざるを得ないという状況なのです。

江戸期に記された『麻郡神社私考』では正安年中（一二九九～一三〇二年）四代目山田城主の永留（永冨）左近将監長滋が大王神社を創建したと伝えています。また、『歴代嗣誠独集覧』では応永一一（一四〇四）年に七代目山田城主・永冨頼連が山田大王社を建立したとあります。しかし、相良頼親が家系図上の創造の人物であった場合、四代目・永冨長滋や七代目・永冨頼連が実在したとしても彼らの血脈はどこに繋がるのでしょうか。

山田大王神社がある山江村の歴史に精通した方の話によれば、長続の父より先代の山田城主の墓所が今だに何処にあるのかわからないとのことです。

一方、鎌倉時代の初期は、永吉庄山田村は平河一族の山田次郎東高が領主でした。そして、子孫とされる山田氏が長続の死去後にその菩提のために山田村城子の寺院に造仏していることなどから、永冨氏と平河氏の間には強い関係が指摘されています。

また、長続が相良宗家を奪取するまでの半世紀の間の「相良家文書」は四点しかなく、前後する半世紀と比較しても極端に少ないことが指摘されていて、これを根拠に当時の文書は宗家となった長続によって整理・廃棄がなされたと考えられています。

おそらく、相良宗家を簒奪した永冨長続は平河一門と深い関係があったのだと思います。しかし、簒奪によって一一代目の相良宗家となった長続は、自身の血統を守ることと、また、将来にわたって「相良氏」であることに対する疑念を払拭しておく必要があったのでしょう。大王神社は、相良氏初代の相良長頼が血敷原において平河氏を殲滅し、その霊を鎮めるために創建されたことがその縁起となっています。長続は、自身と関係の深い平河氏を歴史上の早い段階で亡き者にすることによって、自身は平河氏とは関係がなく、「相良氏」の「正式」な血統の持ち主であることの強化を図ったのだと思います。しかし、長続の真意は、狡猾な政策的意図だけではなく、祖霊に対する真摯な信仰が根底にあったのかもしれません。

では、平河氏とはどんな存在だったのでしょう。

3　平河氏の素性

残念ながら平河氏について記された平安末期以前の一次史料は今のところ見つかっていません。しかし、昭和になって多良木町の平川家で「良峯師高所領譲状案」建久二（一一九一）年五月三日の文書を含め、全一一通の鎌倉期から戦国期に記された古文書が発見されました。これらは「平川家文書」と呼ばれ昭和五三年に熊本県重要文化財に指定されていますが、この文書の発見とその後の研究によって、鎌倉期の早い時期に平河氏一族が殲滅されたという話は全くの虚構であることが明らかになりました。また、文書から平河氏が所領していた三〇〇町の永吉庄は、球磨川及びその支流沿いに飛地のようにして約二〇ヵ所に分散していたことが分かりました。上流側は川辺川沿いの五木（球磨郡五木村）、下流側は神瀬（球磨郡球磨村）が鎌倉初期の所領となっています。

平河氏は桓武天皇の皇子・良峯安世の末流と称していて、球磨郡内における所領地の分散した状態から、後発の開拓者として、在来豪族の須恵氏や久米氏などの開発地を避けて一族の領地を開発・取得していったと考えられています。そして、この飛地状のあり方が後の鎌倉幕府権力の浸透によって鎌倉殿や北条得宗家の領化を招く一因となって幕府に対する訴訟へつながったのではないかと考えられます。文書に書かれた幕府奉行に対する反駁の様子をみると、そこには、地方の一小地頭職でありながら開発領主としての強い矜持を感じずにはいられません。

一方で、鎌倉初期の平河氏の所領していた球磨川水系沿いに散らばった永吉庄の分布を見ると一つのアイデアが自ずと湧いてきます。それは先達の松本寿三郎氏が既に指摘していることですが、平河氏は「球磨川の水路をおさえて発展した在地土豪層」であり、「山野の産物を収納」し、「これらを交易することの可能な、水上交通に巧みな勢力だった」ということです。つまり、平河氏は古代から中世初期においては人吉球磨地方の制海権ならぬ球磨川の水上交通権を掌握していた豪族ではなかったのかと考えられるのです。もしかすると、梶取《かじとり》から成長した豪族なのかもしれません。

『世界大百科事典』（第二版）では「梶取」については以下のように解説されています。

古代から中世に、一船の長として船の舵をとって漕いだものの呼称で、のちの船頭に連なる。古くは挟杪、柁師などとも書いた。律令制下、調・庸・舂米《しょうまい》など国家貢納物の輸送には、民間の海人や漁民を徭役あるいは雇用して、梶取とすることが多かった。律令制が衰退して荘園年貢の輸送が盛んになると、水域に臨む荘園では荘官や名主などに一定の給免田を給与して梶取とし、輸送の全責任を負わせる場合が多かった。もともと荘園領主の支配外の独立した梶取も少なくなかったが、荘園の名主的梶取も、自荘に輸送の便宜を持たない他の内陸荘園の年貢輸送を引き受けたり、自己の私物を船に積んで商行為を行ったりして、しだいに独立・成長を遂げた。

この解説をもとに想像の翼を広げると「梶取」の祖先は海神族ではなかったのかと思えてきます。また平河氏は、「山野の産物を収納」していることから焼畑にも精通していたと考えられます。彼らは大陸南方の沿岸部や中国の江南地方から渡ってきた海洋術や操船術に長じた民であり、「火の民」だったのかもしれません。「鯰」を神使いとしていた人々だと考えられます。

人吉・球磨地方には現在も鯰信仰と結びつきのある神社が見られますが、これは太古の名残りなのかもしれません。

4　クマソ復権運動と才園古墳

一方で、人吉・球磨地方の古代は、長らく反ヤマト勢力としての「熊襲」で特徴付けられてきました。これは、『日本書紀』における景行天皇の熊襲征伐のくだりが大きな要因となっています。景行天皇自身も熊襲を征伐しますが、皇子である日本武尊《ヤマトタケル》にも命じて「熊襲」を討たせます。日本武尊は、女装して酒宴に紛れて熊襲の長の川上梟師《カワカミタケル》に酒を飲ませます。川上梟帥は、日本武尊の女装に全く気づかずその容姿に魅了され油断させられたうえで、剣で刺し殺されてしまいます。このくだりは「熊襲」にとって極めて屈辱的なシーンと言えます。また、『日本書紀』における「熊襲」という文字については「土蜘蛛」などのように、ヤマト政権側の蛮族や逆賊に用いた蔑称を喚起させる当て字と考えられています。『古事記』では「熊曾」、同じ八世紀の『風土記』には「球磨贈於」や「球磨噌唹」と表記されています。そして、現在ではクマソとは熊本の球磨、鹿児島県大隈地方の曽於の地名を合わせたものがクマソだというのが通説になっていますが、戦後もしばらくは、明治以降の国史教育の中で蛮族と蔑まれたクマソ像が全国に広がっていて、球磨地方の人々は一九九〇年代頃まではこのネガティブなクマソ観をコンプレックスに感じていたとされています。

しかし､平成五（一九九三）年三月に「熊襲の地」とされた球磨郡免田町（現・あさぎり町）で「クマソ復権元年」が宣言されました。発端は、町役場の職員だった方の熱い思いでした。その方は子どもの頃、祖父母から先祖はクマソで、彼らは優しくて強く、みんな仲よく暮らしていたと聞いて育っていました。『日本書紀』や『古事記』の話とは全くの逆でした。だから、自分たちの手でクマソの歴史を見直そうと思い立ったのでした。そして、その思いはクマソ復権運動から「クマソの里づくり」という大きなうねりとなって、ついにはクマソの子孫としてのアイデンティティや誇りを取り戻すことができたとされています。

このクマソ復権運動の原点となったのは、優れた文化が育まれていたことを示す考古史料の存在でした。

一つは「免田式土器」と呼ばれる弥生時代の土器です。「重弧文土器」とも呼ばれています。細長い頸部と算盤形の胴部で構成された形状が特徴的です。そして、胴部には半円を幾重にも描く重弧文が施されていて弥生時代の土器の中でも最も気品があるとされています。弥生時代後期の土器とされ、九州中・南部での出土例が多いこともあり独自の文化圏があったのではないかと考えられています。

もう一つの考古史料は、「鍍金求心式神獣鏡」です。この鏡は免田町（あさぎり町免田西）の才園《さいぞん》古墳から出土しました。昭和一三（一九三八）年二月に公民館分館の建設工事の際に石室を掘り当て、八組の馬具類のほか、刀剣、玉など数多くの遺物とともに出土しました。

面径は一一・七㎝とやや小ぶりですが、金メッキが施され、現在もその輝きを留めています。熊本博物館の才園古墳展示室で展示されており、この考古史料の価値の高さを窺い知ることができます。昭和三三（一九五八）年に指定された国の重要文化財としては、当時の見識で「鎏金獣帯鏡」との名称が採用されていて、以前は三世紀頃の中国南部で製作されたものとされ、国内では出土例が極めて少ないため希少性のある鏡として高く評価されていました。また、『免田町史』によれば才園古墳は六世紀末から七世紀に築造されたものとされていて、石室に埋納されていた神獣鏡は伝世品と考えられていました。さらに、このような金メッキされた鏡は、近畿地方では発見されておらず、国内でも三点（他は福岡県と岐阜県の一点ずつ）しか出土していないということもあり、これらが根拠となって、球磨地方には

才園古墳から出土した鍍金求心式神獣鏡

中国と独自に交易を行なう有力な豪族の首長がいた可能性が示唆されたのでした。
しかし、近年の神獣鏡に関する研究が進展する中で、最新の観察や分析の結果から、才園古墳から出土したこの鏡は、三世紀頃の鏡を元に五世紀代に鋳型を作って新たに製作されたものと考えられるようになりました。とは言ったものの、この鏡は金メッキされたものであり、小型鏡全般より上位に格付けされた貴重な鏡として位置づけられています。そして、現在は九州南部の内陸交通の要衝である人吉盆地の有力者に対して、ヤマト政権から贈与されたものではないかと考えられています。

ただいずれにしても、古代から人吉・球磨地方には有力な在地勢力が存在していたことに間違いはないようです。また、近年の弥生時代の遺跡などの研究では、人吉・球磨地域での集落の営みは弥生時代から古墳時代にかけて絶え間なかったとされ、阿蘇地域でみられるような弥生時代末期の突然集落が破棄されるような事例はないとされています。従来は、地域性の強い土器や墓制などからヤマト政権に対峙する在地勢力の存在が指摘されてきました。しかし、弥生時代から古墳時代にかけてそこに住む人々の構成に大きな変化が無いことが立証され、大きな意味で弥生土器は土師器へ、墓制は土壙から墳墓へ確実に変化していて、古墳時代への大転換という画期を確実に受け入れていて、そこには「抵抗がみられない」とされています。また、管見の限り、人吉・球磨地方には、『日本書紀』や『古事記』以外のヤマト政権側の視点に立った八頭大亀退治や鬼八伝説のような地域に残る異族討伐の伝承が見当たりません。

つまり、古墳時代以降に他の地域からの入植や侵略がなかったとすれば、球磨地方では、弥生時代から連綿と続く同祖の人々の営みがあったと考えることができます。そして、その延長線上に在地勢力としての中世の平河氏の存在があるのではないかと考えられます。平河氏の本拠地は現在の錦町の平川地区と考えられていますが、金メッキされた神獣鏡が出土した才園古墳は、球磨川を挟んだ平川地区の対岸に位置しています。これを偶然と考えることの方に無理があるように思えてきます。

5　「大王」のわけと祟り信仰

人吉・球磨地方に点在する大王神社は、相良氏初代の相良長頼が血敷原において平河氏を殲滅し、その霊を鎮めるために創建されたことがその縁起とされていますが、「平川家文書」の発見によって、この縁起は全くの虚構であることが明らかになりました。そして、このことは、相良氏宗家を簒奪した長続が、自身と関係の深い平河氏を歴史上の早い段階で亡き者にすることによって、自身は平河氏とは関係がなく、「相良氏」の「正式」な血統の持ち主であることを企図したものでした。このことは、時の中央政権に対しても重要な意味を持っていたのかもしれません。

長続は相良氏の庶流であるため宗家となる一定の資格はあったと考えることができます。しかしその一方、平河氏との深い関係性の中に、彼は在来領主としての血脈を強く意識していたのだと思います。であるからこそ、長続の蜂起に対して球磨の国人衆から多くの賛同が寄せられ、「相良氏」宗家の簒奪が成功裡に終わったのではないでしょうか。長続によって統一された新・相良氏は、ある意味において球磨における在地勢力の復権だったのかもしれません。これは、一九九〇年代に球磨郡免田町を中心に隆盛した「クマソ復権運動」に通底するようにも思えます。

そして、平河氏の霊社が「大王」と命名されたのは、平河氏の祖が古くから地域を代表する在地土豪の王として崇敬を集めていたからではないでしょうか。

人吉・球磨は、「相良七〇〇年」というキーワードで語られるほど、相良一族の影響が色濃く残っている地域です。そして、平成二七（二〇一五）年に文化庁から認定された人吉・球磨の日本遺産のストーリーは、以下のような概要で紹介されています。

「人吉球磨の領主相良氏は、急峻な九州山地に囲まれた地の利を生かして外敵の侵入を拒み、日本史上稀な「相良７００年」と称される長きにわたる統治を行った。その中で領主から民衆までが一体となったまちづくりの精神が形成され、社寺や仏像群、神楽等を共に信仰し、楽しみ、守る文化が育まれた。同時に進取の精神をもってしたたかに外来の文化を吸収し、独自の食文化や遊戯、交通網が整えられた。保守と進取、双方の精神から昇華された文化の証が集中して現存している地域は他になく、日本文化の縮図を今に見ることができる地域であり、司馬遼太郎はこの地を『日本でもっとも豊かな隠れ里』と記している」

このように、人吉・球磨の文化遺産は「相良氏」を抜きに語ることはできません。しかし、「大王神社」の命名を不思議に思い、人吉球磨地方の歴史に理解を深めていく中で、私が感じることができたのは、「相良七〇〇年」を遥かに凌ぐ、人吉盆地に生きた人々が紡いできた「球磨二〇〇〇年」の大河のような歴史でした。

「相良七〇〇年」と称されるように、相良家は鎌倉時代の初期、頼景とその子の長頼が遠江相良荘から下向してきて以来、他国に滅ぼされることなく幾度も存亡の危機を乗り越えて明治期まで続いた名領主であり、それが結果として現在の歴史深い人吉・球磨を形作りました。しかし、この長い歴史の中には、相良氏の家督相続をめぐる内紛や家臣による権益をめぐる争いや裏切りも起こっていて、多くの血が流れたのも事実です。

人吉市に古くから居を構える稲富伸明氏が著述した、『人凶《ひとわろし》』という小説があります。この小説は、自身の家伝を基にした相良宗家を奪取した長続の出身母体の相良永冨一族の謎に迫った意欲作ですが、終盤に書かれた「四方を幾重にも囲まれた球磨盆地は、嫉妬、悪意の感情で満たされやすく、何代にもわたり、そうした感情が怨恨として滞留し続ける」は象徴的な一文となっています。そして、領民とともに社寺や仏像群などの文化遺産が保持された背景の一つに、「大王神社」に代表されるような討伐された者や怨讐を抱いて亡くなった者を祀る霊社の建立や彼らに対する篤い信仰があったことを指摘しておきたいと思います。

人吉・球磨地方に残る敗死した人を祀る霊社の建立や信仰は、祟り信仰の一種とも考えられます。また、崇り信仰は、崇る主体を祀ることによって逆に守護神になってくれるという思想も含まれています。とすれば、相良氏が「大王神社」を球磨盆地の至るところに建立した理由の一つは、球磨地方の守護並び安寧を期したものと考えられます。

そもそも私が「大王神社」に強く惹かれたのはその名前だけでなく、討伐された者を祀ったという、阿蘇にみられる鯰宮や火焚き神事の起源とされる鬼八の伝承と類似した由緒があったからにほかなりません。そして、何故、かくもこれらのことに惹かれるのかというと、古代から中世における死者を神として祀るという風習の根源に、私たち日本人の真の姿が隠されているように感じるからです。

6　人を神に祀る風習と自然災害

さて、ここからは死者を神として祀るということに焦点をあてていこうと思います。

民俗学において人を神に祀るという風習は、最も古くから関心を寄せられてきた問題とされ、柳田國男氏の『人を神に祀る風習』がその研究の始まりだと言われています。その研究で柳田氏は、全国の四〇社以上の人を神に祀った寺社の由緒や祭神に言及し、この風習の根幹には非業の死を遂げた人の怨霊の災いを鎮めようとする御霊信仰を指摘しています。後にこの考えは広く受け入れられ、現在は人を神に祀る風習はこの怨霊信仰から始まったと一般に認識されています。

御霊信仰は、奈良末期から平安、鎌倉、室町期に盛んに行なわれていて、政争に敗れた公家や武家の歴史上の人物が数多く神に祀りあげられました。例えば、菅原道真、平将門、崇徳上皇などがその筆頭になるでしょう。そして、非業の死に関連する祟りとして、関係者の不審死、落雷、火事、疫病の流行、地震、旱魃、洪水、暴風雨、飢饉などが挙げられます。鯰宮に伝わる祟りは突然の稲の枯死でした。鬼八の伝承では霜害が祟りでした。このようなことからもわかるように、祟りの殆どは、現在で言うところの自然災害にあたります。

また、柳田國男氏は人を祀る風習の根源について「最初に外から持ち込まれたと認むるべき証拠が無い」と言っています。そして「民族固有のものだとする」理由も積極的には認められず「単に外から入つたもので無いならば、元から在つたと見るべきだと謂ふに過ぎぬ」ので、その「元から」が容易ではないけれども「永い年月の間に極めて徐徐として、所謂人格崇敬の思想は養はれて来たのである」としています。

つまり、人を祀るという風習は根源を明確に出来ないほど身近なところにあり、死者の霊魂は生者が慰め供養するしかないという観念を日本人は極めて古い時代から培ってきたのだと考えられているのです。

佐藤弘夫氏は著書『ヒトカミ信仰の系譜』の中で、認知考古学の成果を紹介した上で、縄文時代の墓制や土偶の特徴などから、縄文人は人知を超えたカミを認知できていたとしています。そして、弥生時代を経て、人を神に祀る信仰は、三世紀の「前方後円墳に宿るもの」まで遡ることができると論じています。

佐藤氏が紹介する認知考古学によれば、約六万年前に登場した現生人類（ホモ・サピエンス）の脳内で起こった認知構造の革命的な変化が、人間を超えた存在の認知といった宗教的思考の原形を生んだとされています。

この時期、地球上には旧人と呼ばれる別の人類であるネアンデルタール人が君臨していましたが、彼らと違って現生人類は、動物を擬人化することで動物の行動に「パターン」を見い出し、狩猟時において獲物を待ち伏せするといった類推する能力を備えたとされています。そして、このネアンデルタール人とは大きな違いである類推するという能力が、すなわち現実には存在しないものを類推・認知するという知性の萌芽であったとされ、それが後のカミの発見につながったのではないかとしています。こうして人は、自然と環境の中に、目に見えないパワーを感じ、こと古代の私たちは、人知を超える周囲の全ての事象にカミの働きを感じ、八百万の神の存在を信じていたのだと思います。

他方、柳田國男氏は人が祀られるのにかつては制限があったとし「弘く公共の祭を享け、祈願を聴容した社の神々の、人を祀るものと信ぜられる場合には、以前は特に幾つかの条件があった。即ち年老いて自然の終りを遂げた人は、先ず第一に之にあづからなかった。遺念余執といふものが、死後に於いてもなほ想像せられ、従ってしばしばタタリと称する方式を以て、怒や喜の強い情を表示し得た人が、このあらたかな神として祀られることになるのであつた」と『人を神に祀る風習』では述べています。

つまり、これはどういうことかというと、敗死したり非業の死を遂げて祀られた霊魂は「祟り」という観念に強く結びつけられているということを意味します。

一方、先にも触れましたが「祟り」は、現在で言うところの「自然災害」に他なりません。

そこで一つの疑問が湧いてきます。それは「祟り」である「自然災害」がなかった場合はどうなのだろうかという疑問です。

もし、私たちが暮らす日本の気候というものが今日と違い、食物の生産が可能な程度の適度な降雨があり、旱魃もなく台風は襲来せず洪水も起こらず地震もないという年中穏やかなもので、命が危ぶまれるような疫病の流行もないような「自然災害」が起こらない気候であったとすると、果たしてそこには「祟り」という観念は生まれたのでしょうか。人々が暮らすには厳し過ぎるような乾燥した土地や寒さに閉ざされた真逆の環境でも、「祟り」という観念は生まれなかったかもしれません。

もしそうだとして、柳田國男氏の考えになぞらえると、そこに「祟り」という観念がなければ、人を神に祀るという風習は生じ得なかったことになりはしないでしょうか。逆説的に言えば「自然災害」が起こり得る環境にあったからこそ「祟り」という観念が発生して、人を神に祀るという風習が生まれたのではないかということです。

つまり、人を神に祀るという風習は、自然災害が起こりやすい日本の「風土」に強く規定されて生まれた、独特の習俗と考えられはしないかと思うのです。

7　私たちの「死生観」

このように、人を神に祀る風習は日本における独特の習俗と考えられますが、これは日本固有のものなのでしょうか。これは今後の課題になるかもしれませんが、海外ではあまり見られない習俗ではないかと思われます。このことにヒントを与えてくれるのが、近年注目されつつある「国土学」です。

この「国土学」とは、大石久和氏が提唱している学問で、日本国土の自然・地理的条件に規定された日本人特有の歴史観・死生観を諸外国と比較しながら分析・研究を試み、日本にとってもっとも適した国づくりを導き出そうとする画期的な学問です。

大石久和氏は、他国との比較における差異に「死生観」を挙げています。そして、この「死生観」の違いが、国民性だけでなく言語の成り立ちや社会システムにまで影響を及ぼしていると論じています。

大石氏の著書『「国土学」が明かす日本の再興』から日本と諸外国の「死生観」について、以下の内容を紹介したいと思います。

　われわれの考え方と、ユーラシア人（ヨーロッパ人や中国人）との決定的な違いとは何か。それは人の死、つまり愛する者の死に出会う局面がわれわれと彼らとでは全く違っていることである。日本では、自然災害で多くの人が死んでいった。河川の洪水や地震、あるいは高潮や津波など昔から今日まで、大変な数の方々が亡くなってきた。また、最近では克服されたが、繰り返し飢饉も経験し、飢饉による飢餓で死んでいった人も多くいる。もちろん、ヨーロッパ人や中国人も、そのような経験を頻繁に経験しているが、愛する者の死と彼らが最も直面しなければならなかったのは、実は、自然災害ではない。

それは紛争である。つまり、人と人との戦いであったのである。人同士の戦いが日本人には信じがたいほどのスケールで、ヨーロッパや中国では起こっていたのである。自然災害による死の受け止め方と、紛争による死の受け止め方では大きく違ってくる。日本人の死は自然災害による死であるので、「災害死史観」とでもいうべき考え方をわれわれは身につけているのである。それは、愛する者の死に際して恨む相手がいないということである。

また、大石氏は、人類の長い歴史において繰り広げられてきた紛争の規模や犠牲者数についての研究書『殺戮の世界史―人類が犯した１００の大罪』を引用して、西欧やユーラシアでは、紀元前の主要な各々の戦争で数十万～一五〇万人に及ぶ膨大な殺戮が行なわれていたことを示し、「紛争死史観」について以下のように述べています。

このユーラシアでは、紀元前のはるか昔から「死は紛争・戦争とともにあった」と言えるのである。残された者にとって死は簡単に受け入れることができるものではないが、ここでは「相手を恨み抜くこと」「復讐の誓いを立てること」で、やっと何とか気持ちを整理できるということになる。これが、彼らの死の受容観なのである。

ここで、もう一つ重要なことは「次の戦いでの勝利を確実なものにするための方法や準備を、極めて合理的に思考して絞り出す」習慣を身につけていったということなのだ。つまり、西欧の合理主義への助走が始まったのである。

さらに、重要なのは、軍団をしっかりと束ね、より強い軍団にするための「厳しい戒律と不断の信仰を求める一神教の発明とその受容」が必然的に生まれたということである。

8　祟り神を祀る意味と精神性

前節で紹介したように、大石氏は日本人の「死生観」は「災害死史観」、ユーラシアの人々は「紛争死史観」であるとしました。

日本が災害大国であることは論を俟たないことですが、日本という国土に人々が暮らし始めた数万年前の当時から「自然災害」は避けることのできない事象であったはずです。そして、太古の時代から多くの人々が災害によって命を落としていきました。私たちは近世になってようやく国土に働きかけることで被害をいくらか軽減できるようになりましたが、例えば平成二三（二〇一一）年の東日本大震災では二万人に達する尊い人命が奪われました。

現代に生きる私たちは、「自然災害」が起こる原因を科学という知識で理解することができます。しかし、そういう知識があったとしても、災害で愛する人が亡くなったとき、あるいは九死に一生を得る経験をしたとき、それを理屈で了得することができるでしょうか。まして、古代から中世、近世に生きた人々にとって、このようなことを理解するのは困難であったはずです。

古来、私たち日本人は、八百万の神と呼ぶほど多様な神の存在を信じてきました。そして、それらの神がもたらす自然の恵みによって私たちは生かされてきました。しかし、その自然は時として豹変し、私たちを襲い恐怖の奈落へ突き落とし、場合によっては命を奪っていきました。

どちらも同じ自然の営力に他なりませんが、恵みを与えてくれる神の信仰に対して、私たちは災厄や試練を与える別の神を設定しなければならなかったのだと思います。「自然災害」を起こす神、つまり「祟り」を起こす神を設定し、その神を祀り慰撫することで災禍を免れようとしたのではないでしょうか。

「祟り」神は自然神とは異なる人格を持った人神としたことにも意味があったのだと思います。縄文から弥生を経て古墳時代への変化とともに社会構造はより複雑化していきますが、社会の深化と相まって複雑化していくのは権力闘争にみられるような歪んだ人間関係です。そして、この歪んだ人間関係が不条理の震源地であることは、現代においても変わりはありません。災厄や試練を与える神は、やはり人神が相応しいのかもしれません。そして、その神々は遺念余執を持ったまま非業の死を遂げた人たちでした。こうして、私たちは、敗死した者にとっての復讐の手段こそが「祟り」であるという観念を創造したのだと思います。

日本人の「災害死史観」では、愛する者の死に対して恨む相手がいない、復讐することもできない、ただひたすらに受け入れるしかないという死の受容形態を持たざるを得なかったと大石和久氏は述べています。

確かに、古来、私たちは「自然災害」を起こす自然の営力に対して遺恨を抱くことは殆どなかったように感じますが、ただひたすらに受け入れるばかりではなかったと思います。現代の知識からすると「祟り」神を祀り慰撫することは、「自然災害」に対して何ら効力を発揮するものではないということは明らかです。しかし、豹変した自然である「祟り」神を祀り慰撫する行為、つまり祈りによって、私たちの心の中には、安寧で穏やかな気持ちとなるきっかけが芽生えてきます。祈るという行為を、「気休めだ」と言うことは簡単です。しかし、深遠な祈りによって安寧な気持ちを得ることは、日々の生活においては大変重要な意味を持つことではないでしょうか。そうであるから、私たちは様々な御利益を信じて神社で手を合わせるのだと思います。

「紛争死史観」で生きる人々にとっての脅威は、地続きとなった別の土地に暮らす隣国の人々でした。戦いのきっかけは、片方の国における人口増や食糧不足だったかもしれません。主要な目的は収奪であったと考えられます。そして、この収奪を伴った戦いは紀元前の大昔から現代に至ってもなお続いていると言っても過言ではありません。彼らに必要だったのは、暮らしを守るための堅牢な城壁と武器の開発と保有、そして物資の備蓄でした。脅威に対して祈るヒマはなかったでしょう。彼らは合理的に物事を考え、次の戦いに備える必要がありました。相手を出し抜く狡猾さも培ったに違いありません。そして、一度戦いが始まれば、どちらが殲滅するか、または双方がこれ以上戦えなくなるほど疲弊し消耗するまで、その争いは終わらなかったのだと思います。そして、どちらかが勝利を得たとしても、勝者が敗者に対して配慮や譲歩を示すことなどは一切なかったのではないでしょうか。

このような「紛争死史観」の世界感からは、やはり人を神に祀る習俗は想像できません。「紛争死史観」の人々は、彼らが信じる一神にのみ平和を願い誓った集団であって、相手が信望する神は絶対に受け入れざる「敵」意外の何者でもなく、敵を排除、殲滅することが彼らにとっての「正義」だったのだと思われます。

このような「正義」に対して、「災害死史観」の私たちが共感を示すのには多大な精神的苦痛を伴うように思います。無理難題と言ったところです。

私たちは、自分たちが滅ぼした敵対者でさえ神に祀る独特の風習を持った集団です。根底には敵対者の死に対しても哀悼の情を持ち、さらに、その根源には敵対者であっても彼らの義を尊ぶと同時に敬意を払うといった武士道にも通底するような思想があったのだと思います。

先の大戦で、日本の各都市では無差別の空襲爆撃を受け、広島と長崎には原子力爆弾が投下されました。戦没者は三一〇万人（うち、民間人八〇万人）に達しましたが、日本は敗北を受け入れてその二〇年後には高度経済成長を迎えるに至りました。これは一つに、連合国側が企図した軍国主義からの思想転換の成果によるところが大きいと思われますが、敵対者に対する日本人の寛容な精神性を物語っているようにも思えます。

ところで、ゴジラ誕生七〇周年を記念して製作され、令和五年に上映された『ゴジラ-1.0』は大変な人気を博しました。映画では、破壊の限りを尽くしたゴジラが、「海神《わだつみ》作戦」によって倒され相模湾の深海に沈んでいくのですが、そのゴジラに対し乗組員が〝敬礼〟するというシーンが最後に描かれています。このラストシーンについては賛否両論ありますが、ここではゴジラの破壊神としての描写というよりも、私たちの根底にある精神性の表出というふうに受けとれるのではないでしょうか。

9　明仁上皇陛下と平成の大災害

私たちは、自然の恵みを得て古くから八百万の神々を信じ、それらに感謝を捧げながら暮らしてきました。その一方で、いつ襲ってくるかわからない「自然災害」に怯えながら「祟り」神を祀り、平穏と安寧を祈る民でした。その根底には、敵味方を問わず、非業の死を遂げ天寿を全うできなかった人々に哀悼を感じる精神性があり、この精神性は日本の「風土」に規定されて形成されたのではないかと考えられます。

そして、現代においてなおこの精神性を体現し、多くの人々から共感をえるとともに尊敬を集めているのが、前の平成天皇、現在の明仁上皇陛下ではないでしょうか。

明仁上皇陛下は、昭和六四（一九八九）年一月七日に昭和天皇の崩御に伴い皇位を継承し、当時五五歳で第一二五代天皇に即位されました。そして、年号は昭和から平成に変わりました。

昭和の始めはいやがうえにも戦争で特徴付けられる時代ですが、中期以降は戦後復興から続く高度経済成長を迎えて、我が国は世界第二位の経済大国へと発展しました。そして、昭和の終わりはその絶頂となるバブル景気に日本中が沸きかえりました。戦後の急速な経済発展の裏には、水俣病に代表されるような環境問題が横たわっていました。しかし、このような発展を遂げた要素の一つとして、目を見張るような自然災害が日本国内であまり起こらなかった、比較的に平穏な時代であったことが挙げられます。このことは、静岡大学教授の牛山素行氏が平成二九（二〇一七）年に土木学会で示した一九四九年以降における自然災害全体の死者・行方不明者数の統計的な減少傾向からも理解できます。

ところが、平成に入ると事態は一変します。平成二（一九九〇）年の長崎県雲仙普賢岳の噴火を皮切りに、平成五（一九九三）年、北海道南西沖地震［M七・八］では地震直後に発生した津波が奥尻島を襲いました。そして、平成六（一九九四）年、北海道東方沖地震［M八・二］、同年には三陸はるか沖地震［M七・六］が発生し、翌年の平成七（一九九五）年には兵庫県南部地震［M七・六］によって六〇〇〇人を越える人々が犠牲となりました。自然災害で一〇〇〇人以上の犠牲者が出たのは、昭和三四（一九五九）年に五〇〇〇人以上が犠牲となった伊勢湾台風以来の三六年ぶりのことでした。

続いて平成一六（二〇〇四）年には新潟県中越地震、そして平成二三（二〇一一）年には東日本大震災により二万人以上の尊い命が失われました。そして我が県でも平成二八（二〇一六）年に熊本地震が発災し二度の震度七を記録して、この地震で二七三人の方々が亡くなりました。

他方、風水害については局所的な集中豪雨が度々発生しました。これは地球温暖化の影響と言われていますが、最近では平成二六（二〇一四）年の「広島土砂災害」で七七人、「平成二九年七月九州北部豪雨」（二〇一七年）で四〇人、「平成三〇年西日本豪雨」（二〇一八年）では二六三人の人々が犠牲となりました。そして「令和二年七月豪雨」では熊本県の人吉・球磨地方で六五人を最多に全国で八四人の方々が亡くなりました。

このように、年号が平成になってから、日本では各地で自然災害が発生しました。この傾向は、令和に入っても続きそうな気配です。もちろん、昭和においても自然災害は発生していて、昭和初期における自然災害、特に風水害による死亡者数は近年よりはるかに多かったことがわかっていますが、それは現在の視点からすれば、ハード・ソフト面における十分とは言い難い当時の未熟な対策を表していると考えられます。

ただ、こうした自然災害では、命を落とさずに済んだものの多くの方が被災者となり、家屋の浸水や倒壊などによって避難生活を余儀なくされることも少なくありません。避難生活が長引くと、過度なストレスに晒されることで身体や心理面に変調をきたします。変調には個人差がありますが、被災した方々には、それぞれが置かれた立場や環境に応じて十分な支援が必要です。そして、支援を行なう際に重要となるのがコミュニケーションのとり方とされています。

被災した方々は、不安を抱えて動揺していたり、混乱していることがあります。また、災害時に起きた出来事について自分を責めている人もいるかもしれません。このようなとき、支援者が落ち着いて理解を示すことによって、人々は安心感を得、理解され、尊重され、大事にされていると感じることができると言われています。つまり、支援を行なう際には被災者の心を支えることを念頭に置くことが重要で、このとき支援者側には、その基本的な姿勢として被災者に寄り添う気持ちが一番大事ではないかと私自身は思っています。

平成になってから各地で自然災害が発生し、多くの方々が避難所へ身を寄せました。明仁上皇陛下は被災地へお見舞いに行かれ、そこで被災者の方々と心を通わされました。訪問された地域は、二三都道府県、延べ一〇四市区町村に及びます。

被災された方々と膝を付き合わせるようにしてお言葉をかけている様子が報道されていました。そのような姿に、近世天皇制の研究者である藤田覚氏は「私には、どこか『ありがたい』というようなやわらかな雰囲気に見えた。天皇・皇后は、困難や苦悩のなかにいる人びとを『慰撫』する力をもっている、といえるのではないかと思った。この、避難民と同じ目線の高さに立ち、苦難の人びとを「慰撫」する力を持つ天皇に、私は驚かされたのである」と記しています。

恐らく、多くの方がそのように感じていたのではないでしょうか。上皇陛下のお見舞いの訪問は、被災した人々への「寄り添う」お気持ちの表れであったと思います。それは、皇太子時代の「天皇は政治を動かす立場になく、伝統的に国民と苦楽をともにするという精神的立場に立っています」(『読売新聞』一九八六年五月二六日)というご発言からもわかるように、心はいつも国民とともにありたいという上皇陛下の一貫した思いではなかったのでしょうか。

このように、上皇陛下は今を生きる人々に対して「思いを寄せる」ことを非常に大切にされています。その一方で、無念のうちに亡くなられた方々への強い哀悼の心を持っておられます。それは「慰霊の旅」また「祈りの旅」とも呼ばれている、先の大戦による戦没者を追悼するための海外を含めた各地への訪問の旅からもうかがい知ることができます。特に、戦後六〇年目の平成一七(二〇〇五)年にサイパンを訪問し、バンザイクリフの断崖に向かって黙礼する当時の明仁天皇と美智子皇后のお二人の姿は、印象的という言葉以上の深い心象を私たちの心に刻んだのではないでしょうか。

バンザイクリフは、米軍に追いつめられた日本兵や民間人が、約八〇mの高さから身を投じて自決した悲劇の断崖です。米軍の降伏勧告に応じず「天皇陛下、万歳」「大日本帝国、万歳」と叫びながら一万人とも言われる人々が身を投じたことでそう呼ばれるようになりました。

「あまたなる命の失せし崖の下海深くして青く澄みたり」

明仁上皇陛下がバンザイクリフの断崖に立ったときのお気持ちを詠んだものです。また、陛下はサイパンへの出発の前に、次のような「お言葉」を残しています。

六一年前の今日も、島では壮絶な戦いが続けられていました。食料や水もなく、負傷に対する手当てもない所で戦った人々のことを思うとき、心が痛みます。亡くなった日本人は五万五〇〇〇人に及び、その中には子供を含む一万二〇〇〇人の一般の人々がありました。同時に、この戦いにおいて、米軍も三五〇〇人近くの戦死者を出したこと、また、いたいけな幼児を含む九〇〇人を超える島民が戦闘の犠牲となったことも決して忘れてはならないと思います。

両陛下はサイパンを訪れた際、日本人のみならずアメリカ人やサイパン島民の戦没者慰霊碑にも献花をされています。

青く澄んだ太平洋に向かって、両陛下は先の大戦で犠牲となった全ての人々に対する慰霊とともに日本だけでなく世界の平和を願ったのだと思います。

熊本県の山鹿・菊池に伝わる景行天皇伝説では、茂賀の浦に住む八頭大亀は討伐されて震岳の頂に八神として祀られました。江戸時代の伝記によれば、治承年中（一一七七〜一一八〇年）に大亀の火の光を霊として里人が太鼓・鐘をならして炬提燈などを捧げたことが、「山鹿灯籠祭り」の謂れであるとされます。

阿蘇神話伝説ではカルデラの湖の主であった鯰は、阿蘇大明神の健磐龍命に退治されてしまいますが、国造神社の境内にある鯰宮で祀られています。また、健磐龍命に反抗した鬼八は殺されてしまいますが、阿蘇市役犬原の霜宮神社で祀られ、「火焚き神事」によって鬼八の霊が慰撫され続けています。宮崎県高千穂町の高千穂神社では鬼八の霊を慰撫するために「猪懸け祭り」が執り行なわれています。

県南の人吉・球磨地方では、「正史」として相良家に滅ぼされたとされる平河氏が大王神社の祭神となって各地で祀られていて、今なお篤い信仰を集めています。

熊本県内には古い神話や不思議な史話があり、それらに由来する祭りや神事、信仰が現在に引き継がれていることをここまで紹介してきました。と同時に、これらの物語が成立した背景について文献や現地取材及び独自の視点も交えて考えてきました。

そして、そこから得ることができたのは、私たちの本当の「心」の姿であったように思います。これまでの考察を通じて、人々の心に寄り添う気持ちと哀悼の情、そして平和への祈り、これこそが私たちが古くから培ってきた大事な「心」のように思うに至りました。

明仁上皇・上皇后両陛下が平成の災害が頻発した時代に、被災地を数多く訪問したのは人々に寄り添う御心の表れでした。先の大戦の戦地への訪問は、哀悼と平和への祈りでした。両陛下がバンザイクリフで黙礼されている姿に、私たちが静かに心を打たれるのは、私たちの「心」が、両陛下の姿に映し出されているからではないでしょうか。

明仁上皇陛下が大切にされてきたのは、現在を生きる人々への寄り添いと、先の大戦における戦没者の慰霊、そして平和への祈りです。これは平成や令和の現代に生きる私たちにとって大変ありがたいことだと思います。

一方、約二〇〇〇年に及ぶ我が国の王朝（皇統）の連綿性に目を向けると、ヤマト政権の発足の間もない時期、例えそれが古代であっても、反抗などによって犠牲となった人々がいたことに思いを馳せることは大事ではないかと思います。八頭大亀や鯰などに象徴されるような人々がその対象になるのかもしれません。

10　秋篠宮皇嗣殿下と鯰

先に紹介したように、熊本県内には鯰信仰が残る神社が数多くあります。これらの鯰に彩られた神社の存在は、「鯰」を神使いとした人々の営みの残り香なのかもしれません。

そして、このような鯰信仰や鯰に関係する民俗や風習に大変な興味を持ち、さらにそれらを含めて「鯰」を研究の対象にまで発展させたのが、明仁上皇陛下の次男である秋篠宮皇嗣殿下です。ナマズ殿下としても知られています。

景行天皇伝説や阿蘇神話伝説を巡る取材の一環で県内の多くの神社を参詣する機会がありました

が、そこで図らずも知ることになったのが秋篠宮殿下の熊本における事績でした。秋篠宮殿下は平成の時代に鯰信仰が残る熊本県内の神社をいくつか訪問しています。把握できたものを列挙すれば以下のとおりとなります。

平成一一（一九九九）年六月一四日　小島阿蘇神社（熊本市西区）
平成一一（一九九九）年六月一五日　遥拝阿蘇神社（人吉市上林町）
平成一二（二〇〇〇）年五月一六日　辺田見若宮神社（上益城郡御船町）
平成一二（二〇〇〇）年五月一七日　国造神社（阿蘇市）

これらの事実は、各神社での額入りの記念写真や記念碑などによって知ることができます。また、寺社仏閣の参詣を趣味とする人たちのブログ記事からは、「鞍置鯰」の信仰で知られる大森宮（福岡県福津市）に平成一三（二〇〇一）年七月三日に参拝されていることが確認できます。

報道としては、平成一二（二〇〇〇）年九月二一日付の『人吉新聞』で、秋篠宮殿下が遥拝阿蘇神社の訪問を記念し、氏子たちの浄財によって記念碑が建立されたことが紹介されています。また、平成二二（二〇一〇）年一一月二六日付の同紙の遥拝阿蘇神社の紹介欄には、当時、ナマズ信仰の調査で来られた秋篠宮殿下を案内した青井阿蘇神社の福川義文宮司が「秋篠宮殿下は、ナマズだけでなく相良家のこともよく知っていた」と振り返っていたことが記載されています。私は、人吉新聞社や青井阿蘇神社を訪ね、複数回の訪問や他神社への調査はなかったのか訊いてみましたが、そこではプラスアルファとなる情報を得ることはできませんでした。

他方、秋篠宮殿下の「鯰」に対する強い思いが結実して作成された文献があります。それは『神々と鯰』（私家版、平成八年）です。Ａ４版九二ページの冊子からなるその報告書は、福岡、佐賀、熊本の三県にまたがる約二〇社の鯰信仰が残る神社について、民俗学の見地から体系的に調査した結果を取りまとめたものです。

報告書の調査・編集・執筆は半田隆夫氏（福岡県史執筆委員）、編集・発行は横田進太氏（福岡県議会議員）ですが、冊子にはＢ５版の別紙一枚がはさまれてあり、その表題には「鯰資料「神神と鯰」の執筆、出版の経緯」とあります。

その冒頭には、平成八（一九九六）年二月に福岡市で開催された第五回ジャパンフラワーフェスティバルに秋篠宮・同妃両殿下がご出席された際、殿下に横田進太県議会議長から福岡市早良区賀茂地区では鯰を捕食しない旨を話したところ、逆に詳しい説明を求められたことが、報告書の作成の発端となっていることが記されています。そして、その最後には、同年の一二月に『神々と鯰』として取りまとめ、秋篠宮家を訪問して、殿下に福岡県を中心に佐賀・熊本両県の鯰に関する民俗と風習を説明したとあります。

秋篠宮殿下の熊本における調査訪問は、この『神々と鯰』がきっかけだったのかもしれません。ただ、殿下は幼少の頃から生きものに強い興味があったとされ、ナマズとの本格的な出会いは、学

習院大学の自然・文化研究会の仲間と訪れたタイのバーンパイン離宮でのことだったとされていま
す。水面に現れた巨大なナマズに魅了されて、研究の興味がナマズの系統分類と生態、特にメコン
オオナマズに向かっていきます。そして、殿下は、昭和六三（一九八八）年に学習院大学政治学科
を卒業後、オックスフォード大学セント・ジョンズ・カレッジ大学院で動物学を専攻し、魚類に関
する分類学を学び、平成元（一九八九）年にはメコンオオナマズについての論文を発表されています。
また、殿下は生きものと人とのかかわりについての研究者でもあり、メコンオオナマズについては、
タイの北部に足を運びこの巨大魚を漁獲する際に河の神様を祀る村人の漁労儀礼について調査をお
こなって、論文も書かれています。さらに、「生き物文化誌学会」の平成一五（二〇〇三）年の設
立時には中心人物として尽力され、この活動は四〇〇ページ以上に及ぶ『生き物文化誌選書　ナマ
ズの博覧誌』の平成二八（二〇一六）年の発刊に繋がっていきます。

このように、秋篠宮殿下は学生の頃から鯰には大変な思い入れがあり、その鯰愛とも言うべき強
い思いは、紀子様との御成婚の際に贈った鯰の指輪からもうかがい知ることができます。

しかし、秋篠宮殿下の鯰への強い思いには、興味という熱量とは別次元の異なる理由が秘められ
ていたのかもしれません。

11　與止日女神社と豊玉姫神社

佐賀市大和町には、肥前国一宮である與止日女《よどひめ》神社があります。この神社の祭神は、與止日女大明神・豊玉姫命とされています。與止日女は神功皇后の妹君とされ、一説には、神武天皇の祖母神である豊玉姫様と同一神であるとも伝わっています。創建は、欽明天皇二五（五六五）年の「火《ひの》国《くに》」の古社とされています。また、神社には、蛇の怪物「かなわ」から、鯰が村人を救ったという伝説もあり、鯰を神の使者とあがめて、決して食べないと言われています。

『神々と鯰』では、神社の縁起は次のように書かれています。

神功皇后は、朝鮮半島に進出の折、海神を祭り、航海の安全と戦勝を祈った。神功皇后の妹に当たる與止日女命は、磯童とともに龍宮に至って満珠・干珠をもたらした。満珠は青、干珠は白であって、この宝珠は、風雨を起こす力があり、戦いの際に、これにより敵船を転覆させた。凱旋した後、満珠・干珠は、川上にある神社に納められたと伝えられている。

ところで、與止日女命が、磯童とともに龍宮に行く際に乗っていたのは大鯰の鞍であった。それで、鯰は、淀姫様の眷属であり、お使いであるというようになった。

このように、與止日女命は海神と深い関わりがありますが、神社で同一神として祀られる豊玉姫

與止日女神社

は海神の一族です。記紀神話では海神《ワタツミ》の娘とされ、初代天皇である神武天皇の父であるウガヤフキアエズノミコトの母にあたります。また豊玉姫は、記紀神話の「海幸《うみさち》・山幸《やまさち》」の物語に登場することでよく知られています。

物語では、兄の火須勢理命《ホスセリノミコト》が海幸、弟の彦火火出見尊《ヒコホホデミノミコト》が山幸で、彼らは高天原から日向の高千穂峰に降臨した邇邇芸《ニニギ》の子供たちですが、あるとき山幸の弟が兄の海幸から借りた釣り針を失くしてしまいます。途方にくれていた山幸の前に、潮の神が現れて助け舟を出し、山幸は海神（綿津見神）の宮に向かいます。そこで山幸は失くした釣り針を見つけることができ、海神の娘である豊玉姫と結ばれます。そして、故郷に戻るときに海神から塩満珠《しおみつたま》と塩乾珠《しおひるたま》を授かり、その力によって兄を従わせたのでした。この後、豊玉姫は子を授かり、山幸の故郷に妹の玉依姫を従えてやってきます。豊玉姫はお産のときにのぞかないようにとお願いするのですが、山幸は我慢できずにのぞいてしまいます。すると、豊玉姫は大きなワニに化けていて、それを恥じた豊玉姫は妹の玉依姫と赤子を残して海に戻っていきました。この海辺の渚で生まれたのがウガヤフキアエズノミコトです。後に玉依姫はウガヤフキアエズノミコトと結ばれて初代天皇となるカムヤマトイワレビコ（神武天皇）を産みました。

「海幸・山幸」の物語を簡単に紹介しましたが、これは、昔話の「鶴の恩返し」にあるような異

豊玉姫神社の「なまず様」

類婚姻譚の典型とも言われています。一方、海神の娘を娶ることで、海の力を得た天皇家の支配の正当性を主張する物語とも考えられています。天皇家の祖先である高天原族は、一時は本当に海神族と姻戚関係を結んだのかもしれません。

佐賀県嬉野市は、「美肌の湯」で知られる嬉野温泉が有名ですが、温泉街の一角には、美肌にご利益があるとされる豊玉姫神社があって観光スポットの一つとなっています。境内には豊玉姫の使いで美肌の神様である白い「なまず様」が祀られています。古来、「肌の病」に効能があるとして湯治客から信仰を集め、現在も多くの参拝客が当地を訪れ美肌を祈願する姿が見られます。

また、『神々と鯰』では、元禄三（一六九〇）年に作成された『豊玉姫宮縁起』の概略を次のように紹介しています。

日向から佐賀の岩屋を訪れ豊玉姫大神が自然の清々しさに、この地を〝嬉野〟と名づけたこと、「湯の渕」に棲む〝鞍置鯰〟は豊玉姫の使いとして聖なるものであり、村人たちは禁忌の対象として捕食しないこと、そして、この渕に棲む大鯰は、天変地異の予兆魚であることが縁起に記されていると紹介して、鯰は「神の魚」であると締めくくっています。

12　愛のカタチと寄り添う心

令和五（二〇二三）年一月下旬、私は妻とともに豊玉姫神社と與止日女神社を訪れました。豊玉姫神社では、秋篠宮殿下の訪問を示すような記念碑や記録を見つけることはできませんでした。地元の方と思しき数人に声を掛けてみましたが有益な情報を得ることはできませんでした。次に向かった與止日女神社でも同様の結果でした。しかし、一度は諦めかけて駐車場に歩を進めたものの、諦めが悪く境内にもどると勇気をふりしぼって社務所の呼び鈴を押しました。

すると、奥からメガネをかけた神職と思われる年配の男性が姿を現しました。突然の呼び出しにもかかわらず、男性は私の質問に丁寧に応えてくれました。

三〇年ほど前、秋篠宮殿下がまだ学生と思われる頃、関係者の方々と来られて参拝されたことを憶えているとのことでした。殿下が参拝されることは事前に連絡があったそうですが、当時は内密での参拝で、近隣に知らせることはなく写真撮影も禁じられていたとのこと。また、参拝の当日は雨模様で、お付きの人が殿下に傘を差し上げていた様子を思い出すと話してくれました。

このインタビューで殿下が與止日女神社を訪問したことが判明しました。しかし、この神社に訪問したのは三〇年ほど前とのことに引っかかりを感じた私は、失礼とは思いながら二〇年ほど前のことではないかと聞きかえしたのでした。何故なら、これまで把握していた殿下の鯰に関係する神社の訪問時期は、平成一一（一九九九）年から平成一四（二〇〇二）年の二〇年ほど前だからでした。

しかし、男性は、具体的な日時については記録を残していないのでわからないが、三〇年は過ぎているときっぱりと答えてくれたのでした。

現在から三〇年以上前と言えば、一九八〇年代の終わり頃から一九九〇年代の初め頃、年号が昭和から平成へと変わった前後の時期に相当します。

秋篠宮殿下は、昭和四〇（一九六五）年一一月三〇日生まれです。

昭和五九（一九八四）年四月に学習院大学法学部政治学科に入学し、翌年の二年生のときに大学構内の書店で、後に結婚することとなる紀子妃とめぐり逢います。その後、交際が始まり、紀子妃は、秋篠宮殿下が小学校時代の友人たちを中心に立ち上げた大学のサークルである自然文化研究会に入会します。また、この年の昭和六〇（一九八五）年八月、殿下はサークルの仲間や顧問たちと一緒にタイを訪問し、この地で「メコンオオナマズ」を見てその虜になってしまいます。

そして、その翌年の昭和六一（一九八六）年六月には学習院大学の近くの交差点で、殿下は紀子妃にプロポーズし、昭和天皇の崩御の喪が明けた平成二（一九九〇）年六月にお二人は結婚されたのでした。

このように、殿下にとって三〇年以上前というのは、その後の人生を決定づける大転機の時期であったと言えそうです。

殿下は幼い頃から読書に親しんでいて、皇族という立場上、記紀に書かれてある神話については、私たちとは違って、特別な思いで理解していたはずです。

殿下は青年となり大学構内の書店で紀子妃を見初めて交際を重ねていく中で、紀子妃との将来を思い描きながら、神話における様々な婚姻の物語と対比させていったことは想像に難くありません。そして、この時期に、タイですっかり魅了されてしまった「オオナマズ」との巡り合わせもありました。

その後、記紀神話の「海幸・山幸」に登場する豊玉姫の神の使いが「鯰」であることを知るのは時間の問題だったと思われます。ひょっとすると、紀子妃と出会う以前からそういった知識はあったのかもしれません。

いずれにしても、殿下は、自身を皇統の祖の一人である山幸彦に、紀子妃を豊玉姫になぞらえて自分たちの結婚のことを考えていたのだと思います。殿下は、ご成婚の際に紀子妃に鯰の指輪を贈っています。鯰を紀子妃の守護神として、そしてそれが殿下の考える愛の証であったのだと思います。素敵な愛のカタチだと思います。

今から三〇年ほど前のある日、秋篠宮殿下は、佐賀市大和町の肥前一宮である與止日女神社を訪れて参拝されました。この訪問は、研究の一環とかではなく、全く個人的な想いを抱いてのことだったと思います。傘に落ちる雨音を聞きながら、静かに手を合わせて祈りを捧げる殿下の姿が想像できます。

それから、殿下は、時を同じくした紀子妃やオオナマズとの出会いに、何か神秘的なものを感じたのではないでしょうか。殿下が「鯰」を研究の対象として、その生物学的な分類・生態だけでなく、人とのかかわりを含めた「生き物」としての視点を持って研究を行なったのは、このような背景があったからではないでしょうか。

そして、殿下は結婚後、精力的に鯰についての調査を行ない、熊本にも足を伸ばしました。その過程では阿蘇系神社の鯰信仰に触れる機会があり、その起源は、阿蘇の地を追われた鯰を精霊とした先住者たちを祀ったものだという理解に至ったはずです。調査の一環での訪問であったとはいえ、殿下は敬虔な気持ちで各神社を参拝されたと思います。

また、近年では令和五（二〇二三）年四月に、秋篠宮ご夫妻とご子息の悠仁さまの家族三人で球磨郡五木村を訪れています。五木村は球磨川の源流の一つである川辺川沿いの標高一〇〇〇ｍを越える山々と深い峡谷に囲まれた日本有数の秘境の地です。さらに源流の奥地には平家の落人伝説が残る五家荘もあります。

地元の方々によれば、殿下は五木村の滞在中に、焼畑農耕に長年携わってこられた九〇代の女性とお会いになったほか、ご家族とともに日本の原風景ともいえるこの地域の歴史と文化を満喫されたとのことです。

ところで、五木村を流れる川辺川沿いでは縄文時代の遺跡が多数発見されています。太古の昔からこの地には人々の営みがあり、当時の生活様式から火入れが行なわれていたことは確実視されています。一般に「焼畑」には負のイメージがありますが、近年は持続可能かつ環境保全につながる古くて新しい農耕方法として見直され始めています。そして、焼畑は、稲作が日本に伝わるよりはるか昔の一万年以上の歴史があり、一説としてこの文化は南方からの島嶼沿いに伝来したのではないかと考えられています。それと共に様々な信仰も伝わってきたともいわれています。

想像をめぐらすにもほどがあると批判されそうですが、秋篠宮殿下が多感な悠仁さまを伴った私的な家族旅行としてこの地を選ばれた理由は、この地域に「火の民」の面影が残るとともに、この地域が鯰信仰に関連する球磨川の最上流に位置していることが関係しているように思います。殿下は、自身のこれまでの研究結果もまじえ、九州奥地に残る深い自然と多様な文化、重層的な日本の歴史に触れながら悠仁さまと様々な話をされたのだと思います。

殿下が調査・研究を進めていた平成という時代は、父母である上皇・上皇后両陛下が国民に寄り添い、先の大戦の戦没者を慰霊し平和を願っていた時代です。一方で、殿下は鯰などの「生き物」や習俗をとおして、現在に生きる人々や過去に生きた人々に対する理解を深めていった時代とも言えます。そして、このことは、両陛下と同じく国民に寄り添う「心」に通底するものではないかと思います。また、現在の令和に至っては、この「心」を次の世代である悠仁さまにお伝えしようとなさっているのではないでしょうか。

私は、こうした活動を行なっている天皇陛下を含めた皇室の方々に誇りを感じます。と同時に、二〇〇〇年に及ぶ皇統の連綿性が守られてきた理由が、この年齢になってようやく理解できたように思います。そして、国民の一人として、天皇制をしっかり守り伝えていかなければならないと思ったのでした。

13　旅の終わりに感じたこと

ここまで、熊本に残る不動岩の伝説、景行天皇の伝説、健磐龍命の阿蘇神話伝説、人吉球磨地方の相良藩の史話を紹介するとともに、これらにまつわる祭事などが現在にも引き継がれ、これらの物語が生まれた背景について、様々な資料に当たりながら考えを深めていきました。

そこから得ることができたのは、人々に寄り添う気持ちと哀悼の情、平和への祈りという古くから私たちが培ってきた「心」でした。この「心」があったからこそ、これらの神話や史話が現在の私たちにまで引き継がれてきたのだと思います。そして、その「心」は私たちが暮らす日本の風土に規定されて培われたのだと思います。さらに、日本列島は大陸の端に南北に連なる島嶼という独特の地形・位置関係から、はるか昔の私たちは、北方、南方、朝鮮半島から渡ってきた多様な人々の融合と融和によって形作られたのだと思います。そこには既に、他の文明や文化を受容するという精神の萌芽があったのかもしれません。

そして、その「心」を長きにわたって体現し続け、懸命になって心血を注いでいたのが皇室の方々だということにも気がつきました。と同時に、その御心こそが二〇〇〇年に及ぶ皇統の連綿性の源泉であることもわかりました。

ただ、これらの考えは私の独り善がりに過ぎないかもしれません。誰かに押しつけるものではありませんが、誰かにお伝えしたいという気持ちになっているのは紛れもない事実です。

そして、ようやく、私が歴史の中に生きていて、私の中にこそ、この長い歴史を生きてきた人々（祖先）の心や思いがあることに気がつきました。そこから湧き上がってくるのは溢れんばかりの感謝の気持ちです。と同時に、私が今こうして生きているということは、祖先が絶えることなくこの地球上で生きのびてきた証でもあるという事実にも気がつきました。この気づきによって、私の魂は、その深いところから強く揺さぶられたのでした。

命を授けてくれた両親、私を支え続けてくれている妻、子供たち、会社の同僚、上司、後輩、友人たち、仕事や趣味を通じて知り合った方々、それと八百万の神々に感謝しなければなりません。ここまで読み進めて下さった方々にも謝意を表して終わりにしたいと思います。

與止日女神社の社務所で秋篠宮殿下の話を聞いた後、熊本の我が家に向けて車を走らせ高速道路に乗りました。ハンドルを握りながら、これまで調べてきたことを頭の中で整理をしていると、車は佐賀県神埼郡吉野ヶ里町を通り過ぎました。吉野ヶ里町にはその名のとおり、吉野ヶ里遺跡と呼ばれる弥生時代の大規模な遺跡があります。祖先がこの地で暮らしていたかもしれないことを思うと胸が熱くなりました。

妻は助手席でリラックスした様子で目を閉じていました。そして、我が家に戻ると、テレワークで帰省していた次女と七才になる愛犬のサラが、私たちの帰りを出迎えてくれました。

こうして、私の約二年におよぶ週末を利用した肥後神話伝説をめぐる旅は幕を閉じたのでした。

ありがとうございました。

おわりに

今年、熊本県菊池郡菊陽町に半導体の生産で世界最大手のＴＳＭＣ（台湾積体電路製造）の第一工場が完成し、二月には日台の要人や関係者が列席して開所式が開かれました。隣地では既に第二工場の建設工事が始まり、報道では日本政府が総額で一兆二〇〇〇億円の補助をするという国家的計画になっています。式典では岸田総理大臣がビデオメッセージを寄せ、蒲島県知事（当時）も「ビジネスが円滑に進むよう、工業用水などのインフラ整備にスピード感を持って取り組む」などと意気込みを語りました。

誘致の背景は、「台湾有事」を見据えた経済安全保障上の重要物資に位置付ける半導体の国内生産の後押しと同時にその供給網の強靭化です。そして、誘致先として熊本県菊陽町が選ばれた理由は、近隣に国内大手の半導体の関連企業が複数あったことに加え、半導体製造の洗浄工程で欠かすことのできない豊富で清らかな「水資源」の存在があったからです。地下水です。

阿蘇外輪山の西側から連らなる面積約一〇〇〇㎢の熊本地域の大地には、熊本市を含む一一市町村があり約一〇〇万人の人々が暮らしていますが、この熊本地域の水道水源のほぼ全てが地下水によって賄われています。人口約七四万人の熊本市に限って言えば、水道水の全てが地下水によって賄われていて五〇万人を超える都市としては日本唯一、世界的に見ても稀有な都市とされています。

このような豊富な地下水に恵まれる一因として熊本地域における年間約二〇〇〇㎜、阿蘇山にいたっては三〇〇〇㎜もの降水量が挙げられますが、このほか、次の二つの要因も大きく影響しているといわれています。一つは地下水の入れ物としての特別な地質です。もう一つは地下水を効率よく増やす涵養《かんよう》システムの存在です。

特別な地質とは、ここまで何度か紹介してきた阿蘇火山の約二七万年前から約九万年前にかけて四回起こった巨大噴火によるものです。熊本地域の大地は、これらの火砕流が厚く降り積もってできあがっています。この阿蘇火砕流でできた地層は水が浸透しやすい特徴を持っていて、一〇〇m以上の厚さで広く分布しています。そのため熊本地域に降った雨は地下水になりやすく、地下に豊富で良質な水が蓄えられるのです。阿蘇火山は〝火の国〟の象徴であると同時に、実は〝水の国〟の立役者でもあるのです。

地下水を効率よく増やす涵養のシステムは、今でも土木・治水の神様として「清正公さん」と敬われ祀られている加藤清正公によって図らずも構築されたのでした。熊本城を築いた加藤清正公は、多くの土木、（治水・利水）工事を手掛けたことでも有名ですが、約四三〇年前、肥後に入国した清正公は、白川中流域（大津町・菊陽町など）に堰や用水路を築き、大規模な水田開発を行ないました。特に、白川中流域の水田は水が浸透しやすい土質のため、通常の五～一〇倍も水が浸透するといわれています。地元では「ザル田」と呼ばれるほどです。水が浸透しやすい性質の土地に水田を開いていったので、結果的に大量の水が地下に効率よく浸透し、さらに地下水が豊富になったというわけです。そして、このような涵養のシステムは現代にも引き継がれ、地下水保全のための市町村の枠を越えた取り組みのほか、地下水を利用している企業の協力も得ながら私たちの地下水は守られています。このように熊本地域の豊富な地下水は、自然と人間の営みによって育まれたユニークな産業資源として世界的に評価、注目され、「2013国連〝生命の水〟最優秀賞」の受賞に繋がっていきました。

ところで、阿蘇山西麓の緑の大地に姿を現した白銀の巨大な新工場は、台湾有事を見据えた「経済安全保障上の城塞」とも呼ばれています。小難しく言えば、大陸内部外圧に対抗する沿岸諸国による協働事前準備事業建造物とでも呼べばよいかもしれません。歴史を学ぶとこのような外圧に対する抵抗は古代から繰り返しあったことがわかります。事実、最悪の事態として鎌倉期には侵略を受けています。その逆に侵攻した歴史もあります。北方領土問題は未解決のままとなっています。

ですので、今回のこの国家的計画が歴史の必然であると分かっていても、つい最近まで緑豊かだった大地に突如として聳えたこの建造物を眼前にして過去、未来に想像をめぐらすと、やはり一抹の不安は拭いきれず、その光景に馴染むにはいよいよ時間がかかりそうな気分になってきます。

一方、この新工場の建設は、平成二八（二〇一六）年に発生した熊本地震の創造的復興の最終起爆剤となって周辺に大きな変化をもたらしています。周辺地域では人口増加を見込んだマンションや住宅の建設ラッシュが続いています。工場に近い県北エリアでは関連する工場の相次ぐ進出で、一部では用地不足の問題が発生しています。また、半導体産業の集積に向けた交通網の強化のため周辺では高速道路の建設が急ピッチで進んでいて、さらに、熊本都市圏で常態化している著しい渋滞対策としての高規格道路の建設に向けた具体的な検討が県市を中心に数年前から始まっています。このように、TSMCの進出に伴った一連の経済波及は大規模かつ絶大で、経済界では「一〇〇年に一度のビッグチャンス」などと声高に叫ばれています。

熊本の地下水に取り返しのつかないことが起こらなければ、今後、十数年で、熊本都市圏は目覚ましい発展を遂げる可能性があります。また、列島では南海トラフを震源域とした巨大地震の発生が懸念されていますが、この地震による壊滅的被災に伴った経済の長い停滞を避けることができれば、新工場の稼働は日本や世界の繁栄に寄与することも十分考えられます。

しかし、このような発展の一方で、私たちは違った側面にも目を向けなければならないことがあるように思います。

筆者は地質調査を生業としていますが、仕事の殆どは国、県、市町村が進める道路橋、トンネル、ダムなどのインフラ整備や公共施設の建設に関わる地盤調査です。マンション、病院、工場や倉庫などの建築物についての調査も多く請け負っています。依頼があれば個人住宅の地盤調査も行ないます。若い頃は鉱山開発に関わる調査にも従事していました。

地盤調査の主な方法はボーリング調査で、地面に細い穴を開けて地盤の強度を測定したり地下から土や岩盤のサンプルを採取して地質の状態を調べます。そして、このような調査は本格的な建設や開発に先んじて行なわれるのが一般的で、多くの場合、調査地点は買収前のために土地の所有者がいたり、使用者がいることも稀ではありません。そのため、調査を始める前には、所有者や使用者の方々に立入りの了承を得るための挨拶が重要となってきます。事業主体や開発者との間に既に良好な関係が築かれている場合には簡単な挨拶ですみますが、時には複数回の訪問や長い時間を要することがあります。そういったとき、事業自体には反対ではないものの、先祖から受け継いできた土地を手放さなければならないことへのためらいや農作物の最後の収穫に強い思いを抱かれていることに気付かされます。

中山間地域で、地域の安全を司る施設の移転新築のための地盤調査を請け負ったときのことです。調査地は中学校跡地の野球グラウンドでした。そのグラウンドは航空写真からも良く整備された様子がわかり、そこでは少年野球チームがほぼ毎日のように練習しているとのことでした。

調査期日が迫った雨上がりのお昼過ぎ、一台の車が入ってきました。駐車場を過ぎ内野フェンス横で停まると、中から一人の男性が降りてきました。男性はバックネット裏に設えた年季の入った小さなプレハブの部室に出入りしていて、しばらくすると、グラウンドの真ん中で作業をしている我々を眺め始めました。

ベンチに掲げてあったホワイトボードには、週末や夏休みに開催される大会や練習試合のスケジュールが書かれてありました。我々が迷惑をかけていることは一目瞭然で、当初からチームの関係者にちゃんと挨拶をしなければならないと思っていた私は、ここぞとばかりに男性に近寄ると、この度のことを詫びるとともに期日までには練習ができるように元に戻す旨を告げました。男性は終始不機嫌そうな表情でした。そして訥々と語り始めました。

ここにその施設が建設されるのが残念でならないとのことでした。チームのホームグラウンドとしてこの野球場を利用させてもらっているかたわら、以前からグラウンドの管理を任されていたとのこと。しかし、施設の移転については、決定事項のこととして所有者である町から突然言い渡されたとのことでした。聞けば男性の息子さんは小学校一年生からこのグラウンドで野球を始め、これから高学年を迎える年齢。まさに、これからが一番大事な時期。親子にとっては絆を育む掛け替えのない時期と言っても過言ではありません。男性は途方に暮れていました。

実は、筆者も似たような経験を味わったことがあります。息子は小学校一年生から野球チームに入り高校まで野球を続けましたが、中学の硬式野球時代に、グラウンドを所有していた企業の意向で突然そこを出ていかなければならないという憂き目にあいました。ですので、その男性のやるせない気持ちが痛いほど伝わってきました。

その日の作業を終えて帰途につく時間になった夕方、男性は外野奥のフェンス周りで草刈りを続けていました。刈払い機のエンジン音がグラウンドに響きわたっていました。

グラウンドを後にして、近ごろ開通したばかりの真新しい高速道路を走らせながら車のハンドルを握っていると、突然、熱いものが込み上げてきました。

あのグラウンドには「心（神）が宿っている」のではないか。そして、阿蘇神話の「鯰」のことを思い出しました。さらに、これまでの種々の調査で立入りのために出会った人々の複雑な表情や重い言葉が、記憶の深いところから湧きあがってきました。そしてそれは熱いものとなって頬をつたっていきました。

外は雨になっていました。フロントガラスにはワイパーでは拭えないほどの雨が叩きつけ、雫は束となってウィンドウを流れていきました。

社会の発展や繁栄、安心と安全の実現の陰で、心を傷めている人々や置き去りにされている人々がいることを忘れてはならないと思います。そして、このような人々のことを思い遣ってこそ、本当の意味での復興や繁栄に繋がっていくのではないかと思います。私たちには、その心が残っていると思います。古代の私たちがそうであったように。

そして、他者を思い遣るといった私たちが古くから培ってきた和の心が、今なお世界各地で続いている争いや分断を和らげるための英知を産み落とす最初の萌芽になるのではないか、との希望を持っています。


ところで、本書については、当初、流通販売の予定はありませんでした。

興味本位とはいえ、調査では多くの方々の協力を得ていました。各地域の図書館や歴史施設にも大変お世話になりました。また、各地の神社などではそこで営む人々の信仰に触れることができました。私自身の祈りも温かく受け入れてもらいました。ですので、感謝の気持ちをこめてお世話になった図書館施設や神社に献本するだけの製本を考えていました。

そして製本費用の見積のため、熊本出版文化会館に原稿を送りメールを通じて相談したところ、代表の方から連絡があり、流通販売を視野に入れた編集を行ないたいとの申し出がありました。その上で見積を提示させて欲しいとの返答でした。原稿に目を通してくださった上に、ありがたい後押しのお言葉も頂きました。昨夏の終わり頃だったと思います。しかし、今年の春、桜が満開を迎えた頃、代表の廣島正さんは他界なされました。心からご冥福をお祈りいたします。

出版に至ったのは、ひとえに同会館の廣島さんの勧めがあったからです。残念ながら、廣島さんと直接お会いする機会はありませんでしたが、電話口でのやや強引とも言える説き勧めを懐かしく思い出します。

編集にあたっては、同会館の桑本百合恵さんには大変お世話になりました。度重なる追記や修正に丁寧に対応して頂きました。また、スタッフの皆さまからは大変貴重なご意見や励ましの言葉を賜りました。タイトル等についてはローカルゲインの佐藤雄一郎さんに相談にのって頂きました。カバーデザインについては稗島孝一朗さんにお世話になりました。本業の福祉のお仕事のかたわら、突然のお願いにもかかわらず快く引き受けて頂きました。

この場を借り、お世話になった方々に心から厚く感謝の意を表して結びにしたいと思います。

本当にありがとうございました。

令和六（二〇二四）年九月

西　英典

引用・参考文献

第一章

・嶋田芳人編集『ふるさと山鹿』山鹿市老連、町おこし運動推進協議会、一九八七年一二月
・三玉校区地域づくり協議会『三玉「お宝」ガイドブック』二〇一二年三月
・山鹿市史編纂室「彦岳権現と不動岩との首引きの話」『山鹿市史　下巻』山鹿市、七九二～七九三頁、一九八五年三月
・熊本県小学校教育研究会国語部会編「不動様と権現様」『熊本のむかし話』日本標準発行、一九七三年
・熊本県地質図編纂委員会『熊本県地質図（10万分の1）』一般社団法人熊本県地質調査業協会、二〇〇八年
・島田一哉、宮川英樹、一瀬めぐみ「不動岩礫岩の帰属について」『熊本地学会誌』120号、九～一八頁、一九九九年
・西村祐二郎、柴田賢「〝三郡変成帯〟の変斑れい岩質岩石の産状とK－Ar年代」『地質学論集』第33号、三四三～三五七頁、一九八九年
・石塚英男、鈴木里子「オフィオライト変成作用と海洋底変成作用」『地学雑誌』104号、三五〇～三六〇頁、一九九五年
・早坂康隆、梅原徹也「熊本県山鹿変斑れい岩体のナップ構造」『日本地質学会第101年学術大会講演要旨集』一七三頁、一九九四年

・矢野健二、豊原富士夫、武田昌尚、土肥直之「九州西部、三郡変成岩類に衝上している変斑れい岩」『日本地質学会第98年学術大会講演要旨』二一二頁、一九九一年
・彦嶽宮リーフレット
・彦嶽宮ｗｅｂサイト　https://hikotakegu.localinfo.jp/
・嶋田芳人編集『ふるさと山鹿』山鹿市老連、町おこし運動推進協議会、一九八七年一二月
・三玉校区地域づくり協議会『三玉「お宝」ガイドブック』二〇一二年三月
・山鹿市史編纂室「狐の道おくり」『山鹿市史　下巻』山鹿市、七九六～七九八頁、一九八五年三月
・熊本県小学校教育研究会国語部会編「きつねの道おくり」『熊本のむかし話』日本標準発行、一九七二年
・熊本県小学校教育研究会国語部会編「おにの足かた」『熊本のむかし話』日本標準発行、一九七三年
・川村哲夫『九州を制覇した大王―景行天皇巡幸記』海鳥社、二〇〇六年
・安本美典「邪馬台国学」『遺跡からのメッセージ古代上編　熊本歴史叢書1』熊日出版、平成二〇〇三年
・清原清人「熊本県山鹿市北方一帯の滑石鉱床調査報告」『地質調査所月報』第八巻、第7号、四三～四八頁、一九五五年七月調査
・山鹿市史編纂室『山鹿市史　別巻』山鹿市、一九八五年三月
・山鹿市立図書館ｗｅｂサイト　https://www.yamaga-lib.jp/
・山鹿市史編纂室「第三章　古代・中世」『山鹿市史　上巻』山鹿市、四八九～四九〇頁、一九八五年三月
・山鹿市史編纂室「第八章　民俗」『山鹿市史　下巻』山鹿市、六一九～六二一頁、六七五頁、一九八五年三月

・山鹿市『新補山鹿市史』二〇〇四年
・平尾良光「古代日本の青銅器の原料産地を訪ねて」『計測と制御』vol 28、No.8、二九〜三六頁
・谷川健一『青銅の神の足跡』小学館ライブラリー、一九九五年
・山鹿市史編纂室「第四節　菊池川とチスジノリ」『山鹿市史　上巻』山鹿市、三八〜五三頁、一九八五年三月
・金属資源開発調査グループ「我が国の銅の需給状況の歴史と変遷　歴史シリーズ-銅(2)-」『金属資源レポート』石油天然ガス・金属鉱物資源機構調査部編、350号、四三四〜四五四頁、二〇〇五年
・西住欣一郎「菊池城跡の最新の調査成果について」『菊池川がはぐくんだ歴史と文化』熊本歴史学研究会、一二二〜一四七頁、二〇一八年
・吉井守正「九州地域地質センターの未公表資料が語る戦中戦後史」『地質ニュース』426号、四二〜四八頁、一九九〇年
・堀　秀道『楽しい鉱物図鑑』草思社、一九九〇年
・熊本県小学校教育研究会国語部会編「米原長者どんの話」『熊本のむかし話』日本標準発行、一九七三年
・山鹿市史編纂室「鹿本郡神社明細帳」『山鹿市史　別巻』山鹿市、二八二〜四二二頁、一九八五年三月
・山鹿市史編纂室「山鹿郡誌抄」『山鹿市史　別巻』山鹿市、四二三〜五九五頁、一九八五年三月
・「生目神社」ウィキペディア　https://ja.m.wikipedia.org/wiki/%E7%94%9F%E7%9B%AE%E7%A5%9E%E7%A4%BE
・徳丸秋因『山鹿郡誌』徳丸家文書、一八七八年
・山鹿市史編纂室『山鹿市史　上巻、下巻、別巻』山鹿市、一九八五年三月

・熊本県立図書館ｗｅｂサイト　https://www2.library.pref.kumamoto.jp/
・山鹿市立博物館ｗｅｂサイト　https://www.city.yamaga.kumamoto.jp/www/contents/1264127825069/
・中原　英『太湖の湖「茂賀の浦」と「狗奴国」菊池』熊本出版文化会館、二〇一六年
・原田種成「黒い砂」『地質ニュース』146号、一二〜二七頁、一九六六年
・長谷義隆、岩内明子「内陸堆積層の分布高度から求めた中部九州地溝内沈降域の変位」『地質学論集』第41号（中部九州後期新生代の地溝別刷）、一九九三年
・熊本県教育委員会編『ワクド遺跡　熊本県菊池台地における縄文時代後期集落の調査　県営畑地帯総合土地改良事業に伴う文化財調査』熊本県文化財調査報告第144集、一九九四年
・岩崎志保「縄文時代の植物利用と地形変化」『岡山大学　埋蔵文化調査研究センター報』No.48、二〇一二年
・吉田孝祐『舊山鹿郡誌』昭和二六年、園田匡身（本澄寺住職）、一九八五年複写製本
・速水侑編著『民衆の導者　行基』吉川弘文館、二〇〇四年
・薬用植物総合情報データベース　http://mpdb.nibiohn.go.jp/
・熊本大学薬学部薬草園データベース　https://www.pharm.kumamoto-u.ac.jp/yakusodb/
・山鹿市教育委員会社会教育課『菊池川流域の自然「驚き」「感動」そして「不思議」「なぜ」』新山鹿双書、第一三回、山鹿市文化歴史講演会講演録、二〇一九年
・渡辺一徳「阿蘇火山の生い立ち」一の宮町史、『自然と文化阿蘇選書』⑦、一の宮町史編纂委員会、一の宮町、二〇〇一年

・阿蘇ペディア　http://www.aso-dm.net/?%E7%81%B0%E7%9F%B3
・巽　好幸『富士山大噴火と阿蘇山大爆発』幻冬社新書、二〇一六年
・高橋正樹『破局噴火―秒読みに入った人類壊滅の日―』祥伝社新書、二〇〇八年
・鎌田浩毅『マグマの地球科学』中公新書、二〇〇八年
・『阿蘇の灰石展』熊本県立装飾古墳館、二〇〇六年

第二章

・井上光貞監訳『日本書紀（上）』中公文庫、二〇二〇年
・荒木精之、牛島盛光、奥野広隆、浜名志松『熊本の伝説　日本の伝説26』角川書店、一九七八年
・錦町『とっておき　我が地域（集落）の自慢』二〇一二年
・錦町教育委員会『錦町の文化財』二〇一六年
・深田村誌編纂委員会『深田村誌』一九九四年
・山江村教育委員会『山江村郷土誌　復刻』一九九三年
・熊本県小学校教育研究会国語部会編『熊本の伝説』日本標準発行、一九七八年
・『熊本県地名大辞典』角川書店、一九八七年
・岡松壮『わが町津奈木』一九七六年
・六車茂一郎翁遺稿『津奈木村郷土誌』熊本県葦北郡津奈木村、一九三六年

・『広報つなぎ』vol.622、津奈木町、二〇一七年
・津奈木町誌編集委員会『津奈木町誌　上巻』津奈木町、一九九三年
・『肥後國誌』青潮社、一九七一年
・『薩摩街道さんさくマップ』鹿児島県　https://www.pref.kagoshima.jp/am01/chiiki/hokusatsu/chiiki/documents/64757_20180315150556-1.pdf
・秋本吉郎『風土記　日本古典文學大系2』岩波書店、一九五八年
・御前明良「紀州有田みかんの起源と発達史」『経済理論』292号、九七～一一八頁、和歌山大学発行、一九九九年
・史跡「心吉（こころよし）」説明板
・三角町史編纂協議会専門委員会『三角町史』三角町役場、一九八七年
・宇土郡役所『宇土郡誌』一九七三年
・宇土郡役所『宇土郡誌』一九二一年
・熊本県土木部河川港湾局港湾課『三角港』
・『水の国　くまもと』ｗｅｂサイト　https://www.kankyo-kumamoto.jp/mizukuni/kiji003143/index.html
・「くまもと地名あらかると」『熊本日日新聞』二〇〇九年九月一四日付け
・「くまもと地名あらかると」『熊本日日新聞』二〇〇九年九月一一日付け
・「くまもと地名あらかると」『熊本日日新聞』二〇〇九年六月八日付け
・濱名志松『天草伝説集』葦書房、一九八六年

・沖田昌進『御船史蹟記』文化新報社、一九五七年
・大塚正文『熊本昔むかし』熊本出版文化会館、二〇〇六年
・『名石神社史跡めぐり　研修会資料』名石神社、二〇二〇年
・秋本吉郎『風土記　日本古典文學大系2』岩波書店、一九五八年
・玉名市ｗｅｂサイト　https://www.city.tamana.lg.jp/q/aview/405/2064.html
・『玉名大神宮』案内板、玉杵名の里づくり委員会
・疋野神社ｗｅｂサイト　https://www.hikino-jinja.jp/#top
・嶋田芳人編集『ふるさと山鹿』山鹿市老連、町おこし運動推進協議会、一九八七年一二月
・山鹿市史編纂室『山鹿市史　別巻』山鹿市、一九八五年三月
・『神石の由来』熊入若宮神社案内板
・千田聖母八幡宮案内板
・『鹿郡旧語伝記』
・彦嶽宮リーフレット
・彦嶽宮ｗｅｂサイト　https://hikotakegu.localinfo.jp/
・徳丸家文書『山鹿郡誌』
・『新版　古事記　現代語訳付き』訳注・中村啓信、二〇〇九年
・『図解　古事記・日本書紀』多田元監修、西東社、二〇一四年

・真弓常忠『古代の鉄と神々』筑摩書房、二〇一八年
・谷川健一『魔の系譜』講談社、一九八四年
・谷川健一『日本の神々』岩波書店、一九九九年
・舘充「わが国における製鉄技術の歴史―主としてたたらによる砂鉄製錬について」『鉄と鋼』Vol.91、No.1、日本鉄鋼協会、二～一〇頁、二〇〇五年
・吉田敏明「鉄から見た我が国の古代史」『火力原子力発電』Vol.66、No.9、五一五～五二八頁、二〇一五年
・永田和宏『人はどのように鉄を作ってきたか』講談社、二〇一七年
・田中和明『よくわかる最新「鉄」の基本と仕組み』秀和システム、二〇〇九年
・浅井壮一郎『古代製鉄物語「葦原中津国」の謎』彩流社、二〇〇八年
・山内裕子「古代製鉄原料としての可能性～パイプ状ベンガラに関する一考察～」『古文化談叢』第70集、二四三～二五二頁、二〇一三年
・佐々木稔・赤沼英男・伊藤薫・清水欣吾・星秀夫「阿蘇谷狩尾遺跡群出土の小鉄片と鉄滓様遺物の金属学的解析」『古文化談叢』第44集、三九～五一頁、二〇〇〇年
・藤尾慎一郎「弥生鉄史観の見直し」『国立歴史民俗博物館研究報告』第185、一五五～一八二頁、二〇一四年
・松井和幸『鉄の日本史　邪馬台国から八幡製鐵所開所まで』筑摩書房、二〇二二年
・西岡芳晴・尾崎正紀・寒川旭・山本孝広・宮地良典『桜井地域の地質』地域地質研究報告、5万分の1地質図幅　京都⑾第64号、地質調査所、二〇〇一年

・大塚初重監修『古代史散策ガイド巨大古墳の歩き方』宝島社、二〇一九年
・『小野原遺跡群　黒川広域基幹河川改修事業に伴う埋蔵文化財調査報告』熊本県文化財調査報告、第257集、熊本県教育文化課編、二〇一〇年
・安本美典「邪馬台国学」『遺跡からのメッセージ古代上編　熊本歴史叢書1』熊日出版、二〇〇三年
・中橋孝博「戦う弥生人　倭国大乱の時代」『遺跡からのメッセージ古代上編　熊本歴史叢書1』熊日出版、二〇〇三年
・河野浩一『熊本のトリセツ』昭文社、二〇二一年
・川越哲史編『弥生時代鉄器総覧』広島大学文学部考古学研究室、二〇〇〇年
・大神神社ホームページ　http://oomiwa.or.jp/
・磯山　功・斎藤英二・渡邊和明・橋本知昌・山田直利「100万分の1日本地質図（第2版）から求めた各種岩石・地層の分布面積」地質調査月報、第35巻第1号、二五〜四七頁、一九八四年
・井澤英二『よみがえる黄金のジパング』岩波書店、一九九三年
・高橋哲一「花崗岩系列の成立と展開　石原舜三博士の偉業を振り返って」『GSJ地質ニュース』Vol.9、No.10 二八九〜二九七頁、二〇二〇年
・Shunso Ishihara（一九七七）：The Magnetite-series and Ilmenite-series Granitic Rocks: Mining Geology, 27, 二九三〜三〇五頁
・『星野村史　産業編』星野村史編さん委員会、一九九八年

・井上智勝『吉田神道の四百年　神と葵の近世史』講談社、二〇一三年
・熊本文化研究叢書6『肥後和学者　上妻博之　郷土史論集1』熊本県立大学日本語文学研究室編、二〇〇九年
・健軍神社案内板
・鈴木喬『熊本の神社と寺院』熊本日日新聞社、一九八〇年
・熊本市『新熊本市史』別編　第2巻　民俗・文化財、平成八年
・寺沢　薫『卑弥呼とヤマト王権』中央公論新社、二〇二三年

第三章

・大滝典雄『草原と人々の営み』一の宮町史　自然と文化　阿蘇選書⑩一の宮町史編纂委員会、一の宮町、平成九（一九九七）年
・宮縁育夫、杉山真二「阿蘇火山の活動と草原の歴史―カルデラ東方域での植物珪酸体分析結果から―」『九州の森と林業』No. 76、別刷、二〇〇六年
・宮縁育夫、杉山真二「阿蘇カルデラ東方域のテフラ累層における最近約3万年間の植物珪酸体分析」『第四紀研究（The Quaternary Research)』45（1)、一五～二八頁、二〇〇六年
・宮縁育夫、杉山真二「阿蘇火山南西麓のテフラ累層における最近約3万年間の植物珪酸体分析」『地質学雑誌(Journal of Geology)』117（4）七〇四～七一七頁、二〇〇八年
・宮縁育夫、杉山真二、佐々木尚子「阿蘇カルデラ北部、阿蘇谷千町無田ボーリングコアの植物珪酸体および微

粒炭分析」『地質学雑誌(Journal of Geology)』110(1)一七〜三二頁、二〇一〇年
・杉山真二、渡邊眞紀子、山元希里「最終氷期以降の九州南部における黒ぼく土発達史」『第四紀研究(The Quaternary Research)』41(5)三六一〜三七三頁、二〇〇二年
・渡邊眞紀子「黒ぼく土の生成と農耕文化—特に放牧との関わりについて」『お茶の水地理』第31号、一六〜二三頁、一九九〇年
・佐瀬隆、細野衛、三浦英樹、井上克弘「山井論文「黒土の成因に関する地質学的検討」の問題点」『地質学雑誌』第103巻、第7号、六九二〜六九五頁、一九九七年
・細野 衛、佐瀬 隆「黒ボク土層の生成史:人為生態系の観点からの試論」『第四紀研究(The Quaternary Research)』54(5)三二三〜三三九頁、二〇一五年
・山野井徹『日本の土』築地書館、二〇一五年
・『象ヶ鼻D遺跡—第1次発掘調査概要報告書—』一の宮町教育委員会、一九九八年
・『阿蘇と草原とわたしと』阿蘇草原再生協議会事務局、二〇二二年
・『風土記 日本古典文学体系2』校注者・秋本吉郎、岩波書店、昭和三三年
・宮内信雄、堀内晶子、佐野隆、中村耕作、小林青木、山本真也、吉田邦夫、宮田佳樹「縄文のあかり」、『日本考古学会協会第87回総会研究要旨』四八頁、二〇二一年
・中川真人、宮田佳樹、宮内信雄、堀内晶子、吉田邦夫、黒沼保子「古代相模国北部の灯明皿—脂質分析による油の検討を中心に—」『相模市立博物館研究報告』(27)一七〜二三頁

・宮田佳樹「初期稲作民は米をどのように煮炊きしていたのか？ ―土器残存脂質分析による新たな学際的アプローチについて―」『日本調理学会誌』Vol. 55、No. 5、二四五～二五〇頁、二〇二二年
・酒井利信『刀剣の歴史と思想』（財）日本武道館、平成二三年
・堤 克彦『肥国・菊池川流域と百済候国』熊本郷土史譚研究所、二〇一四年
・阿蘇惟之編『阿蘇神社』学生社、二〇〇七年
・村崎真智子『阿蘇神社祭祀の研究』法政大学出版会、一九九三年
・秋篠宮文仁・緒方喜雄・森 誠一『ナマズの博覧誌』誠文堂新光社、二〇一六年
・細田博子『鯰考現学』里文出版、二〇一八年
・半田隆夫『神神と鯰』私家版、一九九六年
・長井魁一郎「神風連の鯰絶ちと山鹿市の鯰町」『石人』第23巻一一月号、一九八二年
・荒木精之『神風連実記』新人物往来社、一九七一年
・隈 昭志『長目塚と阿蘇国造』一の宮町史 自然と文化 阿蘇選書①一の宮町史編纂委員会、一の宮町、一九九九年
・渡辺一徳『阿蘇火山の生い立ち』一の宮町史 自然と文化 阿蘇選書⑦ 一の宮町史編纂委員会、一の宮町、二〇〇一年
・川崎 弘・古閑孝彦「阿蘇カルデラ内の酸性硫酸塩土壌」『九州農業試験場報告』18巻4号、二七一～二九二頁、一九七六年

・中村佳志『教養としての宗教入門』中央公論新社　二〇一四年
・岩内明子「立野蹴破り伝説」「ジオ・ドラマ」『熊本日日新聞』二〇二一年八月二七日、九月三日付け
・丹青静男『御船風土記』御船町教育委員会、一九八七年
・辺田見若宮神社ウェブサイト　https://hetamiwakamiya.jimdofree.com/?fbclid=IwAR33zQVqh4FDPiWj8TU65Rf-CnSXTHWmvFCQpYdigr6xUNbtzcLLzylAZv4
・菊池市高齢者大学編『菊池むかしむかし』一九七八年
・『下の原遺跡―市営住宅整備事業（内牧地区）に伴う埋蔵文化財発掘調査―』阿蘇市文化財調査報告第3集、阿蘇市教育委員会、二〇一二年
・『中通古墳群を考える―長目塚古墳の温故知新―シンポジウム記録集』阿蘇市教育委員会、二〇二一年三月
・志賀智史「熊本県阿蘇地域の墳墓から出土した赤色顔料について」『古墳時代阿蘇ルートの研究：阿蘇地域に築かれた古墳に着目して』熊本大学文学部、二〇一九年
・杉井健代表研究者『長目塚古墳の研究』熊本大学文学部、二〇一四年
・杉井　健「弥生時代後期集落の消長よりみた古墳時代前期有力首長墓系譜出現の背景　なぜそこに古墳は築かれたのか」『国立歴史民俗博物館研究報告』第二一一集、三五一～四〇三頁、二〇一八年三月
・原口　強・林　久夫「熊本地震に伴う巨大な湖成層ブロックの水平すべり」『都市防災研究論文集』第七巻、二五～三〇頁、二〇二〇年
・原口　強・林　久夫・吉永佑一「2016年熊本地震に伴う阿蘇谷の亀裂群はどのように起こったか」『日本地

球惑星科学連合2018年大会　講演要旨』二〇一八年
・日本地球惑星科学連合2018年大会　https://confit.atlas.jp/guide/event-img/jpgu2018/SSS08-08/public/pdf?type=in&lang=ja
・日本応用地質学会（二〇一六）阿蘇カルデラ内に出現した陥没性断裂とその周辺の地形変位　http://www.jseg.or.jp/00-main/pdf/20160716_Aso.pdf
・安田進研究代表者「熊本地震により阿蘇カルデラで発生したグラーベンの被災メカニズムの研究」科学研究費助成事業研究成果報告書、令和二年六月二七日　https://kaken.nii.ac.jp/ja/file/KAKENHI-PROJECT-17H03306/17H03306seika.pdf
・藤原　哲「弥生時代の戦闘戦術」『日本考古学』11巻18号、三七〜五二頁、二〇〇四年
・藤原　哲『日本列島における戦争と国家の起源』同成社、二〇一八年
・豊島直博『古代刀剣と国家形成』同成社、二〇二二年
・小池伸彦『古代の刀剣　日本刀の源流』吉川弘文館、二〇二二年
・『図説　日本史通覧』帝国書院、二〇二一年
・遠田晋次、鳥井真之、奥野充、今野明咲香、小野大輝、高橋直也「熊本地震地表地震断層の阿蘇カルデラ内の完新世活動履歴―南阿蘇村黒川地区トレンチ調査―」『活断層研究』51号、一三〜二五頁、二〇一九年
・岩佐佳哉、熊原康博、後藤秀昭、石村大輔、細矢卓志「熊本県西原村小森におけるトレンチ掘削調査に基づく布田川断層帯の活動履歴」『活断層研究』56号、四七〜五一頁、二〇二二年
・荒木博之「鬼八伝承をめぐって土蜘蛛と山姥」『自然と文化』第60号、社団法人日本観光協会、一九九八年

https://nippon.zaidan.info/seikabutsu/1998/00417/contents/003.htm
・鈴木靖民『古代日本の東アジア交流史』勉誠出版、二〇一六年

第四章

・稲葉継陽・小川弘和『戎光祥中世織豊期論叢第2巻　中世相良氏の展開と地域社会』戎光祥出版、二〇二〇年
・信国正史『新相良史話　第一巻』熊本日日新聞情報文化センター、一九九〇年
・信国正史『新相良史話　第二巻』熊本日日新聞情報文化センター、一九九一年
・柳田快明「永富（永留）相良氏をめぐって」熊本県教育委員会編・発行『熊本県文化財調査報告第一一二集　山田城II・3』一九九〇年
・原田史教「永冨相良氏の出自について」『熊本史学』68・69号、一九九二年
・小川弘和「中世球磨郡の在来領主と相良氏」『熊本学園大学論集『総合科学』』23巻1・2号、九六〜一〇八頁、二〇一八年
・松本寿三郎「相良氏の球磨下向と多良木支配」熊本県文化財調査報告書『蓮華寺跡・相良頼景館跡』一一九頁、一九七七年
・鶴嶋俊彦「文安五年相良家政変の実像」九州大学リポジトリ『歴史を歩く時代を歩く　服部英雄退職記念誌　とことん服部英雄』六五〜七四頁、二〇一五年
・人吉市教育委員会『人吉市制施行六十周年記念事業歴史資料展　戦国大名から近世大名へ、相良氏の足跡』

二〇〇一年
・工藤敬一「中世球磨郡の展開と河川」熊本県教育委員会『熊本県歴史の道調査―球磨川水運―』一九八八年
・工藤敬一「「片寄」再考―関東御領永吉荘の存在形態から―」工藤敬一編『中世熊本の地域権力と社会』高志書院、二〇一五年
・松本寿三郎「相良の球磨下向と多良木支配」熊本県文化財調査報告書　第三三集『蓮花寺跡・相良頼景館跡』抜刷、一九七八年
・稲冨伸明『人凶（ひとわろし）相良藩永冨一族の謎』弦書房、二〇二一年
・岡本雅享「クマソ復権運動と南九州人のアイデンティティ」『福岡県立大学人間社会学部紀要』Vol. 20、No. 2、七三〜一〇〇頁、二〇一一年
・あさぎり町教育委員会「本目遺跡のあゆみ―本目遺跡発掘調査25周年記念誌―」あさぎり町文化財調査報告書第5集、二〇二二年
・手柴友美子「人吉球磨地域　弥生時代の様相―近年の報告例を受けて―」『ひとよし歴史研究』23号、八三〜九二頁、二〇二二年
・宮代栄一「熊本県才園古墳出土遺物の研究―鍍金鏡と8セットの馬具が出土した小円墳―」『人類史研究』一九五〜二二六頁、一九九九年
・辻田淳一郎「才園古墳出土鍍金求心式神獣鏡の文様と製作技術」『黄金文化への憧れ』編集・発行熊本市立博物館、二〇一六年

・乙益重隆「才園古墳とその出土遺物」『免田町史』二〇四～二三〇、一九八六年
・熊本県立装飾古墳館『弥生人の祈り　免田式土器の謎』第3回企画展図録、一九九三年
・和田好史「人吉市（熊本県）人吉球磨地方の日本遺産認定と地域の取り組み」『文化遺産の世界』vol. 26、二〇一六年
・前林清和「災害と日本人の精神性」『現代社会研究』第2号、六一～七五頁、二〇一六年
・野本寛一『自然災害と民俗』森話社、二〇一三年
・廣井　脩「日本人の災害観」『地震ジャーナル27』一九九九年
・瀧野　實「古典文学における地殻変動—主として古事記、日本書紀の場合—」『お茶の水地理』巻31、二四～三一頁、一九九〇年
・大石久和『［新版］国土が日本人の謎を解く』産経新聞出版、二〇二二年
・大石久和『「国土学」が解き明かす日本の再興‐紛争死史観と災害死史観の視点から‐』経営科学出版、二〇二二年
・柳田國男「人を神に祀る風習」『定本　柳田國男集第十巻』筑摩書房、一九六二年
・佐藤弘夫『ヒトガミ信仰の系譜』岩田書院、二〇一二年
・劉　建華「「人を神に祀る習俗」に関する宗教民俗学的研究」東北大学、博士学位論文　https://core.ac.uk/download/pdf/236184884.pdf
・『近代史跡・戦跡紀行～慰霊巡拝　戦跡紀行ネット‐日本の近代と慰霊の地を巡る‐』「靖國信仰～人を神に祀

るということ〜」 https://senseki-kikou.net/?p=21909
・ケア宮城「被災者の心を支えるために 地域で支援活動をする人の心得」公益財団法人プラン・ジャパン、二〇一二年
・河西秀哉『明仁天皇と戦後日本』歴史新書、二〇一六年
・宮内庁編『新装版 道 天皇陛下御即位十年記念記録集 平成元年 平成十年』日本放送出版協会、一九九九年
・宮内庁編『道 天皇陛下御即位二十年記念記録集 平成十一年 平成二十年』日本放送出版協会、二〇〇九年
・藤田 覚「天皇 変わるものと変わらないもの」『思想』第1094号、二〇一一年
・産経新聞社『天皇皇后両陛下と大災害 激動の30年の全記録』産経新聞出版社、二〇一九年
・多紀保彦「皇室と生物学ご研究」東京海洋大学研究報告/Journal of the Tokyo University of Marine Science and Technology, Vol.6、一〜四頁、二〇一〇年
・江森敬治『秋篠宮』小学館、二〇二二年
・「特集 焼畑と文明 五木村から世界へ」『季刊民族学』177号、二〇二一年
・五木村役場『広報いつき』339号、令和五年
・佐々木高明『日本文化の多様性 - 稲作以前を再考する』小学館、二〇〇九年
・佐々木高明『山の神と日本人 - 山の神信仰から探る日本の基層文化』洋泉社、二〇〇六年
・熊本市ウェブサイト https://www.city.kumamoto.jp/

西 英典　技術士（応用理学部門）
1969年生まれ、熊本県熊本市出身。
1988年　熊本県立済々黌高等学校卒業。
1995年　九州大学大学院工学研究科修了、日鉄鉱業㈱の資源探査部門勤務を経て2000年に肥後地質調査㈱入社。
現在、同社技術部長、ローカルゲイン㈱アドバイザー。
共著に『熊本市周辺地盤図』『火の国水の国くまもと―自然との共生―』がある。

地質屋が読み解く不動岩・景行天皇伝説と肥後熊本の神話

2024年12月20日　初　版

著者　西　英典
編集協力　上野功一朗（玄遊舎）
発行　創流出版株式会社
制作　熊本出版文化会館
熊本市西区二本木3丁目1-28
☎096（354）8201（代）
【販売委託】武久出版株式会社
東京都江東区亀戸8-25-12
☎03（5937）1843　http://www.bukyu.net
印刷・製本／モリモト印刷株式会社
※落丁・乱丁はお取り換え致します。
ISBN978-4-906897-88-9　C0021

定価はカバーに表示してあります